汽车空调系统检修

第 2 版

主　编　刘春晖　刘宝君
参　编　张文志　吴　云　陈　明　张薇薇
　　　　高春刚　李　鹏　刘凤阁　张　文
　　　　李凤芹　徐长钊

机械工业出版社

本书内容注重实用性和新颖性，突出"知行合一、注重能力"的理念，以常见轿车空调为主，重点介绍汽车空调新技术、新结构以及故障诊断和维修技术。本书主要内容包括：汽车空调基础知识，汽车空调制冷系统部件结构与维修，汽车空调系统电气控制，汽车空调的取暖、通风与配气系统，汽车自动空调控制系统，汽车空调系统检测与维修基础，汽车自动空调系统检修实例。本书图文并茂、通俗易懂，可以帮助读者自主学习，有效地提高学习效果。

本书可作为高职高专院校、本科院校二级学院汽车检测与维修技术专业、汽车运用与维修技术专业、汽车电子技术专业及相关汽车类专业的教材，也可作为学习现代汽车空调技术的培训教材，还可作为汽车驾驶人、汽车空调专业维修技术人员的入门及提高书籍。

本书配有电子课件，**凡使用本书作为教材的教师可登录机械工业出版社教育服务网**（www.cmpedu.com）注册后免费下载。咨询电话：010-88379375。

图书在版编目（CIP）数据

汽车空调系统检修/刘春晖，刘宝君主编. —2 版. —北京：机械工业出版社，2019.6（2022.7 重印）
高职高专"十三五"规划教材
ISBN 978-7-111-62702-9

Ⅰ.①汽… Ⅱ.①刘…②刘… Ⅲ.①汽车空调–检修–高等职业教育–教材 Ⅳ.①U472.41

中国版本图书馆 CIP 数据核字（2019）第 087192 号

机械工业出版社（北京市百万庄大街 22 号　邮政编码 100037）
策划编辑：张双国　责任编辑：张双国
责任校对：王　欣　封面设计：严娅萍
责任印制：李　昂
北京捷迅佳彩印刷有限公司印刷
2022 年 7 月第 2 版第 2 次印刷
184mm×260mm・13.75 印张・334 千字
标准书号：ISBN 978-7-111-62702-9
定价：38.00 元

电话服务　　　　　　　　　　　网络服务
客服电话：010-88361066　　　机　工　官　网：www.cmpbook.com
　　　　　010-88379833　　　机　工　官　博：weibo.com/cmp1952
　　　　　010-68326294　　　金　书　网：www.golden-book.com
封底无防伪标均为盗版　　　　　机工教育服务网：www.cmpedu.com

前言

随着汽车技术的进步和人们对汽车的舒适性、安全性、可靠性要求的提高，汽车空调系统已成为现代汽车的标准配置。随着汽车技术中大量融入电子、计算机及网络等技术，汽车空调系统的结构变得越来越复杂，其控制部分电子化程度越来越高，越来越人性化，环保要求也越来越高，使汽车空调的舒适性与技术要求有了显著的提高。目前，中高档轿车已普遍使用微型计算机控制的自动空调。汽车空调的维修已成为当前汽车维修行业中不可或缺的工作。

针对当前高职高专院校汽车类专业教学的需要，以及广大汽车维修人员系统掌握现代汽车空调技术的需要，编者组织相关一线教学及空调维修人员编写了本书。本书从实际出发，全面、系统地阐述了汽车空调系统的基本结构、工作原理、自动控制、拆装、检测和维护知识，详细地讲解了汽车空调系统故障现象、原因和排除方法，特别适合职业教育教学和培训使用，同时可供广大汽车维修一线的维修人员自学使用。

本书紧紧围绕汽车空调检修职业工作需求，以就业为导向，以技能训练为中心，以培养高级技能应用型人才为目标。在编写过程中，注重知识的前沿性和实用性，积极探索"教、学、做"一体化教学模式。

本书由刘春晖、刘宝君任主编，参加本书编写的还有张文志、吴云、陈明、张薇薇、高春刚、李鹏、刘凤阁、张文、李凤芹、徐长钊。

在本书编写过程中，德州元盛鑫喜汽车销售服务有限公司王云辉，德州一汽大众汇众4S店张建伟提供了大量汽车空调方面的维修资料及相关的维修指导，在此表示感谢！

由于编者水平有限，书中难免有错误和不当之处，恳请广大师生、有关专家和读者批评指正。

编　者

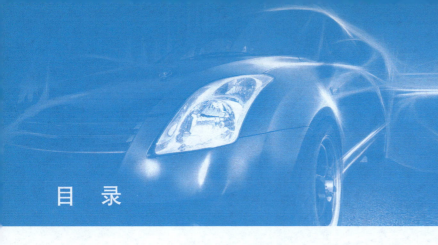

目 录

前言

模块一 汽车空调基础知识 ·· 1
 项目一 汽车空调热力学知识 ·· 1
 项目二 认识汽车空调系统 ·· 8
 项目三 了解汽车空调系统的分类 ······································ 12
 项目四 认识空调制冷剂与冷冻润滑油 ··································· 17
 项目五 认识汽车空调的制冷原理与组成 ······························· 20
 案例分析 ··· 25
 复习思考题 ·· 25

模块二 汽车空调制冷系统部件结构与维修 ································ 27
 项目一 认识空调压缩机 ·· 27
 项目二 认识冷凝器 ·· 37
 项目三 认识蒸发器 ·· 40
 项目四 认识膨胀阀和节流管 ·· 44
 项目五 认识储液干燥器和集液器 ·· 54
 案例分析 ··· 59
 复习思考题 ·· 60

模块三 汽车空调系统电气控制 ·· 64
 项目一 认识空调常用保护与控制装置 ···································· 64
 项目二 认识空调常用控制装置 ·· 75
 项目三 汽车空调电路分析 ·· 82
 项目四 典型空调控制电路的综合读图分析 ································ 89
 案例分析 ··· 96
 复习思考题 ·· 98

模块四 汽车空调的供暖、通风与配气系统 ···································· 100
 项目一 认识汽车空调供暖系统 ·· 100
 项目二 认识汽车通风和空气净化系统 ···································· 110
 项目三 认识汽车空调控制面板的操作 ···································· 115

案例分析 ………………………………………………………………………………… 121
　　复习思考题 ……………………………………………………………………………… 123

模块五　汽车自动空调控制系统 ……………………………………………………… 124
　　项目一　认识汽车自动空调系统 ……………………………………………………… 124
　　项目二　认识自动空调系统的工作原理 ……………………………………………… 126
　　项目三　认识自动空调的传感器 ……………………………………………………… 133
　　项目四　认识自动空调系统执行机构及控制模式 …………………………………… 140
　　案例分析 ………………………………………………………………………………… 144
　　复习思考题 ……………………………………………………………………………… 145

模块六　汽车空调系统检测与维修基础 ……………………………………………… 147
　　项目一　汽车空调的正确使用与维护保养 …………………………………………… 147
　　项目二　汽车空调故障诊断的常用方法 ……………………………………………… 150
　　项目三　正确使用汽车空调系统维修工具 …………………………………………… 155
　　项目四　熟悉汽车空调维修操作技能 ………………………………………………… 164
　　案例分析 ………………………………………………………………………………… 174
　　复习思考题 ……………………………………………………………………………… 176

模块七　汽车自动空调系统检修实例 ………………………………………………… 179
　　项目一　认识奥迪车系自动空调控制系统 …………………………………………… 179
　　项目二　认识别克林荫大道轿车自动空调系统 ……………………………………… 191
　　项目三　认识第三代丰田普锐斯轿车空调系统 ……………………………………… 199
　　案例分析 ………………………………………………………………………………… 207
　　复习思考题 ……………………………………………………………………………… 208

复习思考题部分参考答案 ………………………………………………………………… 209

参考文献 ……………………………………………………………………………………… 211

模块一　汽车空调基础知识

项目一　汽车空调热力学知识

一、任务引入

空调技术是以热力学、传热学、液体力学等知识为基础，涵盖材料技术、机械技术、控制技术等专业知识，在对这些知识熟悉的基础上掌握的一项专门技术，要掌握空调技术必须首先了解和熟悉这些基本知识。

二、任务目标

1) 了解空调系统中常用的基本物理量。
2) 了解热传递的基本形式。
3) 了解物质的状态变化和热的形态。

三、相关知识

1. 空调系统中常用的基本物理量

（1）**温度**　温度是用来衡量物体冷热程度的物理量，用温标来表示。温度只反映物体冷热的程度，并不表示物体具有热量的多少。物体温度的高低可用温度计来测量，温度计是利用某些物质的体积随温度变化而变化的特性制成的。常用的温度计有水银温度计和酒精温度计两种。

温度计上的标尺称为温标。工程上常用的温标有：摄氏温标，用℃表示；热力学温标，用 K 表示；华氏温标，用℉表示。用这 3 种温标测得的温度分别为摄氏温度、热力学温度和华氏温度。华氏温度计和摄氏温度计如图 1-1 所示。

① 摄氏温标。摄氏温标将标准大气压下水的冰点（海平面）定为 0℃，水的沸点定为 100℃，把这二者之间分为 100 等份，每份为 1℃。用摄氏温标标定的温度称为摄氏温度，用符号 t 表示，单位为℃。摄氏温标是人们日常生活中应用最为广泛的温标。

② 华氏温标。华氏温标将标准大气压下水的冰点定为 32 ℉，水的沸点定为 212 ℉，把这二者之间分为 180 等份，每单位分度为 1℉。用华氏温标标定的温度称为华氏温度，其符号为 θ，单位为℉。

③ 热力学温标。理论上把物体内部分子完全停止热运动的点称为绝对零度，将此温度定为 0K，纯水的三相点定为 273.16K，这种标定

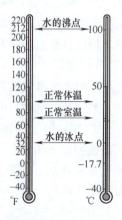

图 1-1　华氏温度计和摄氏温度计

温度的温标称为热力学温标。用热力学温标测定的温度称为热力学温度，其符号为 T，单位为 K。热力学温标与摄氏温标的间隔相同。

在我国表示温度通常使用摄氏温度，欧、美等国华氏温度使用比较普遍，3 种温度的比较见表 1-1。温度对照如图 1-2 所示。

表 1-1　3 种温度的比较

温度名称	代　号	单　位	换算方法
摄氏温度	t	℃	$t = 5/9(\theta - 32)$
华氏温度	θ	°F	$\theta = 9/5t + 32$
热力学温度	T	K	$T = t + 273$

在空调系统中，冷凝器内制冷剂在一定高压下由气态变为液态时的温度称为冷凝温度。在空调系统中，蒸发器内制冷剂低压汽化时的温度称为蒸发温度。

(2) 湿度　湿度用来表示空气中水蒸气的含量。当湿度较高时，人就会感到不舒适。空气中常因含有一定数量的水蒸气而呈现为湿空气。

1) 饱和空气和未饱和空气。在一定温度下，空气所含的水蒸气量（即水蒸气分压力）有一个最大限度，这个最大限度就是空气湿度所对应的水蒸气饱和压力，超过这一限度，多余的水蒸气就会从湿空气中凝结出来。

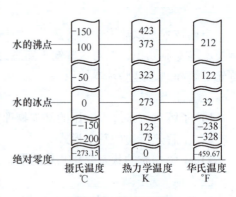

图 1-2　温度对照

水蒸气含量未达到该温度下最大限度的空气，称为未饱和空气。未饱和空气具有吸收和容纳水蒸气的能力，如湿衣服挂在空气中能够被晾干就是这个道理。

2) 露点。将自然环境的空气冷却后，空气的湿度便降低，当湿度达到 100% 时，即干球温度和湿球温度相同时，空气中所含有的水蒸气便成为饱和状态，再进一步冷却，水蒸气便不能以其原来的状态存在下去，其中一部分凝结成水，这一临界温度称为露点。

3) 相对湿度和绝对湿度。通常空气中水蒸气的最大含量随温度的不同而异，当空气温度较高时，水蒸气的最大含量要比温度较低时大。湿度大小有两种表示方法，一种为相对湿度，另一种为绝对湿度。

① 相对湿度。相对湿度指在某一温度下，空气中实际含水蒸气量（以质量计）与空气在该温度下所能含水蒸气量（质量）之比。通常随着温度的升高，空气中所能含的水蒸气量会增加，如果空气的实际含水蒸气量不变，温度升高，则空气的相对湿度会下降，如图 1-3 所示。相对湿度常用百分比表示，相对湿度为 100% 的空气称为饱和空气，相对湿度为 0 的空气称为干空气。

② 绝对湿度。绝对湿度指空气中所含水蒸气的量（质量）与干燥空气量之比。

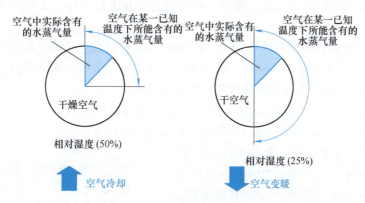

图1-3 空气的相对湿度

（3）压力（压强）与真空

1）压力单位。压力（压强）指单位面积上所承受的均匀分布且垂直于该表面的力，在工程上俗称压力。压力的法定计量单位是帕斯卡，单位符号为Pa，其物理意义是$1m^2$的面积上作用有1N的力。由于帕斯卡单位较小，常用的单位是kPa和MPa。

$$1MPa = 1\,000Pa = 10^6Pa$$

在实际使用中还有几个常用的压强单位，如工程大气压（kgf/cm^2，at）、毫米汞柱（mmHg）、标准大气压（atm）及磅力每平方英寸（$1bf/in^2$，psi）等。几个常用压强单位之间的换算关系见表1-2。

表1-2 几个常用压强单位之间的换算关系

kPa	kgf/cm^2	mmHg	psi	atm
1	1.02×10^{-2}	7.52	0.145	9.87×10^{-3}
98.1	1	7.36×10^2	14.22	0.98
0.133	1.36×10^{-3}	1	1.93×10^{-2}	1.31×10^{-3}
6.89	7.03×10^{-2}	51.72	1	6.80×10^{-2}
101.325	1.033	760	14.69	1

此外，还有些地方采用巴（bar）作为压强单位。

$$1bar = 10^5Pa$$

2）标准大气压。在地球纬度为45°、温度为0℃时大气对海平面的压力称为标准大气压（atm），它相当于101.325kPa。

3）真空与真空度。真空指低于标准大气压的气体状态与标准大气压下的气体状态相比较，单位体积中气体的分子数目减少了的一种现象，因此是一个相对概念。绝对真空是不存在的。

真空度用来表示实现真空的程度。由于真空程度越高，意味着单位体积中气体分子数减少得越多，也就是压强随之减小得越多，所以真空度是以气体压强大小来表示的。压强越低，表示真空度越高；反之，压强越高，表示真空度越低。若以汞柱高度来表示，当压强高到760mmHg时，则意味着真空消失了，若压强继续升高，即超过了标准大气压时，则用正压表示；相反，当低于标准大气压，即真空状态时，则以负压来表示。

4)绝对压力与表压力。实际运用中,压力的表示方法有 3 种,分别是绝对压力、表压力和真空度。

绝对压力表示作用在单位面积上压力的绝对值,指完全真空状态下测出的压力。

表压力指通过压力表上指示读出的压力值。它是将标准大气压作为零值,在此基础上进行压力计量的结果。表压力在观察系统运行状况时使用。

$$绝对压力 = 表压力 + 1 个标准大气压$$
$$真空度 = 1 个标准大气压 - 绝对压力$$

为了与绝对压力相区别,常在表压力的具体数字后面加一个(G)字,如 10kPa(G)。真空度表示比标准大气压低多少的具体数值。绝对压力、表压力之间的关系如图 1-4 所示。

(4)饱和温度和饱和压力 如果对制冷剂进行加热,则其中的一部分液体就会变成蒸气;反之,如果制冷剂放出热量,则其中的一部分蒸气会变成液体(温度不变)。在这种制冷剂液体和蒸气处于共存的状态时,液体和蒸气是可以彼此转换的。处于这种状态的制冷剂蒸气称

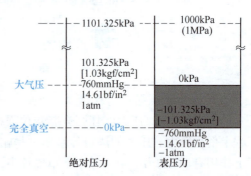

图 1-4 绝对压力、表压力之间的关系

为饱和蒸气,这种状态下的制冷剂液体称为饱和液体。汽化过程中,由饱和液体与饱和蒸气组成的混合物称为湿饱和蒸气,简称湿蒸气。饱和蒸气的温度称为饱和温度,饱和蒸气的压力称为饱和压力。干饱和蒸气指容器中的液体全部蒸发成蒸气的状态。

(5)临界温度和临界压力 各种气体在一定的温度和压力下都可以液化。气体温度越高,可以使之液化的压力就越高。但是,当温度升高超过某一数值后,压力再大也不能使气体液化。这一特定的温度称为临界温度,在这一温度下能使气体液化的最低压力称为临界压力。不同的气体,其临界温度和临界压力各不相同。表 1-3 列出了几种氟制冷剂的临界温度和临界压力。

表 1-3 几种氟制冷剂的临界温度和临界压力

名 称	临界温度/℃	临界压力/MPa	名 称	临界温度/℃	临界压力/MPa
氟制冷剂 12	112.04	4.12	氟制冷剂 22	96.13	4.586
氟制冷剂 13	28.78	3.86	氟制冷剂 134a	100.6	3.868

(6)制冷能力与制冷负荷

1)制冷能力。制冷能力的大小是以单位时间内所能转移的热量来表示的,单位为 J/h。

2)制冷负荷。为了把车内的温度和湿度保持在一定范围内,必须将来自车外太阳的辐射热和车内人体散发出的热量排到大气中去。这两种热量的总和称为制冷负荷。

汽车空调系统的制冷负荷较大。由于汽车在室外行驶且车壁较薄,受外界影响很大,在阳光直射下车内温度可达 50~60℃。在室外大气温度为 34℃ 的晴天,汽车在公路上放置 1h 后,车顶温度可达 75℃,车内温度前座可达 58℃,后座可达 54℃。同时,由于风窗玻璃面积较大,所以辐射量也大。由于车内空间所限、座位相邻、乘员体形各异,会形成许多小的区域,从而使气流受到不同程度的阻力。因此,汽车空调制冷负荷通常会受到外界大气温

度、湿度、车速等客观条件和乘员数量的影响。

(7) 汽化和冷凝

1) 汽化。对液体加热，使其从液态转变为气态的过程称为汽化过程。汽化有两种方式，即蒸发和沸腾。

① 蒸发。液面上发生的汽化现象称为蒸发。衣服晾干的过程就是一个典型的蒸发过程。蒸发的快慢与蒸发的条件有很大关系。液体的温度越高，蒸发就越快；液体的蒸发面积越大，或者液体表面气体速度越大，蒸发就越快。蒸发过程是一个吸热冷却过程。

② 沸腾。当将液体加热到某一温度（例如将水在常压下加热到100℃）时，液体内部会产生许多气泡，这些气泡不断地自由到达液体表面破裂而放出蒸气，这种在液体内部以气泡形式出现的汽化现象称为沸腾。

蒸发与沸腾虽然同属于汽化现象，但在一定压力下，蒸发可以在任何温度下进行，而沸腾却只能在到达与液体表面压力相对应的一定温度（沸点）时进行。液体沸腾时的温度称为沸点，又称该压力下的饱和温度，该压力称为饱和压力。液体的沸点与其表面压力有直接的关系，压力越高，沸点越高，如图1-5所示。

对液体加热，可使液体沸腾。将液体的压力降到对应于该液体温度下的饱和压力时，液体同样也能沸腾，如图1-6所示。

汽化需要吸收热量，单位质量的液体完全转变成同温度下的气体所需要的热量称为汽化热。同一种液体，在不同的饱和温度时，其汽化热不同。一般来说，温度越高，汽化热越小。处于饱和温度时的蒸气称为饱和蒸气。将饱和蒸气在定压下加热即可成为过热蒸气。过热蒸气的温度比同压力下饱和蒸气的温度高，二者之差称为过热度。

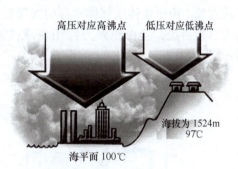

图1-5 压力对沸点的影响

2) 冷凝。当蒸气受到冷却时放出热量，由气体变成液体，这个过程称为冷凝。冷凝时的温度称为饱和温度。如果将冷凝后的液体再度进行冷却，使其温度低于饱和温度，则这种现象称为过冷，二者之间的温差称为过冷度。气体冷凝时要放出热量。同样质量的饱和蒸气冷凝时放出的热量等于同温度下的汽化热。物态变化与热量之间的关系如图1-7所示。

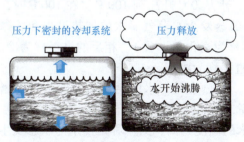

图1-6 在密封和敞开系统中的沸点

图1-7 物态变化与热量之间的关系

2. 热传递的基本形式

空调的工作过程实际上就是热量传递和转移的过程，热量都是通过以下 3 个途径传递的。

（1）**传导**　在受热不均匀的物体中，通过分子运动，将热能由较热的一端传到较冷的一端的过程称为传导。这种交换方式将一直进行到整个物体的温度相同时为止，如图 1-8 所示。

（2）**对流**　当液体或气体的温度发生变化后，其密度随之发生变化。温度低的液体或气体密度大，因重力作用而向下流动；温度高的液体或气体密度小，向上升，从而形成对流。由于液体或气体本身的密度变化而形成的对流称为自然对流；若由于外力作用使液体或气体的流速加快，则称为强制对流，如图 1-9 所示。

图 1-8　传导

（3）**辐射**　物体之间在不接触的情况下，高温物体将热量直接向外传递给低温物体的方式，称为辐射，如图 1-10 所示。

图 1-9　对流

图 1-10　辐射

3. 物质的状态变化和热的形态

（1）**物质的状态变化**　增加或减少物质的热量，物质的温度可能发生变化，物质的状态也可能发生变化。

对冰加热，冰的温度会缓慢升高；当温度达到 0℃时，冰就开始熔化，在这一阶段，0℃的水与冰共存；继续加热直至冰全部转变为 0℃的水，这一固态转变为液态的过程称为熔化，而反过来的过程称为凝固。对水加热，水从 0℃升高到 100℃。在 100℃时，水的温度不再继续升高，而开始蒸发，直至水全部蒸发为水蒸气。水的加热过程和状态变化如图 1-11 所示。水从液态转变为气态的过程称为汽化（蒸发），相反的过程称为冷凝。物质从固态直接转变为气态称为升华，相反的过程称为凝华。

（2）**热的形态**　从水的加热过程可以看出，加热水时，水的温度会随加热量的增加而升高。当加热到 100℃时，水的温度不再升高，而是从液态向气态转变（图 1-11）。这说明加给水的热量产生了两种结果：一种是使水的温度升高，另一种是使水的状态发生变化。**使物质温度升高的热量称为显热，使物质状态发生变化的热量称为潜热**，如图 1-12 所示。

潜热按照物体状态变化的不同，可分为以下几种：

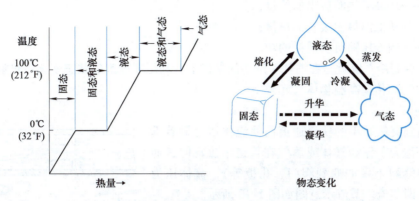

图 1-11 水的加热过程和状态变化

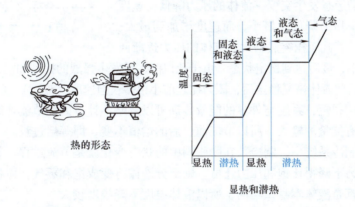

图 1-12 显热和潜热

1）液化热。在某温度下，物质从气体转变成相同温度液体时放出的热量称为液化热。
2）凝固热。在某温度下，物质从液体转变成相同温度固体时放出的热量称为凝固热。
3）熔化热。在某温度下，物质从固体转变成相同温度液体时吸收的热量称为熔化热。
4）汽化热。在某温度下，物质从液体转变成相同温度气体时吸收的热量称为汽化热。
5）升华热。在某温度下，物质从固体转变成相同温度气体时吸收的热量称为升华热。

例如，1kg 水沸腾开始汽化，到水完全汽化为止，所吸收的热量为 2500kJ，这一热量就是水的汽化热。

4. 热力学的两个基本定律

（1）热力学第一定律　汽车制冷系统运行中，一直发生着不同形式能量之间的互相转换和传递，使制冷剂状态发生变化。在压缩机内，压缩机对制冷剂进行压缩，增加了制冷剂的热量；在冷凝器内，制冷剂把热量传递给周围的空气而自身冷凝；在蒸发器内，制冷剂吸收车内空气的热量沸腾而变成气体。这一系列的热量传递和转换都是等量的，也就是说，热量传递或者在机械功和热量的转换过程中总能量保持不变。这就是热力学第一定律。

（2）热力学第二定律　热量不能自动地由低温物体传递到高温物体。但是，热量可以有条件地由低温物体传递到高温物体，这个条件就是要消耗外功。其关系表达式为

$$Q_H = Q_C + W$$

式中　Q_H——从高温热源放出的热量；

　　　Q_C——从低温热源吸收的热量；

　　　W——制冷压缩机所消耗的功。

汽车空调制冷系统就是在消耗一定功的条件下，利用制冷剂的状态变化将热量由低温物体（车内空气）传向高温物体（车外空气）。

5. 节流

由于遇到突然缩小的狭窄通道而使流体压力显著下降的现象，称为节流。气体或蒸气在管道中流动时，通道截面积突然缩小（如遇到阀门、孔板等），流体压力便会下降，即节流。节流示意图如图 1-13 所示。

当流体流向孔口时，在孔口附近的流体因截面积突然变小，流体的流动形态发生突变，流体的压力降低，速度增大；到孔口时，压力降低到最小，而速度增加到最大；流体流过孔口后，其截面积突然增大，流体的压力逐渐回

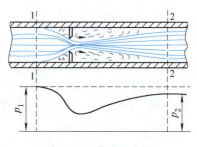

图 1-13　节流示意图

升，速度逐渐减小，最后达到稳定状态。由于孔口前、后发生强烈的扰动和涡流，造成了压力的不可逆损失，因此流体恢复稳定后，压力比之前小很多，但速度（流速）基本保持不变。

由于节流时间很短，系统与外界的能量传递可以忽略不计，因此节流是绝热过程。节流过程中，系统没有能量的输入，所以节流前、后的焓值不变，即等焓过程。

在汽车空调制冷系统中，制冷剂在膨胀阀中的状态变化就是节流过程。制冷剂被膨胀阀节流后，如果压力下降得比饱和压力还低，则部分液体将变成饱和蒸气，体积急剧增大。这时，蒸气吸热量都是液体本身供给的，所以液体温度下降幅度较大。

项目二　认识汽车空调系统

一、任务引入

空气调节（简称空调）指根据人的舒适性方面的要求，对空气的温度、湿度、清洁度及流动速度等进行必要的调节，使之符合人的需要，如图 1-14 所示。空调系统使人驾驶车辆时的感觉更加舒适。空调系统向车厢内吹入凉爽、干燥的空气，使车厢内部保持适宜的温度。

二、任务目标

1）了解汽车空调暖风系统的作用及分类。

2）掌握热水取暖系统的控制过程。

3）了解其他暖风系统的结构及控制机理。

三、相关知识

1. 汽车空调系统的功能

汽车空气调节的内容（图 1-15）主要

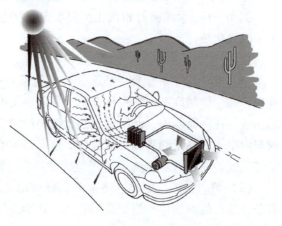

图 1-14　汽车空调系统的作用

包括以下几个方面：

(1) 调节车厢内的空气温度　对空气温度的调节包括冬季加热和夏季降温两种情况。加热一般是利用冷却液或排气管的余热来进行的；降温则必须用专门的制冷设备，即汽车空调制冷系统来进行。在实际中，当气温在 25℃ 时，人感到最舒适。当使用汽车空调系统制冷时，设定的制冷温度比环境温度低 5～10℃ 即可，过大的车内、外温差不但会使乘员易感冒，而且还会使压缩机工作时间过长，导致压缩机故障增多、使用寿命缩短，耗费过多的功率。推荐使用的调节温度为：冬季 18～20℃，夏季 25～27℃。

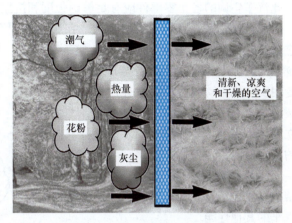

图1-15　汽车空气调节的内容

(2) 调节车厢内的空气湿度　空气的湿度指空气中水蒸气的含量百分数。对湿度的调节一般都是降低湿度，即除湿，特别是在夏季，尤其如此。在同样的温度下，湿度越大，人感到越热。因此，在降低温度的同时降低湿度能使人感到更凉爽、更舒适。湿度的降低是通过车内空气中的水蒸气在蒸发器表面凝结成水，然后流出车外完成的。

我国南方比北方的空气湿度大，夏天比冬天的空气湿度大，雨天比晴天的空气湿度大（雨天时的空气湿度几乎达 100%）。我国南方夏季的空气湿度为 70%～80%，冬季为 60%～70%；北方夏季为 60%～70%，冬季为 40%～50%。人感到最舒适的空气湿度为 60%～70%。实践证明，如果空气湿度过小，人会感到口干舌燥；相反，若空气湿度过大，人会感到闷热憋气。因此，当空气湿度过大或过小时，都应进行调节。

(3) 调节车厢内的空气清洁度　汽车门窗长时间关闭时，车内会充满人呼出的二氧化碳和排出的汗味等各种影响空气清洁的气味，因此必须将这些难闻气味除去。可采用引入外界新鲜空气（经过滤）、采用活性炭吸附剂、安装负离子发生器等方法来解决。

(4) 调节空气流动速度　汽车空调系统的空气流动速度包含两个方面的含义：一是车内、外空气的交换速度，即引入外界新鲜空气的比例，外界新鲜空气进入量的多少由新鲜空气阀门开度的大小来控制；二是内部空气的流动速度，主要解决车厢内温度不均现象，这种情况主要由出风口的位置、出风方向、鼓风机档位等来决定。

(5) 过滤、净化进入车厢内空气　汽车在路面上行驶时，发动机排气管中的废气以及道路上的灰尘、花粉等杂质随时可能进入车内，造成车内空气脏污；由于汽车室内空间小，人员比较集中，很可能造成缺氧和二氧化碳浓度过高的情况，因此需要汽车空调具有将车外新鲜空气引入到车内进行通风的功能，同时还应具有过滤和净化空气的功能，以保证驾驶人的行车安全以及车内人员的身体健康。

2. 汽车空调的特点

汽车空调不同于普通的家用空调，其特点是：

(1) 具有较强的制冷、制热能力　汽车空调系统的制冷、制热能力较强，这样才能满足汽车多变、复杂环境的使用。

（2）**具有较强的抗冲击性能** 车辆在路面上行驶时，将承受剧烈、频繁的振动和冲击，因此汽车空调的各个零部件应有足够的强度和抗振能力，连接牢固并防漏。

（3）**可以采用不同的驱动方式** 在中、小型汽车上，空调系统的压缩机由汽车发动机进行驱动，这种空调系统称为非独立空调系统，对于大型客车和豪华型客车，一般采用专用发动机驱动制冷压缩机并设置独立的采暖设备，其制冷和制暖的强度很大，称为独立式空调系统。非独立空调系统会降低汽车的动力性能，但较经济。

（4）**结构紧凑、重量轻** 汽车空调系统结构紧凑、重量轻，在安装空调后不会影响汽车的其他性能。

3. 汽车空调的组成

汽车空调系统的功用是调节车内温度（即提供冷气与暖气）、通风和净化空气。汽车空调系统由制冷系统、采暖系统、配气/通风系统、控制系统和空气净化系统5个子系统组成。在现代汽车上，采暖与空气调节系统已具有新鲜空气的通风功能，在英文中常用缩写字母HVAC（Heating Ventilating Air Conditioner）来表示，因此又称为采暖、通风与空气调节系统。各型汽车空调系统的组成大同小异。图1-16所示为桑塔纳3000型轿车空调系统部件布置。

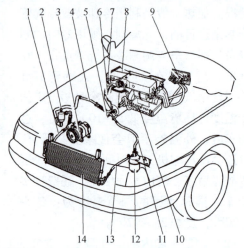

图1-16 桑塔纳3000型轿车空调系统部件布置
1—D管（压缩机至冷凝器管路） 2—低压维修接口 3—空调压缩机（型号为SE7PV16A R134a） 4—S管（蒸发器至压缩机管路） 5—高压维修接口 6—蒸发器 7—环境温度传感器 8—进风罩 9—暖风和空调调节装置 10—新鲜空气风箱 11—L管（储液干燥器至蒸发器管路） 12—储液干燥器总成 13—C管（冷凝器至储液干燥器管路） 14—冷凝器

（1）**制冷系统** 制冷系统主要由压缩机、冷凝器、储液干燥器、膨胀阀、蒸发器、冷凝器散热风扇、鼓风机、制冷管道和制冷剂等组成，如图1-17所示。空调制冷系统对车内

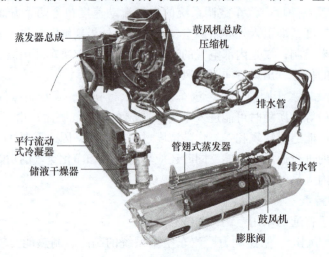

图1-17 制冷系统的结构

空气和由外部进入车内的新鲜空气进行冷却与除湿，使车内的空气变得凉爽舒适。

（2）采暖系统　采暖系统的功用是对车内空气和由外部进入车内的新鲜空气进行加热，以达到采暖和除湿目的。典型的采暖系统——汽车余热采暖装置如图 1-18 所示。

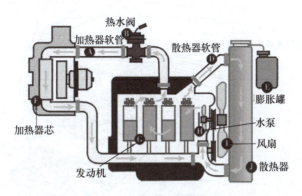

图 1-18　汽车余热采暖装置

（3）配气/通风系统　配气系统由进气模式风门、鼓风机、混合气模式风门、气流模式风门和导风管等组成。汽车驾驶室内或室外未经调节的空气经鼓风机作用送至蒸发器或加热器处，此时已被调节成冷空气或暖空气的空气流根据风门模式伺服电动机开启角度而流向相应的出风口，如图 1-19 所示。通风系统将来自外面的新鲜空气吸入车内，起到通风和换气的作用，它主要由安装在车身上的风口组成，这些风口分布在车窗下部、轿车尾部等部位。

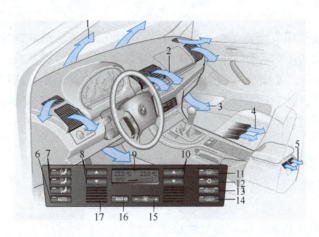

图 1-19　新款宝马 X5 轿车通风配气系统出风口的布置

1—吹向风窗玻璃和侧窗玻璃的气流　2—吹向上身范围的气流　3—吹向脚部空间的气流
4—吹向脚部空间的气流（后座区）　5—吹向上身范围的气流（后座区）　6—自动气流分配
7—独立气流分配　8—温度（左侧车内空间）　9—温度/空气输送量显示　10—温度（右侧车内空间）
11—除去车窗玻璃上的冰雪和水雾　12—空调　13—自动空气循环控制（AUC）　14—后窗加热
15—空气输送　16—最大制冷或余热利用　17—带车内温度传感器的进气格栅

（4）控制系统　控制系统主要指的是控制面板和控制电路。控制系统对空调制冷系统和加热系统的温度、压力进行控制，并对车内空气的温度、风速加以控制，以满足驾乘人员对车内环境的需求。

（5）空气净化系统　空气净化系统可以除去空气中的灰尘、异味及其他的有毒气体，使空气变得清洁、干净，有助于驾乘人员的身心健康，其组成如图1-20所示。

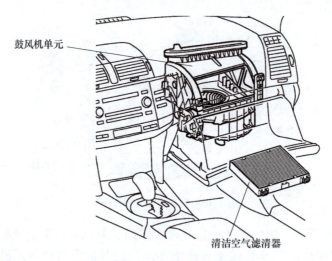

图1-20　空气净化系统的组成

项目三　了解汽车空调系统的分类

一、任务引入

汽车空调系统按采用节流装置和系统结构的不同可分为膨胀阀式制冷系统和膨胀管式制冷系统；按驱动方式的不同可分为非独立式空调系统和独立式空调系统；按功能的不同可分为冷暖分开型空调系统、冷暖合一型空调系统和全功能型空调系统；按控制方式的不同可分为手动空调系统、半自动空调系统和全自动空调系统3种；按压缩机的排量是否可变可分为定排量空调系统和变排量空调系统。

二、任务目标

1）了解不同类型汽车空调系统的分类依据。
2）掌握不同类型汽车空调系统的结构特点。

三、相关知识

1. 按采用节流装置和系统结构的不同分类

汽车空调的制冷系统根据采用节流装置和系统结构的不同可分为两大类：一类是膨胀阀式制冷系统，另一类是膨胀管式制冷系统。它们的差别是所用节流膨胀装置的结构及储液干燥器的安装位置都不同。在膨胀阀式制冷系统中，储液干燥器安装在高压一侧的冷凝器之后、膨胀阀之前，用以保证无气态制冷剂供给节流装置。在膨胀管式制冷系统中，集液器安装在低压一侧的蒸发器之后、压缩机之前，用以保证无液态制冷剂供给压缩机。

（1）膨胀阀式制冷循环系统　图1-21所示为膨胀阀式制冷循环系统。这种循环系统主要包括压缩机、冷凝器、储液干燥器、膨胀阀、蒸发器和管路等主要部件。

膨胀阀式制冷循环系统的工作原理是压缩机将气态制冷剂提高压力（同时温度提高），

目的是使制冷剂比较容易液化放热。高压气态制冷剂进入冷凝器，冷凝器风扇使空气通过冷凝器的缝隙带走制冷剂放出的热量并使制冷剂液化。液化后的制冷剂进入储液干燥器，滤掉其中的杂质、水分，同时储存适量的液态制冷剂，以保证制冷负荷发生变化时制冷剂不会断流。从储液干燥器出来的制冷剂流至膨胀阀，经膨胀阀中的节流孔喷出形成雾状制冷剂。雾状制冷剂进入蒸发器，由于其压力急剧下降，便很快蒸发汽化，并吸收热量。蒸发器外部的风扇使空气不断通过蒸发器的缝隙，使蒸发器温度下降，车内温度降低，经蒸发器出来的气态制冷剂再进入压缩机重复上述过程。这种循环系统中的膨胀阀可以根据制冷负荷的大小调节制冷剂的流量。

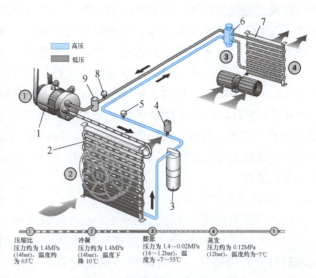

图 1-21　膨胀阀式制冷循环系统

1—带电磁离合器的压缩机　2—冷凝器　3—储液干燥器
4—高压开关　5—高压检修连接器　6—膨胀阀　7—蒸发器
8—低压检修连接器　9—减振器（因不同类型的汽车而异）

(2) **膨胀管式制冷循环系统**　膨胀管式制冷循环系统从制冷的工作原理来看，与膨胀阀式制冷循环系统无本质的差别，只是将可调节流量的膨胀阀换成不可调节流量的膨胀管，使其结构更加简单。膨胀管式制冷循环系统如图 1-22 所示。为了防止液态制冷剂进入压缩

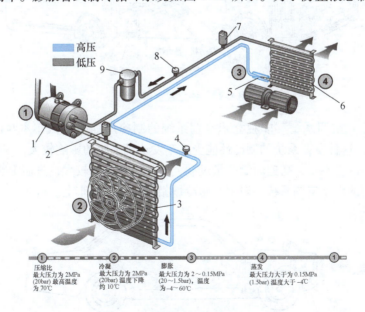

图 1-22　膨胀管式制冷循环系统

1—带电磁离合器的压缩机　2—低压开关　3—冷凝器　4—高压检修连接器
5—膨胀管　6—蒸发器　7—低压开关　8—低压检修连接器　9—集液器

机而造成压缩机的损坏,膨胀管式制冷循环系统将储液干燥器安装在蒸发器的出口处,并按照其所起的作用更名为集液器,同时进行气液分离,液体留在集液器内,气体进入压缩机,其他部分的工作过程与膨胀阀式制冷循环系统相同。

汽车空调膨胀阀式制冷循环系统的特征是只要驾驶人打开空调,电磁离合器就总是处于啮合状态,从不断开,压缩机始终处于运行状态,靠吸气节流阀或绝对压力阀把蒸发器温度控制在0℃左右。汽车空调膨胀管式制冷循环系统的特征是电磁离合器时而啮合、时而断开,压缩机根据车室内、外温度时而运行、时而停止运行,因此也称为循环离合器系统。循环离合器系统也有使用膨胀阀的,但只是作为一种节流装置。膨胀阀式制冷循环系统也称为传统空调系统。

2. 按驱动方式分类

汽车空调系统按驱动方式的不同可分为非独立式空调系统和独立式空调系统。

(1) 独立式空调系统　独立式空调系统最明显的特点是空调驱动动力源与汽车的主发动机分开,用另外一台发动机(副发动机)带动,从而构成独立的空调系统。这种空调系统工作时运转平稳,不受汽车主发动机载荷的影响,空气调节量大,但成本高、体积大。独立式空调系统的空调压缩机一般采用较大功率的定排量压缩机,且采用分体式配气方式,如图1-23所示。这种类型的汽车空调系统一般用于制冷量较大的商用客车上。

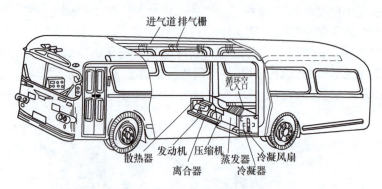

图1-23　独立式空调系统

(2) 非独立式空调系统　非独立式空调系统的制冷压缩机由汽车本身的发动机驱动,如图1-24所示。这种空调系统的制冷性能受汽车发动机工况的影响较大,工作稳定性较差,尤其是低速时制冷量不足,高速时制冷量过剩,并且消耗功率较大,进而影响发动机的动力性能。这种类型的汽车空调系统一般用在制冷量相对较小的轿车上。

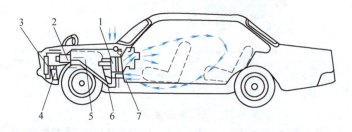

图1-24　非独立式汽车空调系统示意图

1—蒸发器　2—压缩机　3—冷凝器　4—储液干燥器　5—主发动机　6—风机　7—加热器

3. 按功能分类

汽车空调系统按功能的不同可分为冷暖分开型空调系统、冷暖合一型空调系统和全功能型空调系统。

(1) 冷暖分开型空调系统　冷暖分开型空调系统的制冷系统和采暖系统各自分开，由两个完全独立的冷风机和暖风机组成，各有各的鼓风机，控制系统也是完全分开的。制冷时只吸入车内空气，采暖时既可吸入车内空气，也可吸入车外新鲜空气，如图 1-25 所示。这种结构占用空间较多，主要用在早期的汽车空调中。

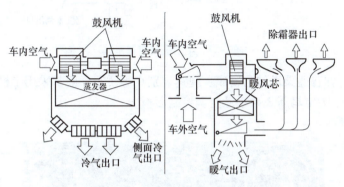

图 1-25　冷暖分开型空调系统

(2) 冷暖一体型空调系统　冷暖一体型空调系统（图 1-26）在制冷系统的基础上增装加热器及暖风出口，但制冷与供暖不能同时工作，汇集了单一功能型空调的优点。这种空调的出现避免了驾驶人因冬季寒冷而出现手脚不灵活的现象，提高了行车的安全性；在夏季为驾驶人提供了一个舒适、凉爽的工作环境，减轻了驾驶人的疲劳程度。冷暖一体型空调的缺点是需要驾驶人手动控制其出风量和冷暖转化模式（也就是日常所说的手动空调），增加了驾驶人行车时的操作。

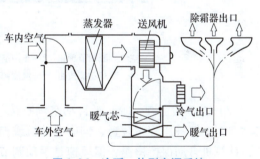

图 1-26　冷暖一体型空调系统

(3) 全功能型空调系统　全功能型空调系统是在冷暖一体型空调系统的基础上改良而来的，集制冷、供暖、除霜、去湿、通风及净化等功能于一体，如图 1-27 所示。全功能型空调系统的制冷和取暖完全用一套温度控制系统，可同时工作，实现除湿、取暖和新风制冷，从冷到热连续进行温度调节。全功能型空调系统分为空气混合型和再加热型两种。

4. 按控制方式分类

汽车空调系统按控制方式的不同可分为手动空调系统、半自动空调系统和全自动空调系统。

(1) 手动空调系统　手动空调系统的风机转速、出风口温度及送风方式等功能是由驾驶人操纵和调节的。车内通风的温度控制是通过仪表板上空气控制按钮、温度控制按钮、进气控制按钮和风扇开关等来操纵通风管道上的各种活门来实现的。大多数经济型轿车都采用

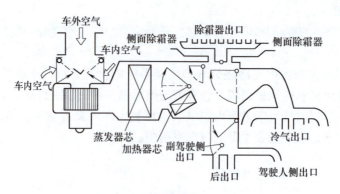

图 1-27　全功能型空调系统

旋钮式手动空调，如普通桑塔纳、富康、捷达、别克等轿车一般都采用半机械半电子式空调系统。图 1-28 所示为宝马新 3 系手动空调控制面板。

图 1-28　宝马新 3 系手动空调控制面板
1—空气分配调节旋钮　2—车内空气循环模式按钮　3—风量调节旋钮
4—冷却功能按钮　5—温度调节旋钮　6—后窗加热装置按钮

（2）半自动空调系统　半自动空调系统与手动空调系统的差别不大，其主要不同是半自动空调系统采用程序装置、伺服电动机或控制模块等操纵机构。半自动空调可以设定温度值，计算机自动保持恒温，但风速是手动调节的。半自动空调一般装配在中档轿车上，如大众波罗、速腾、别克等。图 1-29 所示为 2012 款速腾轿车半自动空调控制面板。

图 1-29　2012 款速腾轿车半自动空调控制面板

（3）全自动空调系统　全自动空调系统利用传感器随时检测车内、外温度的变化，并把检测到的信号送给空调的电控单元（ECU）。ECU 按预先编制的程序对信号进行处理，并通过执行元件不断地对鼓风机转速、出风口温度、送风方式及压缩机工作状况等进行调节，从而使车内温度、空气湿度及流动状况始终保持在驾驶人设定的水平上。全自动空调系统具有自诊断功能，可以及早发现故障隐患。全自动空调一般装配在中、高档汽车上，如广州本田雅阁、一汽奥迪系列、通用别克系列、宝马系列、奔驰系列等自动变速器豪华版轿车都装配有自动空调。图1-30所示为奔驰GL系列轿车自动空调控制面板。

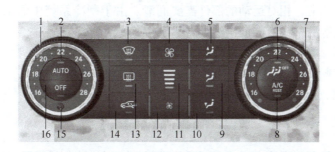

图1-30　奔驰GL系列轿车自动空调控制面板
1—左侧温度　2—自动调节气流分配及气流　3—车窗除雾　4—增大气流
5—气流分配至风窗玻璃和侧出风口　6—后座舱气候控制开关　7—右侧温度
8—制冷接通/余热　9—气流分配至中央和侧出风口　10—从侧出风口吹向脚坑的气流分配
11—气流显示器　12—减少气流　13—后风窗玻璃加热　14—空气内循环模式
15—车内温度传感器　16—自动空调开启/关闭

5. 按压缩机的排量是否可变分类

汽车空调系统按压缩机的排量是否可变可分为定排量空调系统和变排量空调系统。

（1）定排量空调系统　定排量空调系统也称为循环离合器系统。该系统在蒸发器温度下降到一定水平时需截断离合器电路，使压缩机停转，即停止制冷；当蒸发器温度上升到一定值时接通离合器，让压缩机运转，开始制冷，如此反复循环。也就是说，定排量空调系统通过离合器的循环工作来调节温度。定排量空调系统中压缩机排量是固定的，所以在制冷系统中加装了许多保护装置，尤其是减压安全阀和易熔塞。

定排量空调系统有两种温度控制方法，即使用恒温控制器或压力控制器进行控制。恒温控制器用温控开关使压缩机离合器在预定的温度水平开关。压力控制器用对系统压力敏感的压力开关在预定的压力使压缩机离合器开关。

（2）变排量空调系统　变排量空调系统也称为非循环离合器系统。该系统采用的是可变排量压缩机，它依靠可变排量（VD）压缩机的自身调节来控制温度。当系统的环境温度（蒸发器温度）高时，压缩机增加活塞行程来增加制冷剂量，以达到增加吸热和降温的作用；反之，当蒸发器温度低时，压缩机减小活塞行程，从而减少通过蒸发器的制冷剂量，由于制冷剂量少，吸收的热量也少，因此使蒸发器的温度得以回升。离合器的唯一目的就是当不需要空调时脱离压缩机，当需要空调时连上压缩机。

项目四　认识空调制冷剂与冷冻润滑油

一、任务引入

制冷剂又称为制冷工作介质，或制冷工质。制冷剂在制冷循环中担负着在被冷却对象和环境介质之间进行热量传递的任务，最终把热量从被冷却对象传递给环境介质，即将车内热量通过制冷循环装置传给车外空气。制冷剂是制冷循环中的工作流体，在制冷系统运转时，它在其中循环流动，通过自身热力状态的循环变化不断地与外界发生能量交换，以达到制冷的目的。

在空调制冷系统中，相对运动的部件需要润滑。由于制冷系统中的工作条件比较特殊，所以需要专门的润滑油——冷冻润滑油。

二、任务目标

1) 掌握制冷剂 R134a 的性能和特点。
2) 掌握冷冻润滑油的作用和性能要求。

三、相关知识

1. 制冷剂

制冷剂的种类很多，理论上说，只要是能进行气液两相转化的物质，均可作为蒸发制冷系统的制冷剂。但寻找制冷效率高且对环境没有污染的制冷剂很困难，目前使用的 R134a 只是 R12 的替代品，其排放物产生的温室效应仍然对环境有较大的危害。

(1) **制冷剂的性能特点** 汽车空调装置使用的制冷剂必须具有以下性能特点：

1) 因为制冷是通过液体的蒸发来实现的，因此，制冷剂必须是易于汽化或蒸发的物质。
2) 制冷剂蒸发时的潜热越大，制冷剂的循环量就越少，制冷装置的体积也就能够缩小，因此，要求制冷剂有较高的潜热。
3) 为保证制冷剂的安全工作，制冷剂应该是不易燃烧、不易爆炸的物质。
4) 制冷剂应对人体没有伤害，但应具有特殊的气味，这样就能通过嗅觉来发现制冷系统是否有泄漏现象。
5) 制冷剂应具有较高的稳定性，应能反复使用，对金属、橡胶和冷冻润滑油应无明显的腐蚀作用。
6) 制冷剂的蒸发压力应比大气压力高，以免空气进入制冷系统。

(2) **制冷剂 R12——二氯二氟甲烷** R12 是一种 CFC（氯氟化碳，氟利昂），它由氯、氟和碳组成，其化学式为 CCl_2F_2。原有的汽车空调系统基本上都采用 R12 作为制冷剂，其包装如图 1-31 所示。

图 1-31 制冷剂 R12 的包装
a) 大罐装 b) 小罐装

(3) **制冷剂 R134a——四氟乙烷** R134a 是一种替代 R12 的制冷剂，它是一种 HFC（氢氟化碳），其包装如图 1-32所示。该制冷剂由氢、氟和碳组成，其化学式为 CH_2FCF_3，其分子结构如图 1-33 所示。由于该制冷剂没有氯，因而不会破坏臭氧。R134a 无毒、无腐蚀，但会导致全球变暖。

图 1-32 不同规格和品牌的 R134a 制冷剂包装

切记：R12 系统和 R134a 系统的制冷剂一定不能混用，如图 1-34 所示。

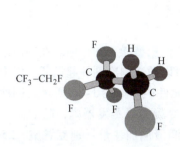

图 1-33　R134a 的分子结构

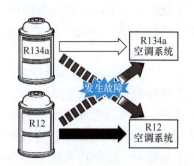

图 1-34　R12 系统和 R134a 系统的制冷剂不能混用

R134a 的特性如下：

1) 热物理性能。R134a 的热物理性能包括分子量、沸点、临界参数、饱和蒸气压和汽化潜热等，均与 R12 相近。

2) 传热性能。R134a 的传热性能优于 R12。

3) 相溶性。

① 与润滑油的相溶性。R134a 与矿物油几乎完全不相溶，不能使用矿物油，必须使用合成润滑油来取代，如 PAG 类和 ESTER 类等。

② 与干燥剂的相溶性。R134a 的分子直径比 R12 要小，因此应采用新型的沸石干燥剂。

③ 与塑料及橡胶的相溶性。R134a 制冷系统中的 O 形圈和连接软管采用与 R134a 相溶性较好的氢化丁腈橡胶（HNBR）来制作。

④ 渗透性。空调系统中，各个总成之间常用软管相连。R134a 分子的穿透性较强，在软管中的渗透量较大。

(4) R134a 的特性及压力与温度关系　R134a 在大气压力下的沸腾点为 -26.9℃，在 98kPa 的压力下沸腾点为 -10.6℃。在常温常压的情况下，如果将其释放，R134a 便会立即吸收热量开始沸腾并转化为气体，对 R134a 加压后，它很容易转化为液体。R134a 的蒸气-压力特性曲线如图 1-35 所示。该曲线上方为气态（蒸气），下方为液态。曲线表示不同压力与温度条件下的制冷剂沸点。

① 如果温度保持恒定，提高压力，气态制冷剂就会冷凝成液体。

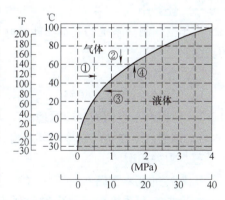

图 1-35　R134a 的蒸气-压力特性曲线

② 如果压力保持恒定，降低温度，气态制冷剂就会冷凝成液体。

③ 如果温度保持恒定，降低压力，液态制冷剂就会蒸发成气体。

④ 如果压力保持恒定，提高温度，液态制冷剂就会蒸发成气体。

空调系统的设计就是要控制这些关系，使制冷剂将热量从车内散出。如果要使 R134a 从气态转化为液态，则可以降低温度，也可以提高压力；反之亦然。

（5）**制冷剂的加注量** 不同车型制冷剂的加注量不同。在上海通用汽车（SGM）的所有车型中，制冷系统均使用 R134a 作为制冷剂，各车型的加注量分别为：别克君威，850g；别克 GL8，1340g；别克赛欧，680g；别克凯越，640g。

2. 冷冻润滑油

冷冻润滑油除了有润滑作用外，还有冷却、密封和降低机械噪声的作用。在制冷系统中的润滑油还有一个特殊的要求，就是要与制冷剂相溶，可以随着制冷剂一起循环。以上海通用汽车（SGM）为例，冷冻润滑油分布在制冷系统各个元件中，如图 1-36 所示。制冷系统内冷冻润滑油必须定量加注，若加注过多，则会积聚在冷凝器或蒸发器内，阻碍制冷剂流动，影响散热和吸热效果，使制冷系统工作不良。冷冻润滑油加注量：别克君威，250mL；别克赛欧，220mL；别克凯越，220mL。

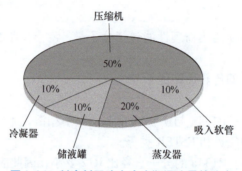

图 1-36 制冷剂回路中冷冻润滑油量的分布

项目五　认识汽车空调的制冷原理与组成

一、任务引入

汽车空调制冷系统的基本功能是调节车内温度，高档轿车空调系统还具有调节车内湿度的功能。

二、任务目标

1）了解制冷的基本思路。
2）掌握汽车空调的制冷原理。
3）掌握汽车空调的制冷循环过程。

三、相关知识

1. 制冷的基本思路

制冷指空调系统为获得冷气而制造和维持必要的冷源的过程。冷源指温度低于环境温度的物体或场所。人们在游完泳时会有冷的感觉、在手臂上涂抹酒精会有凉爽的感觉，这都是因为液体的蒸发带走了热量，如图 1-37 所示。

由此可以推出，利用液体的蒸发可以吸收周围环境的热量。为此制作一个如图 1-38 所示的装置，将一个带有开关的容器装在一个绝热良好的盒子内，容器中装有常温下容易挥发的液体。将开关打开时，容器内的易挥发液体便开始蒸发，同时吸收绝热盒子内的热量，吸收了热量的液体转化为气体，从开关处排出。盒子内的温度便会低于盒子外的温度。如果容器内的易挥发液体能不断地得到补充，冷却的效果便会持续下去。

从制冷装置的工作情况看，制冷过程中热量的转移是靠液体的状态变化实现的，这种液体就称为制冷剂。

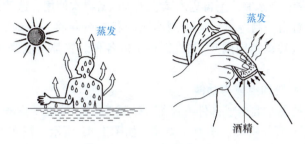

图1-37　蒸发带走热量

2. 制冷循环

为了使前述制冷装置的制冷过程持续下去，就必须不断地向容器中补充制冷剂，从开关处放出的制冷剂也应回收反复加以利用。为此，有必要制作一套装置使制冷剂能够在装置中循环，不断地将热量带走。

根据前述物质沸点与压强的关系可知，降低压强可以使物质的沸点降低，使其更加容易蒸发而吸收热量；提高压强可以使物质的沸点升高，使其更加容易转化为液体而放出热量。为此，将前述装置从开关处放出的气态制冷剂回收，使其进入压缩机提高压强，再通过冷凝器经强制冷却放出热量后转化为液态制冷

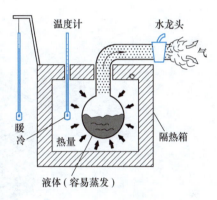

图1-38　制冷装置

剂，并将这种液态制冷剂暂时存放在储液罐中以备再次使用，如图1-39所示。

高压的液体通过一个小孔，可以使其迅速膨胀而压强降低，在这种情况下，液体由于压强的降低非常容易汽化而吸热。因此，将储液罐中的制冷剂通过一个小孔（膨胀阀）放出，让其进入蒸发器。由于制冷剂的压强下降，所以很快便会蒸发，吸收蒸发器周围的热量，使蒸发器周围得到冷却，如图1-40所示。

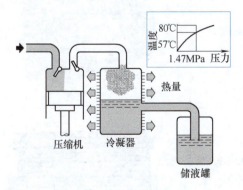

图1-39　通过压缩使制冷剂转化为液体并放出热量

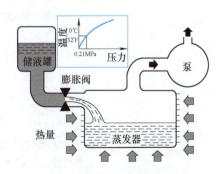

图1-40　通过膨胀阀的液态制冷剂转化为气体吸收热量

将上述两个过程组合起来，就可以形成一个制冷循环，储液罐中的高压液态制冷剂从膨胀阀喷出，压强下降，体积迅速膨胀，转化为气体，吸收周围的热量，使周围的温度下降；气态制冷剂经压缩机加压形成高压气态制冷剂，高压气态制冷剂进入冷凝器冷却，从气体转化为液体，同时放出热量；液态制冷剂再进入储液罐，以备再次使用，这就是一个完整的制冷循环。从制冷循环可以看出，制冷就是通过制冷剂的状态变化将一个地方（蒸发器周围）的热量带到另一个地方（冷凝器周围）。制冷循环中的各种装置都是围绕这种热量的转移而设置的。

3. 汽车空调制冷系统的组成与功能

汽车空调制冷系统的主要组成部件有压缩机、冷凝器、储液干燥器（集液器）、膨胀阀（膨胀管）、蒸发器、导管与软管、压力开关等，如图1-41所示。汽车空调制冷系统各主要部件的名称、功用及实物图见表1-4。

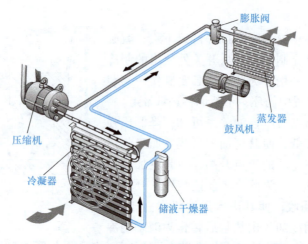

图1-41 汽车空调制冷系统的组成

表1-4 汽车空调制冷系统各主要部件的名称、功用和实物图

元件	功用	图示
压缩机	压缩制冷剂，使制冷剂在系统中循环	
冷凝器	对从压缩机排出的气态制冷剂散热降温，使其变成液态制冷剂	

(续)

元　件	功　用	图　示
储液干燥器 （集液器）	储存制冷剂、干燥水分、过滤杂质	
膨胀阀 （膨胀管）	节流降压	
蒸发器	使制冷剂膨胀，并吸收空气中的热量	
压力开关	在制冷系统的压力过高或过低时，使制冷系统停止工作，保护管路或使压缩机停止工作	
空调管路	制冷剂循环通道	

4. 汽车空调制冷循环过程

汽车空调制冷系统各部件之间采用铜管（或铝管）和高压橡胶管连接成一个密闭系统。制冷系统工作时，制冷剂以不同的状态在这个密闭系统内循环流动，每一循环有4个基本过程。汽车空调制冷系统的工作原理如图1-42所示。汽车空调制冷系统反复地将制冷剂压缩、冷凝、膨胀、蒸发，不断地在蒸发器中吸热汽化，使蒸发器始终保持很低的温度而用于车内空气的降温除湿。在制冷循环系统中，压缩机是动力源。汽车空调系统制冷剂循环流程如图1-43所示。

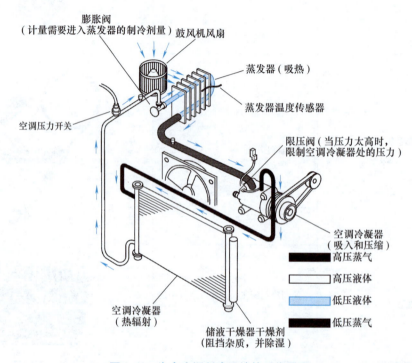

图1-42 汽车空调制冷系统的工作原理

在汽车空调制冷系统中，压缩机由发动机曲轴上的驱动带驱动旋转，并将蒸发器中因吸收车内热量而汽化的低温低压气态制冷剂（R134a）经低压软管和低压阀吸入压缩机。低温低压气态制冷剂经压缩机压缩后，转化成高温（约为65℃）高压（约为1300kPa）气态制冷剂，经高压阀和高压软管送入发动机散热器前面的冷凝器。制冷剂在冷凝器中经车外空气冷却成为高温（约为55℃）高压（约为1300kPa）液态制冷剂，并从冷凝器底部流向储液干燥器；经储液干燥器过滤、脱水后，由高压软管送入热力膨胀阀；经热力膨胀阀节流降压后，转化成低温（约为-5℃）低压（约为150kPa）液态制冷剂进入蒸发器，并在蒸发器内大量吸收蒸发器管壁及周围空气的热量而蒸发汽化，使

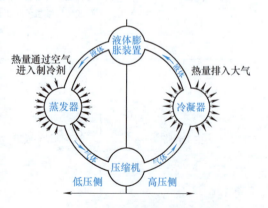

图1-43 汽车空调系统制冷剂循环流程

蒸发器表面及其周围的车内热空气温度降低（由此产生冷源）。当鼓风机将车内热空气或车外热空气强制吹过蒸发器表面时，热空气便被蒸发器冷却而变成冷气送回车内，从而达到降低车内温度的目的。液态制冷剂在蒸发器内吸热汽化为低温（约为0℃）低压（约为150kPa）气态制冷剂，并经低压软管由压缩机再次吸入，从而完成制冷循环。

案例分析

空调压缩机电磁离合器易烧坏

故障现象 1辆桑塔纳LX型轿车，装用JV型发动机，行驶里程为8万km。驾驶人反映，在炎热的夏天行驶途中，空调电磁离合器线圈突然被烧毁，维修时换上了一个新的电磁离合器线圈，但只行驶了1500km左右，电磁离合器线圈又被烧毁。

故障诊断 空调电磁离合线圈被烧毁，除零件质量问题外，主要是空调系统内的压力过高，带动压缩机运转的阻力过大，超过该电磁线圈的电磁吸力，使离合器主、从动盘产生相对滑移摩擦，导致过热而烧毁。

在压缩机开始工作时，查看储液干燥器的视液镜，发现视液镜内一点气泡都没有。将空调高、低压表接入制冷系统中，检查其压力，发现高压侧和低压侧压力均偏高，显然制冷剂加注过量。

故障排除 更换电磁离合器，将制冷剂从低压侧适量排出后（以高压侧压力1.2～1.8MPa、低压侧压力0.15～0.30MPa为适宜），故障排除。

维修总结 空调系统压力过高有以下3种原因：
1）停车时发动机怠速运转，且长时间在太阳暴晒下使用空调。
2）当散热风扇出现故障后，长时间、高强度地使用空调（散热风扇是与空调冷凝器风扇共用的）。
3）制冷系统中加入的制冷剂过量。

为避免此类故障发生，平时在以下3种情况下不应使用空调：
1）制冷剂加入量超过规定时，要及时放出，否则不准使用空调。检查制冷剂多少的方法是：在压缩机开始工作时，看储液器视液镜内有无气泡，如果没有气泡，说明制冷剂太多，应适量放出；如果气泡太多，说明制冷剂太少，应适量添加制冷剂。
2）散热风扇发生故障停止运转时，应立即停止使用空调，否则制冷系统将产生超高压，使电磁离合器打滑而烧毁。
3）停车时，发动机怠速运转不良情况下最好不开空调。

复习思考题

一、单项选择题

1. 汽车A/C工作时，每个制冷循环包括压缩、冷凝、膨胀和（　　）4个工作过程。
   A. 蒸发　　　　B. 做功　　　　C. 进气　　　　D. 排气
2. 在制冷循环蒸发过程的后期，制冷剂应呈（　　）态被吸入压缩机。
   A. 液　　　　　B. 气　　　　　C. 半液半气　　D. 固

3. 一般来说，人体适宜的温度为（　　），湿度为 50%～70%。
   A. 20～28℃　　　　　　　　　　B. 20～15℃
   C. 18～12℃　　　　　　　　　　D. 12～5℃
4. 制冷系统正常工作时，低压侧管道里流动的是（　　）。
   A. 低压低温的气体　　　　　　　B. 低压低温的液体
   C. 高压高温的气体　　　　　　　D. 以上都不是
5. 在汽车空调的制冷循环中，冷凝过程中制冷剂（　　）。
   A. 从气态变为液态　　　　　　　B. 从液态变为气态
   C. 从气态变为固态　　　　　　　D. 从固态变为液态
6. 膨胀阀的功能是将（　　）节流减压。
   A. 高压制冷剂气体　　　　　　　B. 高压制冷剂液体
   C. 低压制冷剂气体　　　　　　　D. 低压制冷剂液体
7. 汽车空调制冷循环 4 个工作过程的顺序是（　　）。
   A. 压缩、冷凝、膨胀、蒸发　　　B. 压缩、膨胀、蒸发、冷凝
   C. 蒸发、冷凝、压缩、膨胀　　　D. 蒸发、压缩、膨胀、冷凝
8. 空调制冷系统工作时，膨胀阀前、后管道应（　　）。
   A. 前冷后热　　　　　　　　　　B. 前热后冷
   C. 前后一致　　　　　　　　　　D. 以上都不是
9. 制冷系统中，由压缩机排气口到冷凝器入口这一段管路，温度可达（　　）。
   A. 40～50℃　　B. 70～80℃　　C. 5～10℃　　D. 0～3℃

二、判断题

（　　）1. 在汽车空调正常工作时，压缩机排出的 R134a 气体在压力不变的情况下，经冷凝器散热就能变成液体。
（　　）2. 汽车空调冷冻润滑油容易吸收水汽，故在保存中和使用后无需将瓶盖密封。
（　　）3. 在汽车空调制冷循环的压缩过程中，制冷剂由气态变为液态。
（　　）4. 制冷剂 R12 和 R134a 可以混用。
（　　）5. 制冷剂 R12 和 R134a 的冷冻油可以混用。
（　　）6. 空调压缩机是空调系统高、低压侧的分界点。
（　　）7. 压缩机输出端高压管路、冷凝器、储液干燥器、液体管路构成高压侧。
（　　）8. 冷冻润滑油是不制冷的，还会妨碍热交换器的换热效果。
（　　）9. 冷冻润滑油用于对压缩机的运动零件进行润滑，它与制冷剂是不相溶的。
（　　）10. 使用 R12 制冷剂的汽车空调制冷系统，可直接换用 R134a 制冷剂。
（　　）11. 用于 R12 和 R134a 制冷剂的干燥剂是不相同的。

三、问答题

1. 汽车空气调节的内容有哪些？
2. 汽车空调的特点有哪些？
3. 膨胀阀式和膨胀管式制冷系统有哪些异同？
4. 对冷冻润滑油的性能要求有哪些？

模块二 汽车空调制冷系统部件结构与维修

在汽车空调制冷系统中,压缩机起着压缩和输送气态制冷剂的作用,是整个制冷系统的"心脏"。膨胀阀起节流降压的作用,同时调节进入蒸发器制冷剂液体的流量,是系统高、低压侧的分界线。蒸发器是输出冷气的设备,制冷剂在其中吸收冷却空气的热量,使空气降温。冷凝器是放出热量的设备,蒸发器中吸收的热量、压缩机消耗的功所转化的热量一起从冷凝器上散发出去,被冷却空气带走。压缩机所消耗的功起到了补偿作用,只有消耗了外界的功,制冷剂才能把从车内较低温度的空气中吸取的热量不断地传递到车外较高温度的空气中去,从而达到制冷的目的。空调制冷循环系统中各部件在车上的安装位置如图 2-1 所示。下面对各主要组成部件分别予以介绍。

图 2-1 空调制冷循环系统中各部件在车上的安装位置

项目一 认识空调压缩机

一、任务引入

压缩机是推动制冷剂在制冷系统中不断循环的动力源,它是制冷系统中低压和高压、低温和高温的转换装置,变排量压缩机还起着根据热负荷大小调节制冷剂循环量的作用。压缩机在制冷系统中的安装位置如图 2-2 所示。压缩机有两个重要功能:一是使系统内产生低压条件;二是把气态制冷剂从低压压缩至高压,并使其温度升高。

二、任务目标

1) 了解空调压缩机的不同分类特征。
2) 掌握各类空调压缩机的结构及工作过程。

三、相关知识

现在应用于汽车空调制冷系统的压缩机品牌和型号有 160 多种,常见车型使用的空调压缩机如图 2-3 所示。按照运动形式的不同,压缩机可以分为往复活塞式和旋转式两种,往复活塞式压缩机可以分为曲轴连杆式、斜板式(分为斜盘式压缩机和摆盘式压缩机)和辐射

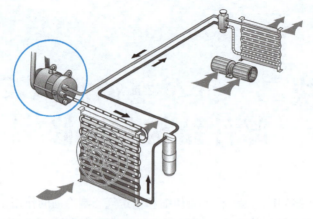

图 2-2 压缩机在制冷系统中的安装位置

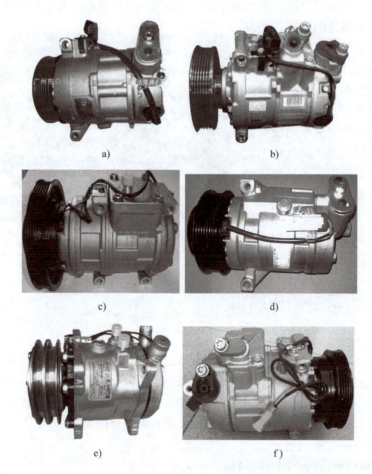

图 2-3 常见车型使用的空调压缩机

a) 别克君越 b) 奥迪 c) 本田雅阁 d) 雪佛兰科鲁兹 e) 日产天籁 f) 大众速腾

式 3 种；旋转式压缩机可以分为转子式、旋叶式、螺杆式和涡旋式 4 种。大型客车空调压缩机一般采用传统的曲轴连杆机构，即往复活塞式结构；中、小型汽车空调压缩机以斜板式和涡旋式为主。

1. 定排量压缩机

（1）曲轴连杆式压缩机　曲轴连杆式压缩机属于传统结构，早期的汽车空调大都采用此种压缩机，近年来中、小型汽车大多采用斜盘式压缩机和旋转式压缩机，很少使用曲轴连杆式压缩机，而大客车仍主要采用曲轴连杆式压缩机。

1）结构。曲轴连杆式压缩机的结构如图2-4所示。这种压缩机的结构与发动机相似，一般采用双缸结构，曲轴回转带动连杆使活塞进行往复运动，从而吸入和压缩气体。活塞上部的气缸体上装有进、排气阀总成，在曲轴和壳体之间装有防止制冷剂泄漏的轴封。为保证零部件的正常工作，在曲轴箱内充有规定数量的压缩机润滑油及供油设施。具体组成如下：

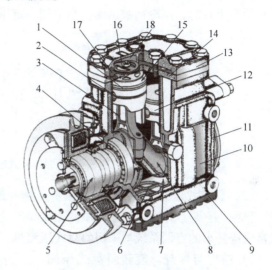

图2-4　曲轴连杆式压缩机的结构

1—活塞环　2—活塞销　3—连杆　4—轴承　5—轴封总成
6—飞轮　7—曲轴箱　8—曲轴　9—油底壳　10—外壳
11—端板　12—气缸　13—气缸盖　14—阀套　15—活塞
16—进、排气阀　17—低压室　18—高压室

① 曲轴连杆机构。曲轴连杆机构由活塞、活塞销、连杆、曲轴和轴承组成。曲轴连杆机构通过活塞销和连杆，将曲轴的旋转运动转换成活塞的往复运动，将制冷剂吸入和压缩，进而实现制冷剂的循环。

② 进、排气阀机构。进、排气阀机构由进气阀片、排气阀片、阀门片和挡片等组成。当活塞下行时，气缸内压力降低，从蒸发器来的低温、低压气体在压力差的作用下推开进气阀片进入气缸，如图2-5a所示。当活塞上行时，制冷剂被压缩，压力上升，进气阀片被制冷剂压向关闭位置，如图2-5b所示。

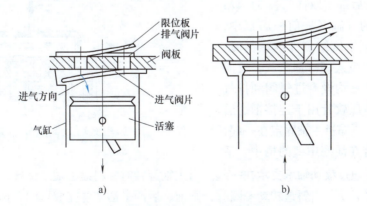

图2-5　曲轴连杆式压缩机进、排气阀工作原理
a）下降行程　b）上升行程

③ 润滑机构。曲轴连杆机构由于高速运转，摩擦副部位必须要有良好的润滑。常见的润滑方式有飞溅润滑和油泵润滑两种。油泵润滑又称为强制性润滑，是利用连接于主轴尾端

的油泵，将积存于曲轴箱底部的润滑油吸入，通过主轴中的油孔向各轴承及轴封供油。

④ 轴密封机构。轴密封机构由弹性挡圈、密封座、O 形圈和轴封等组成。

2）工作过程。曲轴连杆式压缩机的工作过程如图 2-6 所示。压缩机的活塞在气缸内不断地运动，改变了气缸的容积，从而在制冷系统中起到了压缩和输送制冷剂的作用。压缩机的工作可分为压缩、排气、膨胀、吸气 4 个行程。活塞下行时进气阀打开，制冷剂进入气缸；活塞上行时，制冷剂被压缩，当达到一定压力时，排气阀打开，制冷剂排出。

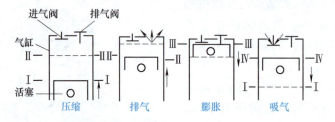

图 2-6　曲轴连杆式压缩机的工作过程

（2）斜盘式压缩机　斜盘式压缩机也称为斜板式压缩机，是一种轴向往复活塞式压缩机。目前，它是汽车空调压缩机中使用最为广泛的一种。国内常见的轿车，如奥迪、捷达以及富康等轿车的空调系统均采用斜盘式压缩机。

1）结构与原理。旋转斜盘式压缩机的结构如图 2-7 所示，其主要零件是主轴和斜盘（图 2-8）。这种压缩机通常在机体圆周方向上布置有 6 个或 10 个气缸，各气缸主轴为中心布置，每个气缸中安装一个双向活塞形成 6 缸压缩机或 10 缸压缩机。如果是 6 缸，则 3 缸在前部，3 缸在后部；如果是 10 缸，则 5 缸在前部，5 缸在后部。双向活塞的两活塞各自在相对的气缸（一前一后）中，活塞一端在前缸中压缩制冷剂蒸气时，另一端在后缸中吸入制冷剂蒸气，反向时作用相反。各缸均设有进气阀和排气阀，另有一根高压软管用于连接前、后高压腔。斜盘与压缩机主轴固定在一起，斜盘的边缘装合在活塞中部的槽中，活

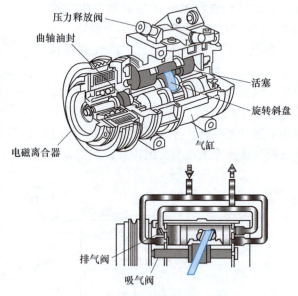

图 2-7　旋转斜盘式压缩机的结构

塞槽与斜盘边缘通过滚动轴承支承在一起。当主轴旋转时，斜盘也随之旋转，斜盘边缘推动活塞作轴向往复运动。当斜盘转动一圈时，则前、后两个活塞各完成压缩、排气、膨胀、吸气行程，完成一个循环，相当于两个气缸作用。如果是轴向 6 缸压缩机，则气缸体截面上均匀分布 3 个气缸和 3 个双向活塞，当主轴旋转一圈时，相当于 6 个气缸的作用。

2）工作过程。旋转斜盘式压缩机的工作过程如图 2-9 所示。压缩机轴旋转时，轴上的斜盘同时驱动所有的活塞运动，部分活塞向左运动，部分活塞向右运动。图 2-9 中的活塞在

模块二　汽车空调制冷系统部件结构与维修

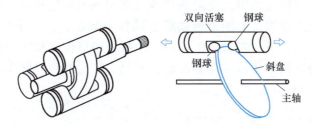

图2-8　旋转斜盘式压缩机的主轴和斜盘

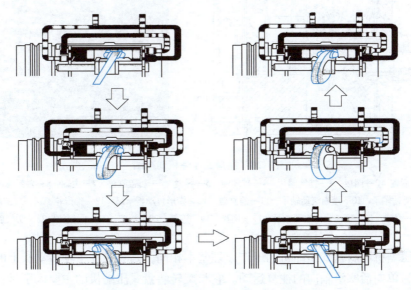

图2-9　旋转斜盘式压缩机的工作过程

向左运动中，活塞左侧的空间缩小，制冷剂蒸气被压缩，压力升高，打开排气阀，制冷剂蒸气向外排出，与此同时，活塞右侧空间增大，压力减小，进气阀开启，制冷剂蒸气进入气缸。由于进、排气阀均为单向阀结构，因此能够保证制冷剂不倒流。

斜盘每转动一圈，前、后两个活塞各自完成吸气、压缩、排气、膨胀行程，完成一个循环，相当于两个工作循环。这意味着如果气缸体截面均布5个气缸和5个双向活塞，当主轴旋转一圈时，相当于10个工作气缸。所以称这种有5缸、5个双向活塞布置的压缩机为斜盘式10缸压缩机。

斜盘式压缩机有的采用飞溅润滑，也有的采用压力润滑，由于其结构紧凑、效率高、性能可靠，因而适用于汽车空调。

（3）摆盘式压缩机　摆盘式压缩机也称为摇板式压缩机，是一种轴向活塞式压缩机。往复式单向活塞结构，又称为单向斜盘式，与旋转斜盘式属于同一类型，是目前汽车空调中应用最广泛的机型。

1）结构与原理。图2-10所示为摆盘式压缩机剖视图。图2-11所示为摆盘式压缩机的工作原理。气缸以压缩机的轴线为中心，均匀分布，连杆连接活塞和摇板，两端采用球形万向联轴器，使摇板的摆动和活塞的移动相协调而不发生干涉。摇板中心用钢球作为支承中心,并用一对固定的锥齿轮限制摇板只能摇动而不能转动。主轴和楔形传动板连接在一起。压缩机工作时,主轴带动楔形传动板一起旋转。由于楔形传动板的转动,迫使摇板以钢球为中心,进行左右摇摆移动。摇板和楔形传动板之间的摩擦力使摇板具有转动的趋势,但是这种趋势被一对锥齿轮所限制,使得摇板只能左右摆动,并带动活塞在气缸内作往复运动。

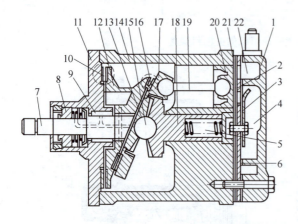 

图 2-10 摆盘式压缩机剖视图

1—后盖 2—阀板 3—排气阀片 4—排气腔 5—弹簧 6—后盖缸垫 7—主轴 8—轴封总成
9—滑动轴承 10—端面滚动轴承 11—前缸盖 12—楔形传动板 13、18—锥齿轮 14—气缸体
15—钢球 16—摆盘圆柱滚子轴承 17—摆盘 19—连杆 20—活塞 21—阀板垫 22—听气腔

摆盘式压缩机和斜盘式压缩机的工作原理基本相同,是将靠在主轴传动板上的摇板的摇摆运动转换为单向活塞沿轴向的往复运动。它与旋转斜盘式压缩机的主要区别是:旋转斜盘式压缩机由斜盘直接驱动活塞作往复运动,而摆盘式压缩机则由传动板带动摇板,进而驱动活塞作往复运动。由于防旋齿轮或防旋销的作用,摇板不能跟着传动板旋转,只以主轴为轴心被推着摆动。摇板通过两端带有球铰的双球头连杆与活塞相连接,跟着摇板的摆动,活塞在气缸内沿轴向作往复运动。斜盘式压缩机与摆盘式压缩机的结构比较如图 2-12 所示。

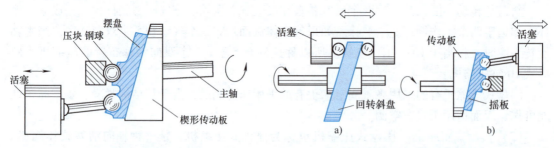

图 2-11 摆盘式压缩机的工作原理　　图 2-12 斜盘式压缩机与摆盘式压缩机的结构比较
a) 斜盘式　b) 摆盘式

2) 工作过程。摆盘式压缩机与曲轴连杆式压缩机一样,均有进、排气阀片,工作循环也具有压缩、排气、膨胀、吸气 4 个行程。如图 2-13 所示,当活塞向右运动时,该气缸处于膨胀、吸气两个行程,而摇板另一端的活塞向左移动,使该气缸处于压缩、排气两个行

程。主轴每转动一圈，一个气缸便要完成上述的压缩、排气、膨胀、吸气的一个循环。一般一个摇板配有 5 个活塞，这样相应的 5 个气缸在主轴转动一圈时，就有 5 次排气行程。

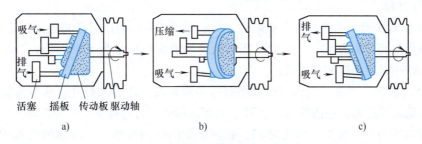

图 2-13 摆盘式压缩机的工作过程

2. 变排量压缩机

因为汽车空调压缩机是通过带轮由发动机直接驱动的，所以汽车高速行驶时，排量随发动机转速的增加而增加，功耗也随之增加。这一方面影响汽车的驾驶性能，另一方面也使压缩机制冷量过剩，造成蒸发压力降低，蒸发器结霜，制冷系数降低。为此，对压缩机容量进行控制，实现压缩机容量变化与制冷负荷相匹配的控制，使其在低速时具有高制冷能力和高效率，高速时能节约多余的制冷能力并降低功耗。

这里介绍压力调节式变排量（摆盘式）、电磁阀调节式变排量（斜盘式）和旋叶式变排量三种类型的压缩机。

(1) 压力调节式变排量压缩机

1) 工作原理。压力调节式变排量压缩机是大众系列轿车采用的一种连续变容量压缩机，它通过改变单向工作斜盘的倾斜度（活塞的工作行程）来改变排量，调节范围为 5% ~ 100%。斜盘的倾斜度取决于每个活塞两侧的压力差，活塞右侧的压力受压力箱内压力的影响，压力箱内的压力由调节阀和节流管道控制，压缩机的调节阀因波纹管能够伸缩而具有输出稳压作用。压力调节式变排量压缩机（图 2-14）的旋转运动由输入轴传递给驱动连杆机构，驱动连杆机构通过斜盘将旋转运动转换成 5 个连杆的轴向运动。滑轨保证斜盘沿轴向运动。

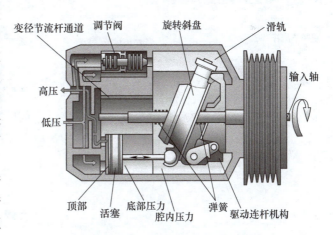

图 2-14 压力调节式变排量压缩机

这种压缩机活塞的工作行程可以根据高、低压压力比率而改变。活塞行程的改变直接影响压缩机的压缩比率，从而调节制冷剂的输出功率，改变制冷效率。在正常工作情况下，压缩机是持续运转的，不发生离合动作。

旋转斜盘的倾斜度决定了活塞的行程。旋转斜盘的倾斜度取决于腔内压力、活塞顶部和底部的压力以及斜盘前、后的弹簧力。腔内的压力取决于调节阀两侧压力的高低和节流管道截面积的大小。

2）工作过程。

① 汽车空调接通。刚接通汽车空调时，高、低压及腔内的压力是相等的，旋转斜盘前、后弹簧对斜盘的调节约为 40%。此时，压缩机开始的输出功率为 40%，即以较小的输出功率工作，以减小对发动机的冲击载荷。

② 高制冷效率。当高、低压软管的相对压力较高时，调节阀打开，从节流管流入的高压经调节阀流回低压端，腔内的压力下降。活塞顶部的压力与弹簧 1 压力之和大于活塞底部的压力（腔内压力）与弹簧 2 压力之和，旋转斜盘的倾斜度增大，活塞的行程增大，输出功率提高，如图 2-15 所示。

③ 低制冷效率。当高、低压软管的相对压力较低时，调节阀关闭，从节流管流入的高压无法经调节阀流回低压端，腔内的压力上升。活塞顶部的压力与弹簧 1 压力之和小于活塞底部的压力（腔内压力）与弹簧 2 压力之和，旋转斜盘的倾斜度减小，活塞的行程减小，输出功率降低，如图 2-16 所示。

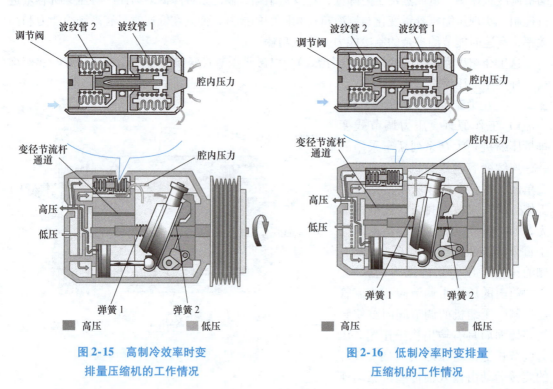

图 2-15　高制冷效率时变排量压缩机的工作情况

图 2-16　低制冷效率时变排量压缩机的工作情况

（2）电磁阀调节式变排量压缩机　日本丰田 20 系列轿车采用电磁阀调节式变容量压缩机，是在 10 缸旋转斜盘式压缩机的基础上增加了一套可变排量机构，能使压缩机在全容量（100%）和半容量（50%）两种状态下工作。电磁阀调节式变排量压缩机主要由柱塞、电磁阀、电磁线圈、单向阀和排出阀组成，如图 2-17 所示，它也是旋转斜盘式压缩机。

1）压缩机全容量工作。在 100% 功率输出的工况下，电磁阀的电源不接通，电磁阀在弹簧力的作用下关闭 b 孔、打开 a 孔。高压气体经过 a 孔推动柱塞关闭排出阀，后部的 5 个

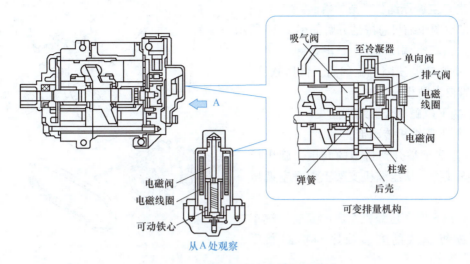

图 2-17 电磁阀调节式变排量压缩机

气缸参与工作,其产生的压力推开单向阀,与前部的 5 个气缸产生的压力一起流向冷凝器,实现 100% 功率输出,如图 2-18 所示。

2) 压缩机半容量工作。在 50% 功率输出的工况下,电磁阀的电源接通,电磁阀克服弹簧力的作用关闭 a 孔、打开 b 孔。高压气体无法经过 a 孔,因而推动柱塞后部的压力降低,在弹簧力的作用下柱塞右移,排出阀打开,后部的 5 个气缸不产生高压。只有前部的 5 个气缸继续产生高压气体。单向阀在压力差的作用下下移,防止前部的高压回流,实现 50% 功率输出,如图 2-19 所示。

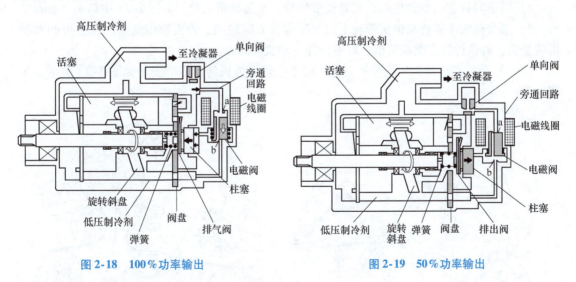

图 2-18 100% 功率输出　　　　　图 2-19 50% 功率输出

四、任务实施

以桑塔纳 3000 型轿车上所采用的 SE7PV16A R134a 空调压缩机和电磁离合器的拆装检修为例进行讲解,其内容主要包括两个方面:汽车空调压缩机总成的拆装和汽车空调压缩机传动带的拆装。

1. 汽车空调压缩机总成的拆装

汽车空调压缩机总成的分解如图2-20所示。

(1) 汽车空调压缩机总成的拆卸

1) 拆卸空调压缩机上的高、低压软管,并封闭管口,防止异物进入。

2) 拔下电磁离合器线束插头。

3) 拆下压缩机传动带。

4) 将整车举升到适当的高度,旋出压缩机紧固螺栓,从压缩机支架上取下空调压缩机。

(2) 汽车空调压缩机总成的安装 汽车空调压缩机总成的安装顺序与拆卸顺序相反。

1) 用扭力扳手以规定的力矩拧紧紧固螺栓。

2) 更换高、低压软管的密封圈。

3) 根据情况补充制冷剂。

4) 必须使离合器多楔带轮、发动机带轮的带槽处在同一平面内。

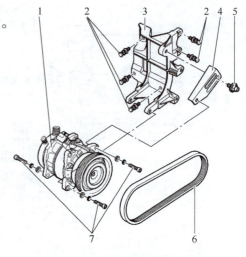

图 2-20 汽车空调压缩机总成的分解

1—压缩机 2—六角头组合螺栓 3—压缩机支架
4—传动带张紧支架 5—传动带张紧调节螺栓
6—压缩机传动带 7—内六角头组合紧固螺栓

2. 汽车空调压缩机传动带的拆装

(1) 汽车空调压缩机传动带的拆卸 汽车空调压缩机传动带的拆卸步骤如下:

1) 用内六角扳手旋松空调压缩机下方的两个联接螺栓,如图2-21中箭头B所示。

2) 沿顺时针方向旋转传动带张紧调节螺栓直至传动带放松,如图2-21中箭头A所示。

3) 用套筒扳手将传动带由带轮上向汽车前进方向脱出。若更换传动带,则应拆卸发动机前悬置;若仅拆卸空调压缩机,可不拆卸发动机前悬置。

(2) 汽车空调压缩机传动带的安装 汽车空调压缩机传动带的安装如图2-22所示,步骤如下:

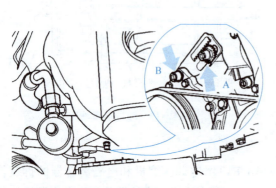

图 2-21 汽车空调压缩机传动带的拆卸

图 2-22 汽车空调压缩机传动带的安装

1）将传动带套在带轮上。注意运转方向。

2）用套筒扳手沿逆时针方向旋转调节螺栓，直至传动带张紧。用拇指按压传动带中部，变形量为 5~10mm 即可。

3）用扭力扳手将空调压缩机下方两个联接螺栓拧紧，紧固力矩为 40N·m。

在拆装汽车空调压缩机传动带之前，必须做好运转的记号；在拆装整个过程中，不必打开制冷剂循环，可以直接拆卸和安装压缩机支架及所属零部件；在安装压缩机传动带时，要注意必须将传动带上的筋条完全卡进带轮的多楔槽内。

项目二　认识冷凝器

一、任务引入

汽车空调中的冷凝器和蒸发器统称为换热器。换热器的性能直接影响汽车空调的制冷性能，其金属材料消耗量大，本身体积大，质量占整个汽车空调装置总质量的 50%~70%，它所占据的空间直接影响汽车的有效容积，布置起来很困难。因此，使用高效换热器是极为重要的。

汽车空调装置中的冷凝器和蒸发器要与压缩机相匹配，还应与节流膨胀机构相适应。冷凝器在制冷系统中的安装位置及结构如图 2-23 所示。

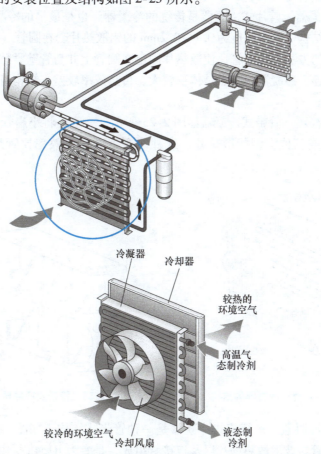

图 2-23　冷凝器在制冷系统中的安装位置及结构

二、任务目标

1) 了解冷凝器中制冷剂的放热过程。
2) 掌握不同类型冷凝器的结构特点。

三、相关知识

1. 冷凝器的作用

冷凝器的作用是对压缩机排出的高温高压制冷剂蒸气散热降温,使其凝结为高压液态制冷剂。气态制冷剂在冷凝器中会被液化或冷凝,当其进入冷凝器时几乎为 100% 的蒸气;而当其离开冷凝器时并不是 100% 的液体,因为仅有一定量的热能在给定时间内由冷凝器排出。因此,少量的制冷剂以气态方式离开冷凝器,但由于这些制冷剂将进入储液干燥器,故制冷剂的这一状态并不影响系统的运行。

2. 冷凝器中制冷剂的放热过程

冷凝器中制冷剂的放热过程有 3 个阶段,即过热、冷凝和过冷。

进入冷凝器的制冷剂是高压过热气体,首先降温至冷凝压力下的饱和温度,制冷剂仍为气态。然后,在冷凝压力作用下,放出热量而逐渐冷凝成液体,此过程中制冷剂温度保持不变。最后,继续放出热量,液态制冷剂温度下降,成为过冷液体。

3. 结构形式

汽车空调冷凝器有管片式、管带式和平行流式 3 种。

(1) 管片式冷凝器 管片式冷凝器是传统的冷凝器,也是最早的冷凝器。图 2-24 所示为管片式冷凝器的结构。它由厚度为 0.1~0.2mm 的铝散热片套在圆管(铜管或铝管)上构成,用机械或液压的方法进行胀管,使散热片固定在圆管上并与管壁紧贴,保证热量能通过紧贴的管片进行传递。冷凝器的特点是体积较大、传热效率较差、结构简单,但加工成本较低,目前仍有应用。

(2) 管带式冷凝器 管带式冷凝器如图 2-25 所示,一般是将小扁管弯成蛇管形,其中放置三角形的翅片或其他类型的散热片。这种冷凝器的传热效率比管片式冷凝器提高了 15%~20%。

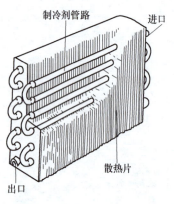

图 2-24 管片式冷凝器的结构

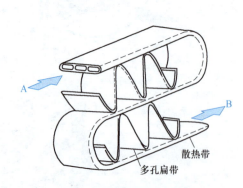

图 2-25 管带式冷凝器

(3) 平行流式冷凝器 平行流式冷凝器是一种管带式结构,如图 2-26b 所示,由圆筒节流管、铝制内肋管、波形散热翅片以及连接管组成,是专为 R134a 提供的新型冷凝器。

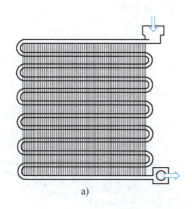 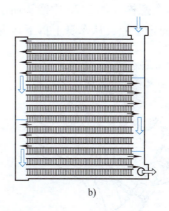

图 2-26 冷凝器的形式

a）管片式冷凝器　b）平行流式冷凝器

这种结构的冷凝器散热性能较管带式冷凝器提高了 30%～40%，通径阻力降低了 25%～33%，内容积减少了约 20%，大幅度地提高了其换热性能。

四、任务实施

1. 冷凝器的检查

如果冷凝器进、出口处出现泄漏，则可能是密封圈老化所致，需要紧固或更换密封圈；如果是冷凝器本身泄漏，则应拆下进行修理。检查冷凝器的外观，看冷凝器外表面有无污垢、残渣，翅片是否倒伏，如果有，则会造成冷凝器散热不良。

用歧管压力表检查冷凝器内部是否脏堵，如果发现压缩机高压过高，不能正常制冷，冷凝器导管外部有结霜或下部不烫的现象，则说明导管内脏堵或因外部压瘪而堵塞。

2. 冷凝器的拆卸步骤

冷凝器总成的拆装如图 2-27 所示。

1）使用专用冷媒回收加注设备将制冷剂抽空。

2）拆下蓄电池负极电缆。

3）拔下散热风扇电源插头，拆下散热风扇组件。

4）拆下散热器进水管和出水管，将端口用干净的棉纱塞住，以免冷却液流出；也可以先用容器收集冷却液，等散热器安装完毕后再倒入膨胀罐进行使用。

5）拆下散热器。拆下后要注意妥善放置，不要在散热管带上放重物或磕碰。

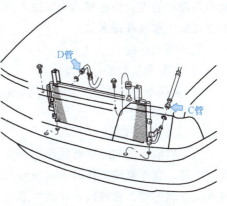

图 2-27 冷凝器总成的拆装

6）拆下 C 管（冷凝器至储液干燥器的管路），如图 2-28 中箭头所示，拆下后封闭管口，防止异物进入。

7）拆下 D 管（压缩机至冷凝器的管路），拆下后封闭管口，防止异物进入。

8）拆下前保险杠托架。

9）旋出4个螺栓（图2-29中箭头所示），拆下导向件。
10）旋出固定螺栓，从车身上拆下冷凝器。

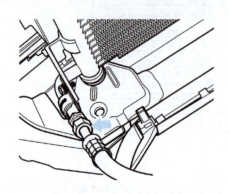

图2-28　拆卸冷凝器管路

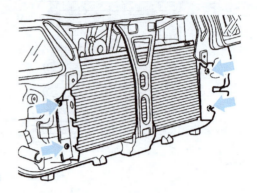

图2-29　冷凝器的拆装

3. 冷凝器的安装

冷凝器的安装按与拆卸相反顺序进行。

安装时应注意以下两点：

1）连接冷凝器管接头时，要区分进口和出口。进口位置在上方，出口位置在下方。
2）在未安装管接头时，不要长时间打开连接管口的保护盖，以免潮气进入。

项目三　认识蒸发器

一、任务引入

蒸发器和冷凝器一样，是一种换热器，也称为冷却器，是制冷循环中获得冷气的直接器件。其外形近似冷凝器，但比冷凝器窄、小、厚。蒸发器安装在驾驶室仪表台的后面，其在制冷系统中的安装位置和结构如图2-30所示，主要由各种管道和散热片组成，在蒸发器的下方还有接水盘和排水管。

二、任务目标

1）了解蒸发器的作用及要求。
2）掌握不同类型蒸发器的结构特点。

三、相关知识

1. 蒸发器的作用

蒸发器的作用与冷凝器的作用相反，蒸发器中的制冷剂起吸热作用，流经蒸发器的空气受到冷却。制冷系统工作时，高压液态制冷剂通过膨胀阀膨胀而使其压力降低，变成湿蒸气进入蒸发器芯管，吸收散热片及周围空气的热量。蒸发器通常安装在仪表板后的风箱内，依靠鼓风机使车外空气或车内空气流经蒸发器，以便冷却和除湿。大型乘用车配置两个蒸发器，一个安装在车前部，另一个安装在车后部。

2. 蒸发器的要求

由于汽车上安放蒸发器（指直接产生冷风或暖风的组件）的空间位置有限，要求蒸发器具有制冷效率高、尺寸小、重量轻等特点。

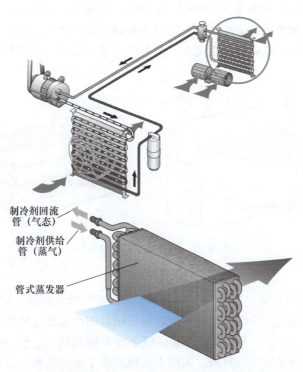

图 2-30 蒸发器在制冷系统中的安装位置和结构

由于空调蒸发器要求尺寸紧凑,它的管片距离比一般空调小(即管片排列比较密),结露后容易形成水桥而影响热交换,因而防结露或防止形成水桥在车用空调蒸发器中很重要。

3. 蒸发器的类型

蒸发器有管片式、管带式和层叠式 3 种结构。

(1) 管片式蒸发器 管片式蒸发器由铜质或铝质圆管或扁管套上的铝翅片组成(图 2-31),经胀管工艺使铝翅片与圆管紧密接触。这种蒸发器的结构简单、加工方便,但其传热效率较差。

(2) 管带式蒸发器 管带式蒸发器由多孔扁管与蛇形散热铝带焊接而成,如图 2-32 所示,其工艺比管片式蒸发器复杂,需采用双面复合铝材及多孔扁管材料。这种蒸发器传热效率可比管片式蒸发器提高 10% 左右。

图 2-31 管片式蒸发器的结构

图 2-32 管带式蒸发器的结构

(3) 层叠式蒸发器 如图 2-33 和图 2-34 所示，层叠式蒸发器由两片冲成复杂形状的铝板叠在一起组成制冷剂通道，每两片通道之间夹有蛇形散热铝带。这种蒸发器需要双面复合铝材，而且焊接要求高，因此加工难度大，但其换热效率最高，结构紧凑。

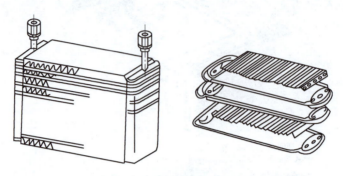

图 2-33　层叠式蒸发器的结构

4. RS 蒸发器

RS（新一代超薄型）蒸发器由一个箱体、管道和冷却叶片组成，如图 2-35 所示。由于管道为挤压模塑形成的微孔管道，因此不但获得了很好的热量传递性能，也实现了蒸发器的薄壁化构造（38mm）。同时，RS 蒸发器通过缩小冷却叶片高度、管道厚度和散热片间距，促进了热量传递，芯部采用薄型材料，因而大大地实现了小型化和轻量化。此外，蒸发器上采用了清洁的涂层，可以抑制因细菌繁殖而产生的异臭，并且在蒸发器表面采取了无铬处理，起到了环保的效果。

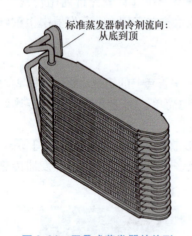

图 2-34　层叠式蒸发器的外形

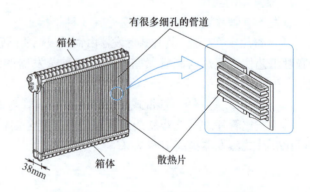

图 2-35　RS（新一代超薄型）蒸发器

四、任务实施

1. 蒸发器的拆装

（1）蒸发器的拆卸　在拆卸或安装蒸发器前，应先将车辆的电源切断，拆除影响拆卸的导线、端子及其他附件，并对车辆的表面涂层进行保护。蒸发器的分解如图 2-36 所示，其拆卸步骤如下：

1）拆卸前排乘员侧储物箱。

2）拆卸仪表板。

3)拆卸进风罩。

4)旋出紧固螺母(图2-37中箭头A所示),拆下S管(蒸发器至压缩机管路),封住已经拆下的管子端口。

5)旋出紧固螺母(图2-37中箭头B所示),拆下1管(储液干燥器至蒸发器管路),封住已经拆下的管子端口。

6)拆下联接螺栓(图2-38中箭头所示)。

7)拔下感温管插头,取出蒸发器,如图2-39所示。

(2) 蒸发器的安装 蒸发器的安装按与拆卸相反顺序进行。在安装时,要注意蒸发器的入口和出口,切勿装反。温度控制元件或感温包要牢固地安装在合适的位置,膨胀阀和感温包要包好保温材料,蒸发器内要加注一定量的冷冻润滑油。

2. 蒸发器的检修

(1) 蒸发器的检修内容 蒸发器的检修内容主要包括:检查蒸发器外表面是否有积垢、异物;检查蒸发器是否损坏;用检漏仪检查蒸发器是否有泄漏;观察排气管路是否清洁、畅通。

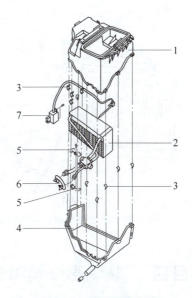

图 2-36 蒸发器的分解
1—蒸发器壳体 2—蒸发器芯 3—弹簧夹片
4—蒸发器下壳体 5—双孔橡胶圈
6—固定块 7—蒸发器感温管

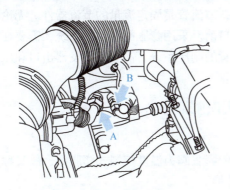

图 2-37 蒸发器管路拆卸

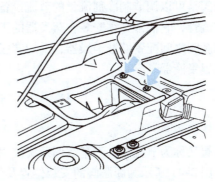

图 2-38 蒸发器联接螺栓位置

(2) 蒸发器的检修方法

1)检查蒸发器外表面是否有积垢、异物。若有,应使用软毛刷(或软布、棉纱)和清水清洗。

注意:不要用硬毛刷和高压水冲刷,不要弄弯吸热片。

2)检查蒸发器的内部盘管是否有泄漏现象。若有泄漏现象,应由专业修理人员对泄漏处进行补焊。

3)测试蒸发器内部压力,如图2-40所示,用专用接头分别将蒸发器的进、出口连接到高、低压组合表的截止阀上,并用压缩机向蒸发器加压,压力一般应为1.5MPa左右,停止加压后24h压力应无明显下降。也可用肥皂水涂在系统各处进行检漏。

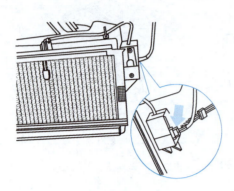
图 2-39　蒸发器感温管插头位置

图 2-40　测试蒸发器内部压力

项目四　认识膨胀阀和节流管

液态制冷剂在低压状态下才容易吸热蒸发，而通过冷凝器出来的是高温高压液态制冷剂，它需要通过节流元件减压后才能变成低温低压的容易蒸发的雾状制冷剂。膨胀阀和节流管是现代汽车空调常用的节流装置，它们主要用来解除液态制冷剂的压力，使制冷剂能在蒸发器中蒸发，是系统高、低压侧的分界点。膨胀阀多用于中低档轿车，节流管则多用于中高档轿车。

膨胀阀是可以调节制冷剂流量的节流设备，节流管是固定流量的节流器件。无论是膨胀阀还是节流管，它们都必须安装在蒸发器的进口前。采用膨胀阀的制冷系统，需要在冷凝器出口和膨胀阀之间配置储液干燥器；采用膨胀管的制冷系统，需要在蒸发器出口和压缩机进口之间配置集液器。

任务一　认识膨胀阀

一、任务引入

膨胀阀又称为节流阀，汽车空调系统使用的膨胀阀为温度控制式膨胀阀，故又称为热力膨胀阀。图 2-41 所示为膨胀阀的安装位置及外形。

二、任务目标

1) 了解膨胀阀的功用与类型。
2) 掌握不同类型膨胀阀的结构及控制机理。

三、相关知识

膨胀阀是空调系统的重要制冷部件之一，安装在蒸发器入口处。图 2-42 所示为桑塔纳 2000 系列轿车空调系统膨胀阀的安装位置。汽车空调的节流膨胀装置主要是热力膨胀阀，另外还有组合式阀、电子膨胀阀等。

1. 膨胀阀的作用

膨胀阀一般有以下 3 个作用：

1) 节流降压。膨胀阀能够使从冷凝器来的高温高压液态制冷剂节流降压成为容易蒸发的低温低压雾状制冷剂进入蒸发器，将制冷剂分成高压侧和低压侧，但工质的液体状态没有

模块二　汽车空调制冷系统部件结构与维修

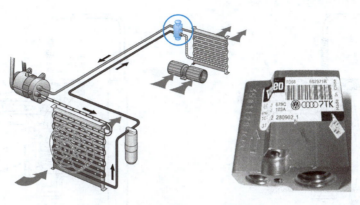

图 2-41　膨胀阀的安装位置及外形

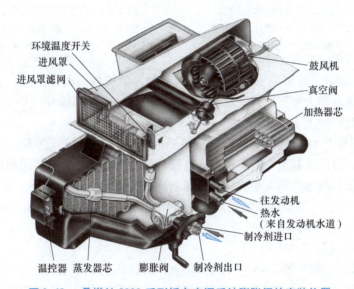

图 2-42　桑塔纳 2000 系列轿车空调系统膨胀阀的安装位置

改变。

2）自动调节制冷剂流量。膨胀阀能自动调节进入蒸发器的流量，以满足制冷循环要求。

3）控制制冷剂流量，防止液击和异常过热发生。

2. 热力膨胀阀的结构与原理

热力膨胀阀根据平衡方式的不同分为内平衡式和外平衡式两种。外平衡式热力膨胀分为 F 型和 H 型两种。H 形膨胀阀结构紧凑、工作可靠，因此现代汽车（如桑塔纳 3000、日产天籁、丰田锐志等轿车）普遍采用。

（1）**热力膨胀阀的结构**　热力膨胀阀也称为感温式膨胀阀，有外平衡式和内平衡式两种类型。外平衡式热力膨胀阀膜片下面的平衡力是通过外接管从蒸发器出口处引来的压力，其结构如图 2-43 所示；内平衡式热力膨胀阀膜片下面的制冷剂压力是从阀体内部通道传递来的膨胀阀孔的出口压力，其结构如图 2-44 所示。热力膨胀阀主要由感温受压装置、阀体和手动调节装置三部分组成。

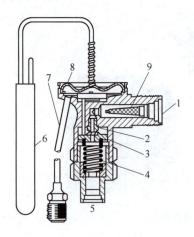
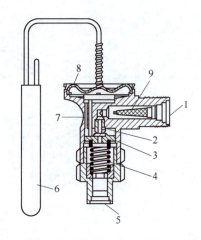

图 2-43　外平衡式热力膨胀阀的结构
1—进口　2—孔口　3—阀座　4—弹簧　5—出口
6—感温包　7—外平衡弹簧　8—膜片　9—滤网

图 2-44　内平衡式热力膨胀阀的结构
1—进口　2—孔口　3—阀座　4—弹簧　5—出口
6—感温包　7—内平衡弹簧　8—膜片　9—滤网

1) **感温受压装置**。感温受压装置是自动调节的发信机构，由感温包、毛细管和动力室组成一个密闭系统。动力室下面有一块厚度为 0.1~0.2mm 的薄膜片（即传动膜片），它随着平衡压力的变化产生上下位移。

2) **阀体**。阀体是自动调节的执行机构，由阀针、过热度调节弹簧、推杆、顶杆、阀座、调节螺钉、过滤网及其他一些零件组成。膜片移动时，调节信号传递给顶杆，顶杆推动阀针，从而调整膨胀阀通径的大小，即调节了制冷剂的流量。

3) **手动调节装置**。手动调节装置是手动调节过热度的装置，主要由平衡弹簧及调整螺母组成。

(2) 热力膨胀阀的工作原理

1) **内平衡式膨胀阀**。图 2-45 所示为内平衡式膨胀阀的工作原理及外形。感温包内装有惰性液体或制冷剂液体，当蒸发器出口温度较高时，感温包内液体温度随之上升，从而使压

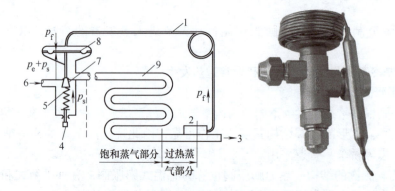

图 2-45　内平衡式膨胀阀的工作原理及外形
1—毛细管　2—感温包　3—制冷剂出口　4—调整螺针　5—弹簧
6—制冷剂入口　7—针阀　8—膜片　9—蒸发器

力增大。高压作用在膜片上侧，当数值大于蒸发器进入压力和过热弹簧压力的总和时，针阀离开阀座，阀门开启，制冷剂流入蒸发器。针阀开启后，较多的制冷剂进入蒸发器，蒸发器内压力上升，回气温度降低，膜片下侧压力增大、上侧压力减小，阀门关闭。由于膜片上、下侧压力经常处于不平衡状态，所以阀门不断地开启与闭合。

2) 外平衡式膨胀阀。内平衡式膨胀阀只适用于对制冷量要求不大的轿车及货车驾驶室空调，而大型客车空调则要用外平衡式膨胀阀，如图2-46所示。

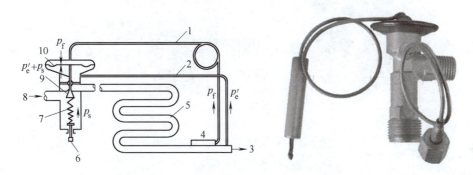

图 2-46　外平衡式膨胀阀的工作原理及外形
1—毛细管　2—外平衡管　3—制冷剂出口　4—感温包　5—蒸发器
6—调整螺钉　7—弹簧　8—制冷剂入口　9—针阀　10—膜片

在内平衡式膨胀阀的基础上，堵住内平衡孔，在膜片下方至蒸发器出口处加一根外平衡管，即变成了外平衡式膨胀阀。

3. H形膨胀阀

H形膨胀阀主要由膜片、感温元件、球阀和调节弹簧组成，如图2-47所示。因为该膨胀阀的内部结构与字母H相似，所以称为H形膨胀阀，又称为整体式膨胀阀。H形膨胀阀把感温包缩小到阀体内的回气管路上，从而提高了阀的工作灵敏度。但H形膨胀阀加工难度较大，膜片中心开孔会影响膜片的开阀特性，其工作原理如图2-48所示。

1) 结构。如图2-47所示，在H形膨胀阀上，设有低压与高压两个通道和4个管路接头。上面一个通道为低压通道，下面一个通道为高压通道。低压通道的入口接头经制冷管路与蒸发器出口连接，出口接头经制冷管路与空调压缩机入口连接；高压通道的入口接头经制冷管路与储液干燥器连接，出口接头经制冷管路与蒸发器入口连接。温度传感器安装在制冷剂从蒸发器至压缩机的气流中。制冷剂温度变化，传感器膨胀或收缩，直接推动阀门（钢球和过热弹簧）。H形膨胀阀的结构保证了低压侧压力直接作用于膜片下侧。

2) 控制过程。在高压液体进口与出口之间设有一个由球阀组成的节流阀，节流阀开度的大小由感温元件和调节弹簧控制。感温元件内部充注有制冷剂，安放在低压通道上直接感受蒸发器出口蒸气的温度。转动调节螺栓即可调节弹簧的预紧力，从而可调节节流阀的开度和流入蒸发器的制冷剂流量来调节车内空气的温度。

当蒸发器出口蒸气温度升高时，感温元件内部制冷剂吸热膨胀压力升高，迫使球阀压缩预紧弹簧，使节流阀开度增大，进入蒸发器的制冷剂流量增大，蒸发器制冷量增大，车内空气温度降低。反之，当蒸发器出口蒸气温度降低时，节流阀开度减小，制冷剂流量减小，蒸发器制冷量减少，车内空气温度升高。

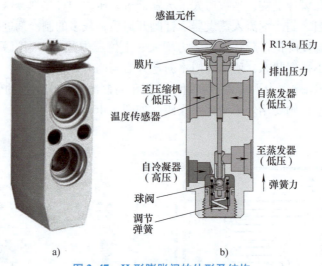

图 2-47 H 形膨胀阀的外形及结构
a) 外形　b) 结构

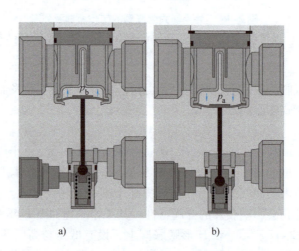

图 2-48 H 形膨胀阀的工作原理
a) 热负荷较小时的开度　b) 热负荷较大时的开度

3) 优点。H 形膨胀阀安装在蒸发器的进、出水管之间，阀上端直接暴露在蒸发器出口介质中，感应温度不受环境温度的影响，也不需要通过毛细管而造成时间滞后。由于该膨胀阀无感温包、毛细管和外平衡管，可免除因汽车颠簸、振动而使充注系统断裂、外漏以及感温包包扎松动而影响膨胀阀的正常工作，提高了膨胀阀的抗振性能。

4. 膨胀阀的选配与安装

膨胀阀的容量与膨胀阀入口处液态制冷剂的压力（或冷凝温度）、过冷度、出口处制冷剂的压力（或蒸发温度）及阀的开度有关。膨胀阀容量一定要与蒸发器相匹配。若容量过大，会使阀经常处于小开度下工作，阀开闭频繁，影响车内温度的稳定，缩短阀门使用寿命；若容量过小，则不能满足车内制冷量要求。一般情况下，膨胀阀容量应比蒸发器能力大 10%～20%。安装膨胀阀时有下列要求：

1）一般应直立安装，不允许倒置。

2）感温包一般安装在蒸发器水平出口管的上表面，要包扎牢靠，保证感温包与管子有良好的接触，接触面要清洁、要紧贴，并用隔热防潮胶包好。必要时，膨胀阀阀体也用隔热胶包好。

3）外平衡管要安装在感温包后边管段的上表面处。

4）对于外平衡式膨胀阀，必须在发动机正常运转情况下进行调整，并由技术熟练的空调技术人员调好。

四、任务实施

1. 膨胀阀的拆装

（1）膨胀阀的拆卸　在拆卸膨胀阀前，应先将制冷剂从系统内排出并回收，操作前应将车辆的电源切断，拆除影响拆卸的导线及端子并做好记号。下面以桑塔纳 3000 型轿车的空调系统为例来介绍膨胀阀的拆装。桑塔纳 3000 型轿车膨胀阀的安装位置如图 2-49 所示，其拆卸步骤如下：

1）拆下蒸发器。

2）取下感温管上包裹的绝缘带。

3）松开感温包。若膨胀阀为外平衡式，应先拆下平衡管路。

4）如图 2-50 中箭头 A 所示，旋出螺钉，拆下固定块。

5）如图 2-50 中箭头 B 所示，拆下膨胀阀上连接冷凝器的液态制冷剂管路，拆卸管接头处的 O 形圈。

6）检查膨胀阀内的滤网，若堵塞，应清洁或更换。

7）如图 2-50 中箭头 C 所示，拆下膨胀阀连接蒸发器的气态制冷剂管路，拆卸管接头处的 O 形圈。

8）拆下膨胀阀的支架，从蒸发器上取下膨胀阀。

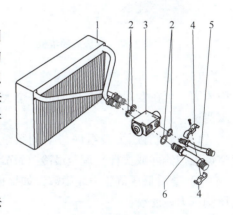

图 2-49　桑塔纳 3000 型轿车膨胀阀的安装位置
1—蒸发器芯　2—O 形圈　3—膨胀阀
4—固定块　5—高压软管　6—低压软管

（2）膨胀阀的安装　膨胀阀的安装按与拆卸相反的顺序进行，具体步骤如下：

1）安装膨胀阀的支架，将膨胀阀安装在蒸发器上。

2）在膨胀阀与蒸发器管接头上安装 O 形圈，连接蒸发器进口到膨胀阀出口的管路，拧紧到合适的力矩。

3）在膨胀阀与冷凝器管接头上安装 O 形圈，连接冷凝器液态制冷剂管路到膨胀阀进口的管路，拧紧到合适的力矩。

4）通过支架插入感温包，再用绝缘带包裹感温包，如图 2-51 所示。感温包插入的位置：$a=150$mm，$b=130$mm；插入深度为 85mm。

2. 膨胀阀的检修

膨胀阀的常见故障是发生冰堵或脏堵、阀口关闭不严、滤网堵塞及感温包或动力头焊接处发生泄漏等。膨胀阀的检查方法有两种：一是在汽车上检查膨胀阀，二是在台架上试验检查膨胀阀。

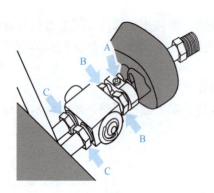

图 2-50　膨胀阀的拆卸

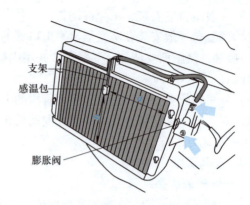

图 2-51　蒸发器感温包的安装位置

(1) **在汽车上测定膨胀阀的性能**　若在汽车上直接测定膨胀阀性能以确定膨胀阀的故障原因，可在发动机散热器前放一个大的轴流风扇，模拟汽车行驶时的迎面风速，按下列步骤测试：

1) 将歧管压力表组件与空调系统相连，起动发动机，将转速调至 1000～1200r/min，空调温控器（或拨杆）调至最冷（MAX）位置，让空调系统运行 10～15min。

2) 查看低压侧压力表读数，如果偏低，则在膨胀阀周围包上 51℃ 的抹布，继续观察低压侧压力表读数。

3) 若低压压力能上升至正常值或接近正常值，则说明系统内有水汽，应设法消除（更换储液干燥器，并用较长时间抽真空，再充注制冷剂，重新检测系统）。

4) 若低压压力未升高，则从蒸发器出口处小心卸下膨胀阀感温包，将感温包握在手中。

5) 若低压压力仍偏低，则说明膨胀阀有问题，应将其卸下，在台架上进行检查。在拆除膨胀阀时，若发现膨胀阀进口有堵塞，则在清洗和维修膨胀阀后，应更换储液干燥器。

6) 按步骤 2) 查看低压侧压力表读数时，若低压侧压力表读数偏高，则从蒸发器出口处小心卸下膨胀阀感温包，将其放入冰水中（在冰水中加些盐，使其温度降至 0℃）。

7) 若低压压力降至或接近正常值，则可能是感温包隔热包扎不严或安放位置不对，应对其重新定位并包扎后进行测定。

8) 若低压压力仍然偏高，则应卸下膨胀阀，移至台架上进行检查。

9) 测试结束后，应关闭所有空调控制器，降低发动机转速，直至停机，取下歧管压力表组件。

(2) **在台架上检查膨胀阀**

1) 将膨胀阀从制冷系统中取下来，若过滤网（如果有过滤网）上有污物，要取下并清洗干净。

2) 按照图 2-52 所示将歧管压力表组件与制冷剂罐、膨胀阀连接好，软管与低压侧压力表之间接一个带开关的过渡接头。

3) 关闭手动高、低压阀，并将水盆中水的温度调节至 52℃，然后将膨胀阀感温包放在温水中。

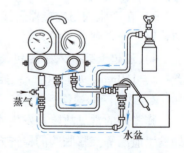

图 2-52　在台架上检查膨胀阀

4）拧开制冷剂罐的阀门，慢慢开启高压手动阀，至高压侧压力表读数为483kPa。

5）对应最大流量的低压侧压力表读数应该为296～379kPa。若读数高于379kPa，则说明膨胀阀供应制冷剂过量；若读数低于296kPa，则说明系统制冷剂量不足。

6）膨胀阀流量的调整可以通过调整弹簧压力来实现。先拧开膨胀阀出口接头，用内六角扳手调整螺母。顺时针旋转时，制冷剂供应量减小；逆时针旋转时，制冷剂供应量增大。

7）将感温包放在冷却液温度为0℃的冰水中，打开高压开关，高压侧压力表读数应为483kPa，此时可检测其最小制冷剂供应量。

任务二　认识膨胀管

一、任务引入

膨胀管是用于许多轿车制冷系统的一种固定孔口的节流装置，也称为孔管、固定孔管。膨胀管直接安装在冷凝器出口和蒸发器进口之间，如图2-53所示，它用于将液态制冷剂节流降压。如果不能调节流量，液态制冷剂很可能流出蒸发器而进入压缩机，造成压缩机液击，所以装有膨胀管的系统必须在蒸发器出口和压缩机进口之间安装一个集液器，实行气、液分离，以避免压缩机发生液击现象。

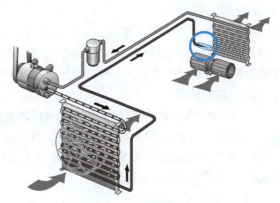

二、任务目标

1）了解膨胀管的功用与类型。
2）掌握膨胀管的结构及控制机理。

图2-53　膨胀管的安装位置

三、相关知识

膨胀管的结构及外形如图2-54所示，它是一根细铜管，装在一根塑料套管内。

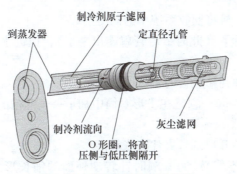

图2-54　膨胀管的结构及外形

膨胀管制冷系统的最大特点是用节流管取代了复杂的膨胀阀，用集液器替代了储液干燥器，因而其结构非常简单。膨胀管系统的工作原理如图 2-55 所示。

制冷剂经过压缩在冷凝器中液化成高压液体后，经过膨胀管的节流降压作用变成低温、低压制冷剂，在蒸发器内吸热蒸发成气体。由于膨胀管不具备调节液体流量的功能，所以当压缩机高速运转时蒸发器有可能蒸发不彻底，在其出口处易出现液态制冷剂。为了避免压缩机出现液击而受到损坏，在蒸发器出口处安装有一个气液分离器，使多余的液态制冷剂在此处蒸发成气体，然后送到压缩机进行压缩。在气液分离器出口处设置了一个溢流孔，目的是把制冷剂中分离出的冷冻润滑油从溢流孔送回压缩机。

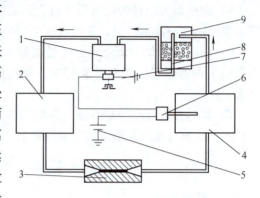

图 2-55　膨胀管系统的工作原理
1—压缩机　2—冷凝器　3—膨胀节流管　4—蒸发器
5—电源　6—温度控制器　7—电磁离合器
8—溢流孔　9—气液分离器

四、任务实施

膨胀管的主要故障是堵塞，一旦发生堵塞，一般只能更换，而且同时还需要更换集液器。拆装膨胀管需要专门的工具。在拆卸之前，首先应判断故障，对其进行检测。

1. 膨胀管的检测

1）将歧管压力表与系统连接，发动机转速调至 1000~1200r/min，将空调控制器调至最冷（MAX）位置，让空调系统运行 10~15min。

2）查看低压侧压力表的读数。若系统无其他问题且制冷剂量合适，而低压侧压力表读数偏低，则说明膨胀管可能堵塞。

3）将低压开关断路。

4）在膨胀管周围包上约 52℃ 的湿布。

5）若低压侧压力表读数上升至正常值或接近正常值，则说明系统内有水汽，膨胀管正常，应更换集液器。

6）若低压侧压力表读数仍偏低，甚至出现真空，则说明膨胀管有脏堵，应更换膨胀管。

2. 有拆卸口的膨胀管拆装

（1）拆卸未损坏的膨胀管

1）用冷媒回收与充注机将回收系统中的制冷剂。

2）把蒸发器进水管拆下（此时节流管就露出来了），把进水管中的所有碎片、污物清理干净。

3）倒一点冷冻润滑油到膨胀管的密封部分。

4）把拆卸工具（图 2-56，它是在 T 形套筒中加了一个开槽的圆管）上的槽对准膨胀管上的柄脚（凸起）并插入。

5）转动 T 形手柄，使开口圆管夹住膨胀管。

6）握住 T 形手柄（不能转动），顺时针转动外面的细长形六角套筒，膨胀管就会被拉出。

（2）拆卸已破碎的膨胀管　如果膨胀管已破碎，则用一般工具很难取出。此时，应用

模块二 汽车空调制冷系统部件结构与维修

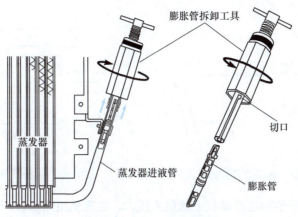

图 2-56 膨胀管拆卸工具

图 2-57 所示的专用工具将其取出,方法如下:

1)将蒸发器进水管中的所有碎片(节流管的)清除,在进水管中加几滴冷冻润滑油。

2)将专用工具的螺纹锥伸到破碎膨胀管中的铜质孔中,用手转动 T 形手柄,直至接触到膨胀管。

3)转动工具的外壳,直到破碎膨胀管被拉出。

4)若拉出的仅是膨胀管中的铜管,其塑料套管仍留在蒸发器进水管中,则应将拉出的铜管卸掉,再把工具插入塑料管中,将塑料管拉出。

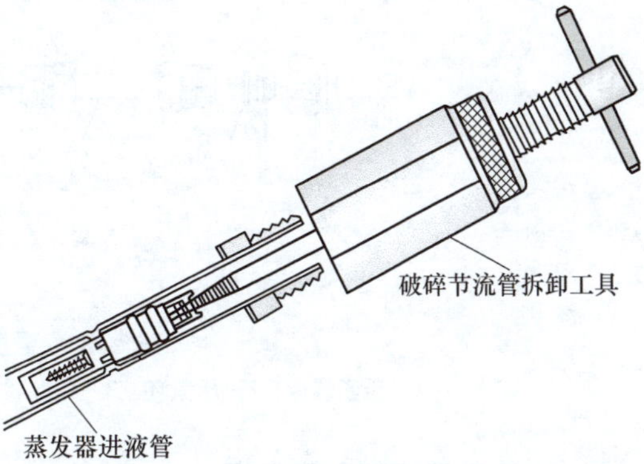

图 2-57 取出破碎膨胀管的专用工具

(3)安装膨胀管

1)将蒸发器进水管清理干净。

2)在膨胀管外表面涂上冷冻润滑油。

3)将膨胀管装入拆装工具,然后推入进水管中,直到碰到凸起推不动为止。

4)装 O 形圈,将进水管与蒸发器连接好。

5)若已拆下集液器,将新的集液器装上。

3. 无拆卸口的膨胀管拆装

(1)拆卸

1)缓慢排放系统中的制冷剂。

2)从汽车上拆下水管。注意水管安装方向,以便按同样方向将其装回。

3)确定膨胀管的位置(图 2-58)。在水管上找到圆形凹陷或 3 个凹口,这些凹口均为膨胀管的出口端。

4)用截管器在液管上切除 63.5mm 长管段(图 2-59 中的 A),使其在两端弯头处露出至少 25.4mm(图 2-59 中的 B)。

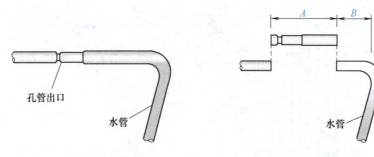

图 2-58 确定节流管的位置　　图 2-59 切去旧节流管

注意：不要在截管器的进给螺纹上加过大压力，以避免扭曲水管。不应使用钢锯，如果必须使用钢锯，应冲洗水管两端面以去除污染物（如金属屑等）。

(2) 更换固定膨胀管　更换固定膨胀管如图 2-60 所示。

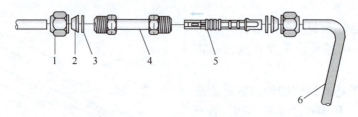

图 2-60 更换固定膨胀管
1—压紧螺母　2—压紧环　3—O 形圈　4—膨胀管套　5—膨胀管　6—液管

1) 水管各端面套上压紧螺母。
2) 使压紧环锥形部分朝向压紧螺母，在水管各端面套上压紧环。
3) 用洁净的冷冻油润滑两个 O 形圈，并将其分别套在水管的每一个截面上。
4) 把内部装有膨胀管的膨胀管套安装在水管的两截面上，用手拧紧两个压紧螺母。注意图 2-60 中箭头所标明的流动方向，应朝着蒸发器方向流动。
5) 用台虎钳夹住膨胀管套以拧紧压紧螺母，确保软管弯头与被拆卸时的排列方法相同，以便于重新放置水管。
6) 拧紧各压紧螺母的力矩为 87~94N·m。

安装完毕后，需要按照维修程序对系统进行检漏、抽真空及充注制冷剂，再次检测无问题后才可以使用。

项目五　认识储液干燥器和集液器

任务一　认识储液干燥器

一、任务引入

由于汽车空调正常工作时，制冷剂的供应量大于蒸发器的需要量，所以高压侧液态制冷剂会有一定的储存量。而且随着季节的变化，在系统不运行或检修、更换系统内的零件时，可将系统中的制冷剂回收到高压侧进行储存，以免制冷剂泄漏。因此，在汽车空调系统中需要设置储液干燥器。

二、任务目标

1）了解储液干燥器的功用和类型。
2）掌握储液干燥器的结构及工作机理。

三、相关知识

1. 储液干燥器的功用

1）储存制冷剂。储液干燥器可以暂时储存一部分制冷剂，使气、液分离；它还可作为储存罐使用，即接收冷凝器流出的液态制冷剂并一直将其保留到蒸发器需要排出时为止。根据工况不同，各种要求条件也有所变化。

2）过滤水分、杂质。储液干燥器能过滤水分和杂质。储液干燥器中放置了干燥剂，一般为硅胶形状，可以吸收汽车空调系统的水分，这点对于汽车空调系统是十分重要的。

3）防止气态制冷剂进入蒸发器。储液干燥器的位置和设计结构可防止气态制冷剂进入蒸发器。由冷凝器出口进入储液干燥器的制冷剂并不是100%的液体，尤其是在大气温度较高、冷凝器散热困难时，气态制冷剂进入储液干燥器的比例会很高。进入蒸发器的气态制冷剂由于没有经过形态变化，所以不能吸热，从而影响了制冷效果。

4）提供缓冲空间。储液干燥器提供了系统内液态制冷剂的缓冲空间，能及时调整和补充供给恒温膨胀阀液态制冷剂的流量，以保证系统内制冷剂流动的连续性和稳定性。

5）部分储液干燥器上部出口端装有一个玻璃视液镜，用于观察制冷剂在工作时的流动状态，由此可判断制冷剂量是否合适，如图2-61所示。

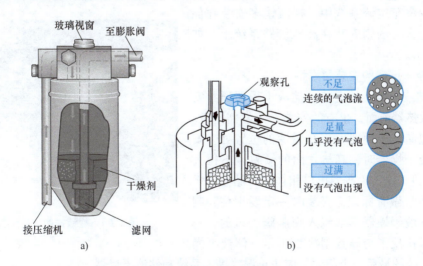

图2-61 储液干燥器
a）储液干燥器的结构　b）观察储液干燥器中制冷剂的流动状态

6）有些车型的储液干燥器上装有压力开关，可在系统压力不正常时中止压缩机的工作。

7）有些储液干燥器上装有维修阀，供维修制冷系统安装歧管压力表和加注制冷剂。

2. 储液干燥器的结构

储液干燥器用于接收冷凝器排出的制冷剂，它安装在冷凝器周围或下流处膨胀阀之前，如图 2-62 所示。储液干燥器由储液干燥器体、过滤器、干燥剂、引出管和观察窗玻璃（有些空调系统具备）等构成，如图 2-61 所示。

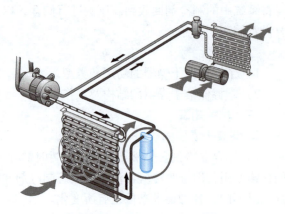

图 2-62 储液干燥器的安装位置

（1）储液罐　储液罐是制冷系统中不可缺少的部件。储液罐能临时性地储存一些在冷凝器中液化的制冷剂，储液罐的容量约为系统工质体积的 1/3，罐体有钢制和铝制两种。

（2）干燥剂　干燥剂是一种能从气体、液体或固体中去掉潮气的固体物质，如硅胶、分子筛等。

（3）过滤器　制冷系统中没有处理干净的微量碎屑、尘土、制冷剂中的脏物及制冷剂对系统部件内壁发生侵蚀而脱落的杂质，如果积聚在膨胀阀（或塑料节流管）内，将阻碍制冷剂的流通。因此，管路中必须安装过滤器，并需要经常清洗滤网（或更换过滤器）。

3. 视液镜

视液镜也称观察窗，其功用是在加注制冷剂时用来观察制冷剂加注量是否到位，也用来判断空调系统制冷量是否不足，是否由于制冷剂泄漏导致制冷剂减少。

在不少汽车空调系统中，视液镜多安装在储液干燥器上，有的则安装在高压管路系统上，如图 2-63 所示。

4. 储液干燥器的安装和维护

（1）储液干燥器的安装　储液干燥器通常安装在汽车散热器前面，也有的安装在蒸发器附近。总之，应把储液干燥器安装在风凉的位置处。安装立式储液干燥器时，其与立面的倾斜度不得大于 15°，其进口应与冷凝器出口相连通。储液干燥器进口处通常做有标记，安装时一定要记住，制冷剂是从储液干燥器下部流入膨胀阀进口的，若储液干燥器接反了会导致制冷量不足。储液干燥器是接入系统的最后一个部件，应防止湿气进入系统和储液干燥器。

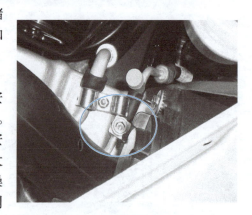

图 2-63 视液镜的安装位置

（2）储液干燥器的维护　储液干燥器内干燥剂失效时，湿气会集聚在膨胀阀孔口，结成冰块，导致系统发生堵塞，此时必须更换干燥剂。

四、任务实施

储液干燥器的常见故障是滤芯被脏物堵塞或吸水饱和，从而导致制冷剂流通不畅，造成制冷系统制冷不足或不制冷。

1. 储液干燥器的检测

1）用手触摸储液干燥器进、出管路，并观察视窗。如果进口处很烫，而且出口处接近大气温度，从视窗中看不到制冷剂，或者看到很少有制冷剂流过，或者看到制冷剂很浑浊，则可能是储液干燥器中的滤网堵塞或干燥剂失效并堵住了储液干燥器的出口。

2）检查易熔塞是否熔化，各接头处是否有油污。

3）检测视窗是否有裂纹，周围是否有油污。

2. 储液干燥器的拆卸与安装

下面以桑塔纳 3000 型轿车的储液干燥器为例介绍储液干燥器的拆装方法。

（1）拆卸步骤　储液干燥器的拆装如图 2-64 所示。

1）在拆卸之前，用冷媒回收加注设备将制冷剂抽空。

2）拔下高、低压开关连接插头，如图 2-65 中箭头 A 所示。

3）拆下 C 管（冷凝器至储液干燥器，如图 2-65 中箭头 B 所示），封住管口。

4）拆下 L 管（储液干燥器至蒸发器，如图 2-65 中箭头 C 所示），封住管口。

5）拆卸联接螺栓（如图 2-65 中箭头 D 所示），取出储液干燥器。

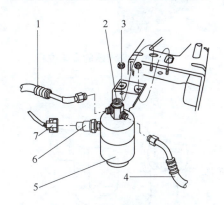

图 2-64　储液干燥器的拆装

1—L 管（储液干燥器至蒸发器）　2—视窗
3—紧固螺母　4—C 管（储液干燥器至蒸发器）
5—储液干燥器　6—组合开关 F129　7—连接插头

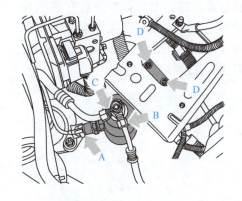

图 2-65　储液干燥器管路的拆卸

（2）安装步骤　储液干燥器一般安装在冷凝器旁或者其他通风好、散热好、远离热源的地方。安装储液干燥器时，要尽量直立安装，倾斜度不要大于 15°。如果倾斜度过大，则液态制冷剂和气态制冷剂不能完全分离。特别需要注意的是，在空调系统的安装维修中，储液干燥器必须最后一个被接到系统中，以防止空气进入储液干燥器。安装前应先确定储液干燥器的进口端和出口端，以防止装反。一般在储液干燥器的进、出口端做有标记，如进口端用英文 IN（此端应与冷凝器出口相接）表示，出口端用 OUT 表示，或者直接打上箭头。

任务二　认识集液器及连接部件

一、任务引入

集液器也称为积累器，用于膨胀管（孔管）式的制冷系统。它安装在蒸发器出口处低压侧的管路中。由于膨胀管无法调节制冷剂的流量，因此由蒸发器出来的制冷剂不一定全部是气体,可能部分是液体。

二、任务目标

1）了解集液器的功用。
2）了解视液镜的作用。
3）掌握集液器的结构及工作机理。

三、相关知识

1. 集液器（积累器）

为防止液态制冷剂液击而导致压缩机损坏,在蒸发器出口处安装了一个集液器,如图 2-66 所示。集液器一方面将制冷剂进行气液分离,另一方面起到与储液干燥器相同的作用,其结构如图 2-67 所示。制冷剂进入集液器后,液体部分沉在集液器底部,气体部分从上面的管路出去进入压缩机。在容器底部,出气管弯处装有带小孔的过滤器,允许少量积存在管弯处的润滑油返回压缩机。但液态制冷剂不能通过,因而要用特殊的过滤材料。

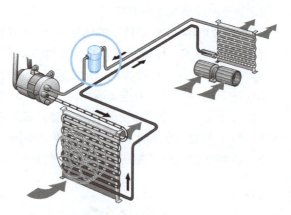

图 2-66　集液器的安装位置

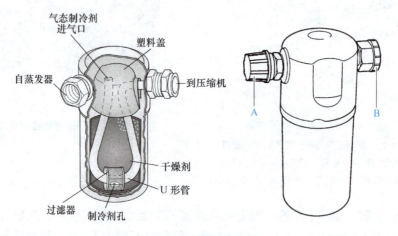

图 2-67　集液器的结构

（1）**集液器工作原理**　制冷剂从顶部进入容器,其中液态制冷剂沉入容器底部,而在顶部的气态制冷剂被引出管引向压缩机。在容器底部的引出管上有一个小孔,允许少量冷冻润滑油流回压缩机,以保证压缩机工作时的润滑需要,此小孔也允许少量液态制冷剂流回压缩机。由于在到达压缩机之前,这些液态制冷剂还将继续在管路中汽化,所以不会引起液击现象。

集液器中干燥剂的组成和特性与储液干燥器的完全一样,可吸附、吸收并滞留因不当操作而进入系统的湿气。集液器不能进行维修,若有迹象表明需更换干燥剂,必须整体更换集液器。

（2）集液器与一般储液干燥器的区别

1）集液器安装在制冷系统的低压区，而储液干燥器安装在制冷系统的高压区。

2）集液器和储液干燥器储存的都是液态制冷剂，但集液器储存的制冷剂会在低压区缓慢地自然蒸发，离开集液器的只是气态制冷剂，因而起到了气液分离的作用；而储液干燥器留下的是多余的液态制冷剂，用以调节运行的需要。

3）集液器中主要是气体，所以要求容积比较大，因而储液器尺寸一般比较大，而储液干燥器的尺寸一般比较小。

2. 制冷系统的连接部件

汽车制冷系统的连接部件主要是连接蒸发器、冷凝器和压缩机的管路组件，通常分为软管和硬管两大类。软管分为金属软管（波纹管）、橡胶软管和热塑性软管，通常硬管和金属软管必须配合使用，硬管较多使用铝管或铜管，金属软管多为不锈钢波纹管。

硬管和金属软管通常是在制冷系统管路走向固定的情况下使用，橡胶软管或热塑性软管安装方便，走向不受限制，在中小型客车制冷系统连接管路中被广泛采用。

（1）连接软管 由于汽车空调的各部件一般分散安装在汽车的各个部位，例如压缩机和发动机连成一体，冷凝器和干燥器安装在车架前端，而蒸发器安装在车身内，这三部分的悬置体不同（发动机通过发动机悬置橡胶垫组件与车架相连，车身通过车身悬置橡胶块组件与车架相连）。当汽车在颠簸的道路上高速行驶时，这些部件以各自的振动频率和振幅按照不同的方向移动，因此制冷系统不能全部用刚性金属管连接，必须在两端或中间用柔性橡胶软管连接。因而橡胶软管是汽车空调区别于其他空调的一种特殊部件。

（2）管路接头 制冷部件之间通过接管和软管相连，连接有两种方法：一种是压接式，接管由外套和芯管两部分组成，软管套入外套与芯管的夹层中，然后将外套铆压在软管上；另一种是卡箍式，接管插入软管后，用卡箍夹紧，适用于维修及非批量配套产品采用，如图2-68所示。不论哪种方法，接管插入端都有几条倒钩形涨环，确保与软管内壁连接可靠。新型的软管卡箍有定位钩，以保证轴向定位长度。

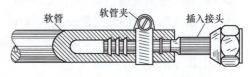

图 2-68 卡箍式连接方式

（3）充注接口 汽车空调系统的高、低压端都设置有充注接口，一般都带有阀门结构，目的是既便于充注制冷剂，又能防止制冷剂的泄漏。

桑塔纳 2000GSi 轿车空调不制冷

故障现象 一辆桑塔纳 2000GSi 轿车，每次打开空调开关，压缩机都只工作几分钟就停机，空调制冷效果不明显。即使调大风量，出风口吹出的风也不凉。

故障诊断 松开高压管的保护盖，轻轻按压高压排气顶针，有强劲的制冷剂喷出，说明制冷剂不缺。起动发动机，按下空调 A/C 开关，将温度设定至最低，风量开至最大，观察储液干燥瓶上的玻璃窗，有制冷剂流动。将空调高、低压测试表与相应的高、低压维修阀接口连接，测得高压压力为 1540kPa，低压压力为 180kPa。触摸高压管和低压管，有明显温差，并且低压管有结露现象。几分钟后，当低压压力低于 100kPa 时，压缩机电磁离合器断开，压缩机停止工作。检查蒸发器，发现蒸发器左侧结了一层白霜，拆开鼓风机罩盖后，看到膨胀阀被厚厚的白霜包着，据此可判定膨胀阀故障。

故障排除 拆下膨胀阀进行检查，发现膨胀阀入口很脏，清洗干净后重新安装，按规定加注制冷剂后试车，故障排除。

维修总结 在汽车空调系统中，膨胀阀主要起着节流降压和调节流量的作用，由于口径较小，容易堵塞。该车空调不制冷的原因就是膨胀阀入口太脏，但由于入口没有完全被堵死，形成了节流口，使膨胀阀的进口与出口的压力差增大，只有少量的制冷剂进行循环，使压缩机的功率不能充分发挥，所以吹出的风不凉。

复习思考题

一、单项选择题

1. 引起制冷系统发生异响的主要部位在（　　）。
   A. 压缩机　　　　　B. 冷凝器　　　　　C. 低压开关　　　　D. 蒸发器
2. 下列汽车空调部件中，不是热交换器的是（　　）。
   A. 供暖水箱　　　　B. 冷凝器　　　　　C. 蒸发器　　　　　D. 鼓风机
3. 制冷系统高压侧工作压力偏低、低压侧工作压力偏高，可能的原因是（　　）。
   A. 制冷剂过多　　　B. 压缩机不良　　　C. 散热不良　　　　D. 制冷剂过少
4. 空调制冷系统中压缩机的作用是（　　）。
   A. 控制制冷剂流量　　　　　　　　　　B. 完成压缩过程
   C. 将制冷剂携带的热量散发至大气中　　D. 控制蒸发
5. 空调系统中冷凝器的安装要求之一是（　　）。
   A. 上接出液管，下接进气管　　　　　　B. 上、下管可随便连接
   C. 上接进气管，下接出液管　　　　　　D. 上接排气管，下接吸气管
6. 汽车空调系统中储液干燥器安装在（　　）侧。
   A. 微压　　　　　　B. 低压　　　　　　C. 中压　　　　　　D. 高压
7. 制冷系统正常工作时，储液干燥器进、出管的温度是（　　）。
   A. 基本一致　　　　B. 进高出低　　　　C. 进低出高　　　　D. 温差明显
8. 汽车空调储液干燥器安装在（　　）。
   A. 低压管道上　　　　　　　　　　　　B. 低压或高压管道上
   C. 高压管道上　　　　　　　　　　　　D. 以上都不是
9. 汽车空调制冷压缩机排气管与吸气管的直径相比，（　　）。
   A. 大些　　　　　　B. 一样大　　　　　C. 小些　　　　　　D. 大小不一定
10. 空调系统正常工作时，蒸发器中流动的是（　　）的制冷剂。
    A. 高压低温液态　　　　　　　　　　　B. 低压低温气态
    C. 高压高温气态　　　　　　　　　　　D. 高压中温液态
11. 开启空调开关后，从视液镜看到出现气泡并在 3～5min 内消失，则制冷剂量是（　　）。

A. 过多的　　　　B. 过少的　　　　C. 合适的　　　　D. 以上都不对

12. 空调系统工作时，从视液镜中能看到条纹，则为（　　）过多。
A. 机油　　　　B. 冷冻润滑油　　C. 制冷剂　　　　D. 水分

13. 空调系统中蒸发器的作用是（　　）。
A. 控制制冷剂流量　　　　　　　B. 吸收车厢中的热量
C. 散发制冷剂热量　　　　　　　D. 以上都不是

14. 汽车空调系统中储液干燥器的作用是（　　）。
A. 贮液　　　　B. 吸湿　　　　C. 过滤杂质　　　D. 以上都是

15. 在汽车空调的制冷循环中，冷凝过程是制冷剂（　　）。
A. 从气态变为液态　　　　　　　B. 从液态变为气态
C. 从气态变为固态　　　　　　　D. 从固态变为液态

16. 在制冷系统中，被压缩机压缩、冷凝器液化后的 R134a 经（　　）减压节流后进入蒸发器蒸发制冷。
A. 集液器　　　B. 冷凝器　　　C. 膨胀阀　　　　D. 储液干燥器

17. 安装在干燥器与蒸发器之间的是（　　）。
A. 膨胀阀　　　B. 冷凝器　　　C. 压缩机　　　　D. 鼓风机

18. 制冷剂在蒸发器中的过程是（　　）。
A. 吸热气化过程　　　　　　　　B. 降温冷凝过程
C. 吸热冷凝过程　　　　　　　　D. 降温气化过程

19. 一个完整的空调系统主要由（　　）组成。
A. 压缩机、冷凝器、电磁阀、蒸发器
B. 压缩机、气液分离器、冷凝器、蒸发器
C. 压缩机、过滤器、膨胀阀、冷凝器
D. 压缩机、冷凝器、膨胀阀、蒸发器

20. 汽车空调制冷原理是利用制冷剂液体在（　　）内蒸发或沸腾变为气态制冷剂而吸热来降低车内温度的。
A. 冷凝器　　　B. 蒸发器　　　C. 压缩机　　　　D. 膨胀阀

21. 利用紧贴在低压管道上的毛细管来自动调节开度的膨胀阀，属于（　　）平衡式膨胀阀。
A. 外　　　　　B. 内　　　　　C. 内外　　　　　D. 压力

22. 空调器运行后，储液干燥器外壳有一层白霜，说明（　　）。
A. 制冷剂过量　B. 干燥器脏堵　C. 制冷剂泄漏　　D. 干燥器老化

23. 甲说用手握住膨胀阀的感温包会导致系统的压力变化；乙说冷却膨胀阀的感温包会使系统压力发生变化。两人的说法中（　　）。
A. 甲正确　　　B. 乙正确　　　C. 两人均正确　　D. 两人均不正确

二、判断题

（　　）1. 冷凝器应安装在车上不易通风的地方，让制冷剂更容易液化。

（　　）2. 在汽车空调制冷循环的压缩过程中，制冷剂由气态变为液态。

（　　）3. 空调系统正常工作时，储液干燥器两边管道温差很小，则可判断储液干燥器

没有堵塞。

（　　）4. 储液干燥器上一般有安装箭头标记，在安装时，箭头连接进液管，箭尾连接出液管。

（　　）5. 蒸发器上的负温度系数的热敏电阻应安装在蒸发器的出风口中央。

（　　）6. 膨胀阀和孔管的作用基本相同，但膨胀阀安装在高压侧，而孔管安装在低压侧。

（　　）7. 在向压缩机加注冷冻润滑油时，加注量可随意确定。

（　　）8. 冷凝器不是热交换器，它的作用只是将气态制冷剂变成液体制冷剂。

（　　）9. 空调系统正常工作时，高、低压管内流动的都是制冷剂气体。

（　　）10. 在汽车空调的制冷循环过程中，制冷剂经过蒸发器然后到达膨胀阀。

（　　）11. 空调系统工作时，若储液干燥器两边的管道温差大，出现露水，则可判断储液干燥器有堵塞。

（　　）12. 制冷压缩机的作用是对气体制冷剂加压，提供冷凝温度，便于冷凝器散热。

（　　）13. 冷凝器一般安装在散热器前面。

（　　）14. 压缩机吸收的是高温低压的制冷剂蒸气。

（　　）15. 蒸发器的作用是将经过节流升压后的制冷剂在蒸发器内沸腾汽化。

（　　）16. 膨胀阀也称节流阀，安装在蒸发器的入口处，它是汽车空调系统的高压侧与低压侧的分界点。

（　　）17. 若经过蒸发器的风量不够，不但会使制冷效果差，还会引起蒸发器结霜。

（　　）18. 制冷剂在冷凝器中冷凝是由外界吸热。

（　　）19. 从汽车空调膨胀阀流出的制冷剂为低压气态。

（　　）20. 斜板式压缩机与曲轴连杆式压缩机都有活塞装置，所以他们工作原理是一样的。

（　　）21. 膨胀阀和膨胀管都是汽车空调系统的节流装置，膨胀阀装在系统的高压侧，膨胀管装在低压侧。

（　　）22. 储液干燥器安装在蒸发器出口处。

（　　）23. 集液器是一种特殊形式的储液干燥器，用于回路中的气液分离。

（　　）24. 孔管式空调系统的储液干燥器安装在冷凝器后边。

（　　）25. 节流膨胀阀式空调系统的储液干燥器安装在蒸发器后边。

（　　）26. 蒸发器安装应稍微后倾，以利于排水。

（　　）27. 用于 R12 和 R134a 制冷剂的干燥剂是不同的。

（　　）28. 蒸发器表面的温度越低越好。

（　　）29. 如果制冷系统内有水分，将造成系统间歇制冷。

（　　）30. 如果汽车空调系统膨胀阀的感温包暴露在空气中，将使低压管表面结霜。

（　　）31. 制冷系统工作时，压缩机的进、出口应无明显温差。

（　　）32. 压缩机的电磁离合器是用来控制制冷剂流量的。

（　　）33. 储液干燥器一定要垂直安装。

三、问答题

1. 压缩机的作用是什么？

2. 变排量压缩机的主要优点有哪些?
3. 平行流式冷凝器与管带式冷凝器的区别是什么?
4. 制冷剂在蒸发器中的工作过程是怎样的?
5. 热力膨胀阀的作用是什么?
6. 内平衡式膨胀阀的工作原理是怎样的?
7. H 形膨胀阀的优点有哪些?
8. 储液干燥器的功用是什么?
9. 制冷系统中混有水分会造成什么问题?
10. 集液器与储液干燥器的区别是什么?

模块三　汽车空调系统电气控制

项目一　认识空调常用保护与控制装置

一、任务引入
为了使汽车制冷系统能正常运行，且当制冷系统出现故障时不致损坏整个制冷系统和压缩机，并能使车内温度维持在预先设定的温差范围内，制冷系统设有保护和控制装置。

二、任务目标
1) 了解空调常用保护与控制装置的安装位置与作用。
2) 掌握不同类型制冷剂压力开关的结构及控制机理。
3) 掌握空调过热、过压保护装置的结构及控制机理。
4) 掌握空调电磁离合器的结构及控制机理。

三、相关知识

1. 制冷剂压力开关

现代汽车空调系统一般都装有不同类型的压力开关，可实现压力控制和系统保护。压力开关装在空调管路上（图3-1）或储液干燥器上（图3-2），用来感测系统的工作压力。一旦压力有异常，压力开关就会打开或闭合，这时空调系统便自动切断压缩机电路或控制冷却风扇以加强散热效果。常见的压力开关主要有高压开关、低压开关、双重压力开关和三重压力开关等。

（1）高压开关　在汽车空调使用过程中，当出现散热片堵塞、风扇不转或制冷剂充注过量等不正常状况时，系统压力就会异常升高，此时若不停止压缩机的运转，则过高的压力将导致压缩机损坏、管道破裂等故障发生。因此，在现代汽车空调上都加装有高压开关。高压开关一般安装在空调系统高压端，按照控制方式的不同可分为高压控制开关和高压保护开关，二者的不同之处是：高压控制开关在系统压力过高时动作，切断压缩机电源；高压保护开关在系统压力超过一定值时接通冷凝器风扇高速档电路，以加强散热，尽快降低系统的温度和压力。

图3-3所示为高压控制开关的结构。高压端制冷剂的压力作用在膜片上，因此在正常的工作压力范围内高压控制开关内部的触点处于常闭状态。当空调系统内高压端制冷剂的压力超过一定值（R134a系统为3.14MPa，R12系统为2.65MPa）时，它将克服弹簧的弹力使其内部的触点断开，压缩机的电源电路将被切断；当高压端制冷剂的压力下降到一定值（R134a系统为2.55MPa，R12系统为2.17MPa）时，触点恢复吸合，从而接通压缩机电路，

压缩机恢复运转。

图3-1 安装在空调管路上的压力开关
F73—低压开关 F118—高压开关

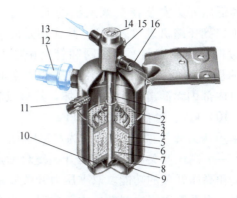

图3-2 安装在储液干燥器上的压力开关
1—输液管 2—弹簧 3—多孔盖板 4—罐体
5—杯壳（底多孔） 6—干燥剂 7—连接管 8—过滤布
9—胶垫 10—滤网 11—制冷剂充注阀 12—高、低压开关
13—出口 14—观察窗 15—易熔塞 16—进口

图3-4所示为高压保护开关的结构。高压保护开关一般安装在冷凝器出口或干燥器上，其触点为常开型。接通空调时，冷凝器风扇低速运行，当高压侧制冷剂的压力达到一定值时，高压的制冷剂推动膜片使其变形，进而带动活动触点与其内部的固定触点吸合，从而接通冷凝器风扇的高速档电路，使风扇高速运转，从而提高系统内部的散热能力，降低冷凝的温度和压力。

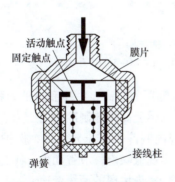

图3-3 高压控制开关的结构

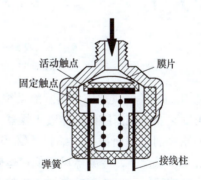

图3-4 高压保护开关的结构

（2）**低压开关** 低压开关并不一定装在空调系统的低压端，它可以安装在制冷系统的高压端，也可以安装在其低压端。安装在高压端的低压开关又称为低压保护开关（图3-5），可用来防止压缩机在异常低压力下工作。空调工作时如果高压侧压力过低，一般表明系统存在泄漏。另外，在小型汽车空调制冷系统中，很多压缩机本身不带机油泵，压缩机中摩擦副的润滑很大程度上靠制冷剂带油回流进行，压缩机在缺油条件下继续运行可能导致严重损坏，而且空调送出的风不凉，又增加了发动机能耗，在这种情况下，低压开关动作，触点断开，压缩机停转，从而起到保护作用。低压开关的结构与常开型高压开关的结构基本相同。当高压侧压力高于0.23MPa时，触点保持吸合；当系统高压侧压力低于0.21MPa时，触点

在弹簧力作用下断开,压缩机便停止工作。

另一种低压开关安装在空调系统的低压侧(一般是在蒸发器的出口到压缩机进口之间),其作用是防止低压侧吸入的压力过低,或节流阀、膨胀阀和管路由于某种原因堵塞时造成的压力过低,防止造成压缩机抽真空状态,从而避免压缩机内部因无润滑油而造成损坏,其触点断开压力一般为(90±10)kPa,吸合压力为100kPa。

(3)双重压力开关 图3-6所示为双重压力开关的结构。它其实是由一个高压开关和一个低压开关复合而成,同时具有低压开关和高压开关的功能。双重压力开关安装在制冷系统的高压端,当系统内制冷剂的压力正常时,双重压力开关的触点吸合(图3-6a);当系统制冷剂泄漏致使压力过低或已没有制冷剂循环时,双重压力开关中的低压开关动作,切断压缩机电磁离合器电源,以保护压缩机免受破坏(图3-6b);若由于散热不良或制冷剂过多等原因而使系统压力超过设计值时,双重压力开关中的高压开关动作,切断压缩机离合器电源(图3-6c)。

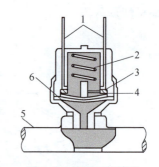

图 3-5 低压保护开关

1—导线 2—弹簧 3—动触点
4—支座 5—压力导入管 6—膜片

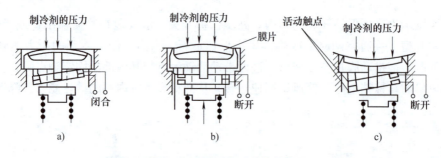

图 3-6 双重压力开关的结构

a)压力正常时 b)制冷剂的压力过低时 c)制冷剂的压力过高时

(4)三重压力开关 三重压力指制冷系统高压侧压力过高、中压和过低3种压力状况。三重压力开关安装在系统高压侧的储液干燥器上,以感受高压侧制冷剂的压力,其功用主要有:①防止因制冷剂泄漏而损坏压缩机;②当系统内制冷剂高压异常时,保护系统不受损坏;③在正常工作状况下,冷凝器风扇低速运转,实现低噪声,节省动力;④当系统内高压升高时,风扇高速运转,以改善冷凝器的散热条件,实现风扇的两级变速。

三重压力开关的结构及工作过程(以R134a为例)如图3-7所示。

1)当制冷剂压力不大于0.196MPa时,由于隔膜、碟形弹簧和弹簧的弹力大于制冷剂压力,因此高、低压接点断开(OFF),压缩机停转,实现低压保护,如图3-7a所示。

2)当制冷剂压力为0.2~3MPa时,制冷剂压力高于开关的弹簧压力,弹簧挠曲,高、低压接点接通(ON),压缩机正常工作,如图3-7b所示。

3)当制冷剂压力不小于3.14MPa时,制冷剂压力大于隔膜、碟形弹簧压力,高、低压接点断开,压缩机停转,实现高压保护,如图3-7c所示。

4)当制冷剂压力大于1.77MPa时,制冷剂压力大于隔膜弹力,隔膜会反转,将轴推上,以接通冷凝器的风扇高速接点,风扇以高速运转,实现中压保护,如图3-7d所示。当

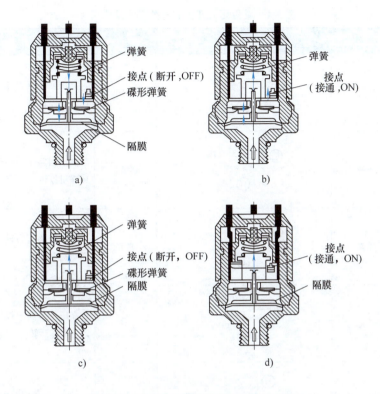

图 3-7 三重压力开关的结构及工作过程
a）低压保护　b）压缩机正常工作　c）高压保护　d）中压保护

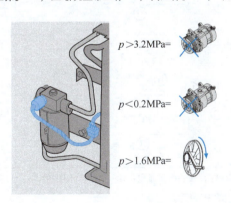

图 3-8 三重压力开关的工作情况

压力降至1.37MPa时，隔膜恢复原状，轴下落，接点断开，冷凝器风扇又以低速运转。

三重压力开关的工作情况如图3-8所示。常见压力开关的开关形式及作用见表3-1，其有关技术参数见表3-2。

（5）**压力传感器**　有些高档轿车用压力传感器（图3-9）来检测系统压力是否正常，其结构与歧管压力传感器类似，一般为压敏电阻式。当空调制冷剂压力较低时，压力传感器信号值接近0V；当空调制冷剂压力较高时，压力传感器信号值接近5V。压力传感器除用于压力控制外，还作为冷凝器风扇的控制信号，其功能主要有：

表 3-1 常见压力开关的开关形式及作用

序号	种类	开关形式	特性	作用
A	低压开关	C —/— ⊢ ; H_l	常闭	高压回路压力低于规定值时,使压缩机停转
B	高压开关	C —/— ⊢ ; H_h	常闭	高压回路压力高于规定值时,使压缩机停转
C	低压开关	D —/— ⊢ ; L	常开	低压回路压力低于规定值时,接通除霜电磁阀
D	高压开关	F —/— ⊢ ; H_h	常开	高压压力高于规定值时,使冷凝风扇高速运转
E	高、低压复合压力开关	H_l C H_h		是 A、B 两种形式的组合,设在高压回路中,也可以是 A、D 两种形式的组合
F	高、中、低三重压力开关	F H_m H_l C H_h		是 A、B、D 3 种形式的组合,设在高压回路中
说明	C—压缩机;D—除霜电磁阀;F—冷凝风扇;H_h—高压回路中的高压力;L—低压压力;H_l—高压回路中的低压力;H_m—高压回路中的中等压力			

注:"↑"为压力升高的动作方向,"↓"为压力降低的动作方向。

表 3-2 常见压力开关的技术参数

压力开关性质	开关值	开关动作	作用
高压	压力≥3.14MPa	电路断开(关)	压缩机停转
中压	压力≥1.77MPa	电路接通(开)	冷凝器风扇高速运转
	压力≥1.37MPa	电路断开(关)	冷凝器风扇低速运转
低压	压力≥0.196MPa	电路断开(关)	压缩机停转

1)当制冷剂压力过高或过低时,使压缩机停止运转。
2)当制冷剂压力达到一定值时,加快冷凝器风扇的运转速度。

2. 过热过压保护装置

(1) 易熔塞和泄压阀

1)易熔塞。在一些早期采用 R12 空调系统的汽车上,储液干燥器顶端上安装有一个易熔塞。易熔塞是一个设有轴向通孔的螺塞,孔内填充有易熔材料,并借助螺塞的螺纹安装在储液干燥器上,如图 3-10 所示。易熔塞的作用是当冷凝压力过高时,易熔合金立即熔化,将容器内的高压制冷剂全部排空,从而起到安全保护的作用。

图 3-9　东风本田思铂睿轿车空调系统压力传感器的安装位置

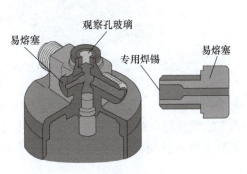

图 3-10　易熔塞的安装位置及结构

2)高压泄压阀。传统汽车空调系统采用易熔塞的方法直接导致经济损失和造成环境污染,同时还会使空气进入空调系统。因此,目前大多采用高压泄压阀替代易熔塞。高压泄压阀的作用是防止高压侧压力异常升高,保护压缩机和冷凝器。高压泄压阀一般安装在压缩机排气口处。当冷凝器散热条件不好时,冷凝器温度和压力可能过高。当汽车制冷系统内制冷量过多时,系统压力也可能过高。高压泄压阀的压力调整范围为 2.4~2.8MPa,当压力超出该调整值范围时,高压泄压阀被迫打开,将制冷剂放出,直至压力降低到调整值为止。此时,高压泄压阀在弹簧的作用下自动关闭,从而保证制冷系统正常工作。在北京切诺基吉普车空调系统的储液干燥器及奥迪 100 轿车的压缩机上都装有此种泄压阀。

图 3-11 所示为高压阀泄压阀的结构。在正常情况下,由于弹簧的压力作用,将密封塞压向阀体,与 A 面凸缘紧贴,制冷系统内制冷剂不能放出。当系统内压力异常升高时,弹簧被压缩,阀被打开,制冷剂被释放出来,系统内压力立即下降。当压力降至约 2.8MPa 时,弹簧将密封塞推向阀体 A 面,将阀关闭。

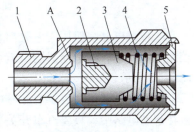

图 3-11　高压泄压阀的结构
1—阀体　2—密封塞　3—下弹簧座
4—弹簧　5—上弹簧座

采用泄压阀,制冷剂只会释放出很少的一部分,因此不存在上述易熔塞的缺点,空气也不会进入系统,而且便于判断故障原因。图 3-12 所示为 V5 型压缩机上的泄压阀。

(2) 电子压力传感器　电子压力传感器 G65 如图 3-13 所示,用以代替压力开关 P129。

它根据硅晶片在不同压力下的电特性，以数字信号来实施控制，从而提高了控制精度，使风扇的接通与切断具有延时性，风扇运转更加平稳，乘坐更舒适；它能全程监控循环系统中的制冷剂压力，大大提高了系统的安全性。

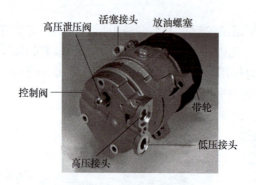

图 3-12　V5 型压缩机上的泄压阀

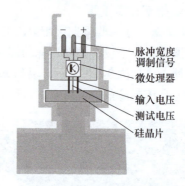

图 3-13　电子压力传感器 G65

3. 控制继电器

汽车空调控制电路中有各种类型的继电器，如图 3-14 所示，其使用是便于控制各种功能并能减少流入控制开关的电流，延长开关的使用寿命。一般继电器分常开型和常闭型两种。

图 3-14　常见汽车空调继电器

常开型继电器一般用于电磁离合器控制、冷凝器风扇控制和怠速提升装置控制等。只要有控制电流流过，继电器线圈上就会产生磁力将活动芯棒吸入，使触点接通，反之则断开，如图 3-15 所示。

常闭型继电器用在只要有控制电流流过触点就断开的电路上。例如，将空调电源继电器串接在起动电路中，只要汽车开关处于起动位置，此继电器的触点就断开，保证在汽车起动时空调器不能工作。常闭型继电器的结构与常开型继电器相似，仅铁心动作相反。怠速继电器也属于此类。

继电器的检查方法如下：

1）检查接线端 1、2 之间是否导通（图 3-16）、焊点是否有脱落。

2）检查接线端 1、2 之间是否导通、接线是否焊牢。

3）在接线端 1、2 之间加电压，检查 3、4 之间是否导通。若不通，则予以更换。

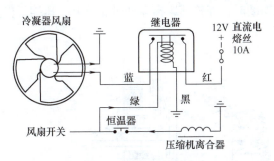
图 3-15　冷凝器风扇电路

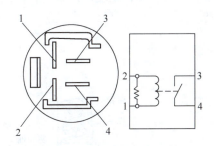
图 3-16　常开型继电器接线图

4. 电磁离合器

除大型独立式汽车空调机组以外，一般汽车空调压缩机都是通过电磁离合器与发动机主轴作用的。压缩机的开与停都是由电磁离合器的吸合与释放决定的，因此电磁离合器是汽车空调自动控制系统中的执行部件，受温度开关（恒温器）、压力开关（压力继电器）、车速继电器和电源开关等元件的控制，它一般安装在压缩机前端。

（1）电磁离合器的种类及工作原理　电磁离合器由离合器压力板、带盘（转子）及电磁线圈组成，其分解如图 3-17 所示。电磁离合器有固定线圈式和旋转线圈式两种：前者的电磁线圈固定在压缩机壳体上不转动；后者的电磁线圈与带盘连在一起，是转动的。

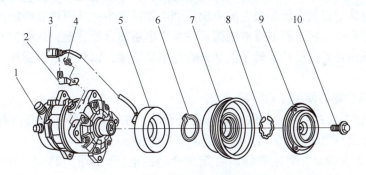

图 3-17　电磁离合器的分解
1—压缩机　2—插头固定支架　3—螺栓　4—线束插头　5—电磁线圈
6—挡圈　7—带盘　8—卡环　9—离合器吸盘　10—六角组合螺栓

1）固定线圈式电磁离合器。固定线圈式电磁离合器的结构如图 3-18 所示。电磁线圈安装在压缩机端盖上不转动，转子靠轴承和卡簧保持在电磁线圈上面，转子的外形即为带盘。衔铁（离合器板）装在压缩机曲轴的端头。固定线圈式电磁离合器主要由带轮、电磁线圈、压力盘、轴毂总成组成，电磁线圈的一端搭铁，另一端经空调继电器与电源相连。当打开空调开关时，空调继电器接通，压缩机的电磁线圈通电，产生较强的磁场，使压缩机的电磁离合器从动盘和自由转动的带轮吸合，从而驱动压缩机主轴旋转，制冷系统工作。空调继电器断电时，切断了电磁离合器线圈的电流，磁场就消失，此时靠弹簧作用把从动盘和带轮分开，使压缩机停止工作。如图 3-18 所示，固定线圈式电磁离合器左侧的电磁离合器压力盘与压缩机主轴是通过花键联接的，从动盘上固定了几个弹簧爪，弹簧的另一端固定在摩擦板上，电磁线圈固定在压缩机壳体上，带轮装在轴承上，可自由转动。当电流接通时，摩擦板和带轮变为一体，压缩机开始运转；当电流切断时，弹簧使摩擦盘和带轮分开，压缩机停止运转。

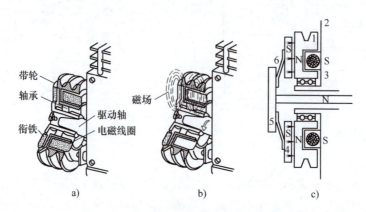

图 3-18　固定线圈式电磁离合器的结构
a）电磁离合器分离　b）电磁离合器结合　c）工作原理
1—带轮　2—压缩机壳体　3—电磁线圈　4—摩擦板　5—压力盘　6—弹簧爪

2）旋转线圈式电磁离合器。旋转线圈式电磁离合器的工作原理与固定线圈式离合器的相同，但电磁线圈位置不同。在旋转线圈式电磁离合器中，电磁线圈是转子的一部分，与转子一起转动，电流通过装在压缩机上的电刷流到电磁线圈中，从而建立磁场。磁场使衔铁与转子接触，使由衔铁、转子和电磁线圈组成的整个电磁离合器转动，从而带动压缩机转动。

这两种电磁离合器在衔铁及转子上都开有几条集流槽，以利于聚集磁场，增加两者的吸引力。

（2）电磁离合器的使用注意事项

1）由于电磁离合器的接合与脱开是高速进行的，在衔铁和转子表面会有很多离合的痕迹。这些痕迹不会对电磁离合器工作造成危害，是允许的。

2）要引起重视的是，对电磁线圈要施加合适的电压。若把12V电压的电磁线圈加在6V电压的系统中，则不能产生足够的磁场，会使衔铁打滑，缩短电磁离合器的使用寿命，并降低制冷量；反之，若把一个6V电压的电磁线圈加到12V电压的系统中，则线圈使用寿命将缩短。

3）线圈和转子之间的间隙很重要，线圈与转子应靠得尽量近些，以便获得更强的磁场作用，但是此间隙不能过小，以免转子拖曳线圈（对固定线圈式电磁离合器而言）。

4）转子和衔铁之间的间隙也很重要。若此间隙太小，当电磁离合器脱开时，转子要拖曳衔铁；若此间隙太大，则当离合器工作时，它们之间接触太少。这两种状态都可以造成电磁离合器性能不良。转子和衔铁之间的合理间隙应该是：当电磁离合器无电流时，两者不发生拖曳现象；当电磁离合器有电流时，能保证不发生打滑现象。

四、任务实施

1. 空调压力开关的检测

（1）桑塔纳3000型轿车空调压力开关的检查

1）装上歧管压力表组件。

2）使发动机在约2000r/min的转速下运转。

模块三 汽车空调系统电气控制

3）用万用表检查压力开关的工作情况。空调压力开关插接器如图 3-19 所示。

（2）控制电磁离合器

1）制冷剂压力变化时，检查压力开关端子 1 与端子 2 之间的导通性。

2）低压侧：压力降至 0.196MPa 时应不导通，压力升高至 0.225MPa 时应导通。高压侧：压力升至 3.14MPa 时应不导通，压力降至 2.25MPa 时应导通。

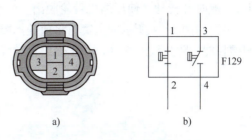

图 3-19 空调压力开关插接器
a）外形 b）内部线路

（3）控制冷却风扇

1）制冷剂压力变化时，检查压力开关端子 3 与端子 4 之间的导通性。

2）压力升至 1.77MPa 时应导通，冷却风扇高速运转；压力降至 1.37MPa 时应不导通，风扇恢复低速运转。

3）如果导通情况不符合要求，则说明压力开关性能不良，应进行更换。

2. 汽车空调压缩机电磁离合器的拆装

（1）汽车空调压缩机电磁离合器的拆卸　汽车空调压缩机电磁离合器的分解如图 3-20 所示，拆卸步骤如下：

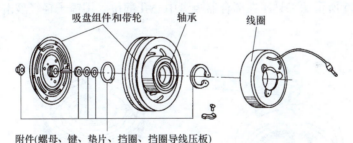

图 3-20 汽车空调压缩机电磁离合器的分解

1）用扭力扳手拆卸六角组合螺母及空调压缩机离合器吸盘，如图 3-21 所示。

2）用卡簧钳将内部轴承卡环取出，如图 3-22 所示。

图 3-21 拆卸压缩机离合器吸盘　　图 3-22 拆卸卡环

3）用专用工具轻轻地钩住压缩机带轮的下沿（图 3-23，两侧夹持部位应在同一水平面上),顺时针转动,使压缩机带轮脱出。

4)用图3-24所示的卡簧钳将前盖挡圈取出。安装时,线圈凸缘必须与压缩机前盖上的凹槽相配,防止线圈移动,并正确放置导线。

图3-23 拆卸带轮

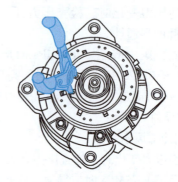

图3-24 拆卸前盖挡圈

(2)汽车空调压缩机电磁离合器的安装　汽车空调压缩机电磁离合器的安装按与拆卸相反顺序进行,步骤如下:

1)将专用工具组合使用并置于中心部位,用锤子轻轻敲击四周,使带轮安装到位,如图3-25所示。

2)将图3-26所示的工具压在离合器吸盘中心孔部位,用锤子轻轻敲击,使离合器吸盘安装到位。

图3-25 安装压缩机带轮

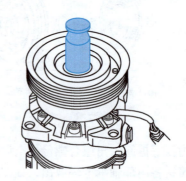

图3-26 安装压缩机离合器吸盘

3. 电磁离合器的检修

1)检查压盘是否变色、剥落或损伤。如果有损坏,则更换离合器装置。

2)用手转动传动带,检查带轮轴承的间隙和阻力,如图3-27所示。如果出现噪声或发现间隙过大、阻力过大,则更换离合器。

3)用百分表测量带轮A与压盘B之间的间隙,如图3-28所示。将百分表归零,然后给压缩机离合器加12V电压。在加电压时,测量压盘的位移。如果间隙不在规定的范围内(间隙为0.35~0.6mm),则需要使用调整垫片进行调整。调整垫片有多种厚度可供选择,如0.1mm、0.3mm和0.5mm等。另外,还可以用塞尺来测量间隙,如图3-29所示。

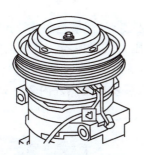

图 3-27 检查带轮轴
承的间隙和阻力

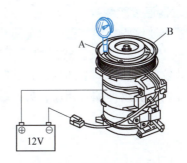

图 3-28 测量带轮与压盘
之间的间隙（百分表）

4）测量电磁线圈的电阻，如图 3-30 所示。如果电阻不符合技术要求（正常电阻为 4～5Ω，20℃），则更换电磁线圈。

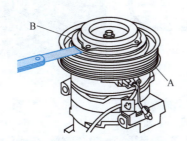

图 3-29 测量带轮与压盘之间的间隙（塞尺）

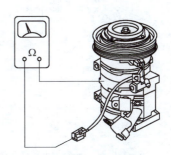

图 3-30 测量电磁线圈的电阻

项目二　认识空调常用控制装置

任务一　认识温度控制装置

一、任务引入

温度控制装置能为车厢提供并保持舒适的温度，并且很少需要甚至不需要人为地进行控制操作。当温度自动控制系统出现故障，压缩机的起停、加热器水流量的大小、鼓风机的转速、各模式风门（如内外空气转换风门、冷热转换风门、除霜转换风门等）的开度都将出现异常，影响汽车空调的正常工作。

二、任务目标

1）了解蒸发器温度控制器的作用。
2）掌握常用蒸发器温度控制器的结构及控制机理。

三、相关知识

1. 温度控制器的作用

温度控制器简称温控器，又称为恒温器。温控器的作用是根据蒸发器表面温度的高低，接通和切断空调压缩机电磁离合器线圈电路，使蒸发器表面温度保持在规定的（一般为 1～4℃）范围内。

2. 常用的蒸发器温度控制器

常用的温控器有波纹管式温控器、双金属片式温控器和热敏电阻式温控器3种。

（1）波纹管式温控器　波纹管式温控器又称为压力式温控器，其结构如图3-31所示，主要由感温管、波纹管、温度调节凸轮、弹簧和触点等组成。在感温管内充有制冷剂饱和液体，一端与温控器内的波纹伸缩管相通，另一端插入蒸发器吸热片内20~25cm，如图3-32所示。

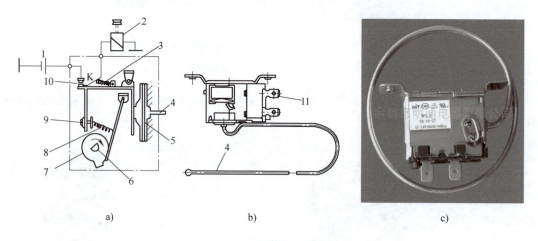

图3-31　波纹管式温控器的结构
a）原理　b）外形　c）实物
1—蓄电池　2—空调电磁离合器线圈　3、8—弹簧　4—感温管　5—波纹伸缩管　6—凸轮轴
7—温度调节凸轮　9—调整螺钉　10—触点　11—接线插头

当蒸发器温度较高时，插在其吸热片内的感温管的温度相应地较高，因此感温管内部制冷剂液体膨胀，压力相应地较高而使波纹伸缩管伸长，推动传动杠杆放大机构使触点K吸合，接通电磁离合器线圈电路使压缩机运转制冷，蒸发器温度开始下降，感温管温度随之下降，其内部制冷剂压力下降而使波纹伸缩管逐渐收缩。

当蒸发器温度下降到某一设定值（一般为1℃）时，波纹伸缩管的收缩量通过传动杠杆放大机构使触点K断开，电磁离合器线圈切断，压缩机停止运转，制冷系统停止制冷，蒸发器温度开始上升。

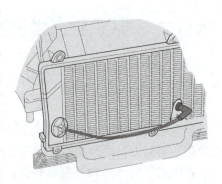

图3-32　波纹管式温控器的安装位置

当蒸发器温度升高到设定温度的上限值（一般为4℃）时，温控器触点K吸合，压缩机重新运转制冷，蒸发器温度降低。温控器和制冷系统如此循环工作，便可使蒸发器温度控制在设定的温度范围内。

在使用过程中，转动温度调节凸轮可以改变弹簧的预紧力，从而改变蒸发器的温度调节范围。不能将感温管弯成尖角或有划痕，若感温管中的充注物泄漏，则必须更换整个温度控制器。

（2）双金属片式恒温器　双金属片式恒温器没有毛细管，直接靠空气通过表面而进行工作，其人工温度调整方法与波纹管式恒温器的相同。

双金属片式恒温器的工作原理如图 3-33 所示，它由两片随温度变化胀缩程度不同的金属片组成，上面有一个动触点，壳体上有一个定触点。在设定温度范围内，双金属片平伸，触点吸合，电流接通，压缩机电磁离合器吸合。由于温度发生变化，这两片金属片产生不同程度的变形而弯曲，使触点分开，中断电磁离合器的电流，使压缩机停止转动。

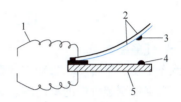

图 3-33　双金属片式恒温器的工作原理
1—导线　2—双金属　3—动触点
4—定触点　5—壳体

当冷空气通过恒温器时，引起恒温器双金属片中的一片收缩成弓形。随着空气温度的不断降低，这片金属片不断收缩，直到把触点分开。当温度增加时，另一片金属受热伸长，把触点拉回。

双金属片式恒温器结构简单、价格便宜，但由于它必须放在蒸发器中，布置有一定困难；而波纹管式恒温器用一根长的毛细管感应温度，恒温器本体可布置在稍远的合适部位，布置方便。因此，波纹管式恒温器比双金属片式恒温器应用广泛。

（3）热敏电阻式温控器　热敏电阻式温控器又称为电控式温控器，由热敏电阻式蒸发器温度传感器、电子放大电路和电磁离合器继电器等组成，具有反应迅速、控制精度高等优点。图 3-34 所示为热敏电阻式温控器的控制电路。热敏电阻式温控器主要由热敏电阻式温度传感器、4 个晶体管（VT1、VT2、VT3、VT4）、电阻、电容和二极管等电子元件以及 1 个继电器组成。

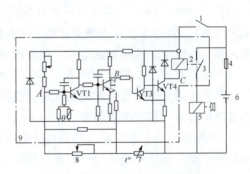

图 3-34　热敏电阻式温控器的控制电路
1—点火开关　2—继电器电磁绕圈　3—继电器触点
4—熔断器　5—压缩机电磁离合器线圈　6—蓄电池
7—热敏电阻　8—温度调节电位器　9—电控式温控器

热敏电阻式温控器采用负温度特性的热敏电阻，具有温度升高电阻值减小、温度下降电阻值增大的特点。热敏电阻安装在蒸发器空气出口一侧，以便感测蒸发器出口处冷气的温度，温控器的设定温度由温度调节电位器设定，触点常开型继电器由晶体管 VT4 控制，继电器触点 K 串联在压缩机电磁离合器线圈电路中。

当蒸发器温度高于设定温度值时，热敏电阻阻值较小，温控器电路中 B 点电位较低，晶体管 VT3 截止、VT4 导通，继电器电磁线圈通电，产生电磁吸力使继电器触点吸合，接通电磁离合器线圈电路，使压缩机运转制冷，蒸发器温度开始下降。

当蒸发器温度下降到设定温度的下限值时，热敏电阻阻值增大，B 点电位升高，使晶体管 VT3 导通、VT4 截止，继电器电磁线圈电路切断、触点断开，使电磁离合器线圈电路切断，压缩机停止运转，蒸发器温度开始升高。当蒸发器温度升高到设定温度的上限值时，温控器使压缩机运转制冷，蒸发器温度再次下降，如此循环工作，便可使蒸发器温度控制在设定的温度范围内。

目前热敏电阻式温控器都采用了专用集成电路模块，其电路大大简化，安装调试更加方便。

任务二　认识真空控制装置

一、任务引入

汽车手动、半自动、自动空调系统的许多控制系统都是由空气（真空或压缩空气）驱动的，真空控制装置中的单向阀、真空罐、真空驱动器及真空电磁阀等零部件损坏时，将使空调系统的某些功能无法执行，影响了汽车空调的正常使用。

二、任务目标

1）了解真空罐的结构。
2）掌握真空驱动器的控制机理。
3）掌握模式门的操纵控制方式。

三、相关知识

真空控制系统由单向阀、真空罐、真空驱动器和电-真空转换器组成。下面介绍真空控制装置的几种主要部件及其控制内容。

1. 真空源和真空驱动器

（1）真空源　汽车上的真空源来自发动机进气歧管，随着发动机工作状态的改变（进气压力改变），真空源是在不断变化的。为保证在各种发动机工况下系统都有稳定的最大真空度，真空系统中必须配备真空罐、单向阀或止回继动器。

（2）真空驱动器　真空驱动器又称真空电动机，实际上是一种带膜片的真空膜盒。真空驱动器的作用是根据真空度的变化进行机械动作，用来控制风门和热水阀。目前汽车上所用的真空驱动器一般有两种类型。

1）单膜片式真空驱动器。单膜片式真空驱动器的结构如图3-35所示，真空接口通过胶管连接真空源，连杆连接风门。当真空源接通时，膜片压缩弹簧提起连杆；当真空源被断开时，弹簧伸张使膜片带动连杆复位。该类真空驱动器通常用来控制全开或全闭的风门。

2）双膜片式真空驱动器。双膜片式真空驱动器的结构如图3-36所示。当只有A室有真空作用时，膜片带动连杆提到一半的位置；当A室和B室同时有真空作用时，连杆被提到极限位置；当A室和B室都无真空作用时，

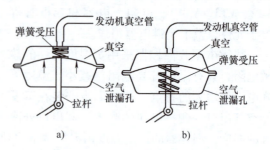

图 3-35　单膜片式真空驱动器的结构

连杆处于最下端。因此，采用双膜片式真空驱动器控制的风门有3个位置：全开、全闭、半开闭；也可以同时控制两个风门，一个打开、一个关闭，或者两个同时半开闭。

2. 加热器控制

控制进入加热器的冷却液或液体流量的部件一般有两种：一种是拉索式热水阀，如图3-37所示；另一种是真空开关阀。目前，自动空调系统中采用的多为真空开关阀。

真空开关阀如图3-38所示，阀门的开启和关闭受一个封闭的真空膜盒控制，其真空源一般来自发动机进气歧管且经过真空加力器（真空罐）。

采暖时，真空膜盒的右侧与真空管路相通，膜片受到真空引力，克服弹簧力作用带动活塞右移，来自发动机冷却系统的冷却液就进入加热器，在鼓风机的风扇作用下，热的空气就进入驾驶室，系统处于供暖状态，如图 3-38c 所示。当真空膜片盒中的真空源被切断时，弹簧力推动膜片左移，冷却液的通路被切断，驾驶室不采暖，如图 3-38a 所示。当膜片右侧处于半真空状态时，真空吸力与弹簧力的共同作用使活塞处于半开状态，冷却液会以较小的流量通过，如图 3-38b 所示。

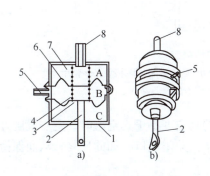

图 3-36 双膜片式真空驱动器的结构
a）内部结构 b）外形
1—气孔 2—连杆 3—B 室膜片 4—B 室弹簧
5—中腔 B 室真空接口 6—A 室膜片
7—A 室弹簧 8—真空接口

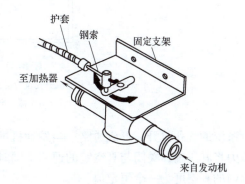

图 3-37 拉索式热水阀

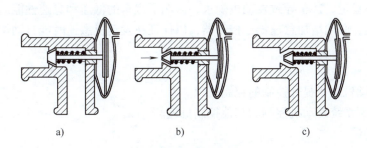

图 3-38 真空开关阀
a）无真空作用 b）有部分真空作用 c）全真空作用

3. 真空罐

真空罐的作用是稳定来自进气歧管的真空度。当发动机工作时，其进气管中的真空度会在 0.101～33.7kPa 波动，这将会影响由真空控制的工作系统的调控精度，因此必须进行稳压。

真空罐的结构如图 3-39 所示，它主要由真空室和真空保持器组成。整个真空室是一个金属罐，里面是一个真空保持器。真空罐的工作过程如下：

真空保持器被空心膜阀和膜片隔成 3 个腔。发动机进气歧管与中腔相连，右腔分别与真空室和真空执行系统相连。当发动机进气歧管的真空度大于真空罐的真空度时，由于空心膜阀右移而接通真空室，使其真空度提高，同时膜片克服弹簧的弹力左移，使真空室与真空执

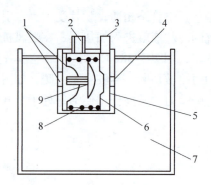

图 3-39 真空罐的结构

1、4—气孔　2—发动机进气歧管接口　3—真空出口　5—真空保持器　6—膜片
7—真空罐　8—弹簧　9—空心膜阀

行系统的气孔打开,形成通路;当发动机进气歧管的真空度小于真空罐时,空心膜阀外面的压力将其压扁,关闭与真空室的通路,同时膜片右移,关闭气口,如此反复,从而保持真空罐内的真空度为一个恒定值。

任务三　认识发动机控制装置

一、任务引入

当汽车临时停车和慢速行驶时,发动机处于小负荷或空载负荷运行工况。此时,非独立空调系统会出现由于压缩机所需转矩的增大而使发动机的负荷增大的矛盾,其结果会造成发动机怠速工况不稳定,甚至导致发动机熄火,影响了汽车的低速和怠速性能。为了保证汽车的怠速稳定性能,必须增加怠速稳定控制器,以保证在发动机怠速时能自动切断空调压缩机的离合器电路。

二、任务目标

1) 认识发动机怠速提升控制的控制机理。
2) 掌握空调系统发动机控制的其他控制机理。

三、相关知识

1. 发动机的怠速提升控制

现代轿车采用电控发动机,怠速的提升是通过怠速控制装置来实现的,控制方式一般有两种基本类型:一种是控制节气门旁通气道中空气流量的旁通空气式,一种是直接控制节气门关闭位置的节气门直动式,如图 3-40 所示。图 3-41 所示为由步进电动机驱动的怠速控制机构。空调工作信号是发动机 ECU 的重要传感器信号之一,当空调制冷系统起动,ECU 接收该信号后,驱动由步进电动机带动的怠速控制阀,将旁通气道开度增大,从而增加怠速时的进气量,使发动机转速增加,制冷压缩机正常工作。这种怠速提高装置可以根据发动机负荷变化的状况,精确地控制发动机根据压缩机等其他负载稳定地工作。大众系列轿车多采用节气门直动式怠速控制方式。

2. 发动机失速控制

发动机带空调怠速运转时,一旦其他影响因素使发动机转速下降,将造成发动机失速而熄火。为防止这种情况的发生,有的空调控制电路中设有防止发动机失速的控制电路。空

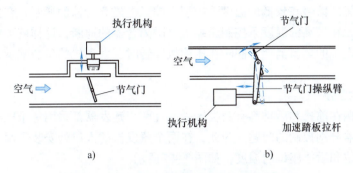

图 3-40 微型计算机控制怠速系统的控制方式
a) 旁通空气式 b) 节气门直动式

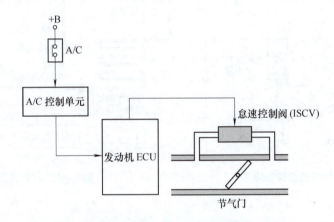

图 3-41 由步进电动机驱动的怠速控制机构

调控制单元通过检测点火线圈中的脉冲信号来计算发动机的转速,当发动机转速低于一定值时,将压缩机电磁离合器电路切断,如图 3-42 所示。

3. 加速控制装置

当汽车加速超车时,为了保证发动机有足够的动力,应当切断压缩机离合器电路,这样就解除了压缩机的动力负荷,以尽量大的发动机功率来使汽车加速。常用的加速控制有 3 种方式:一是利用与节气门杠杆连接的机械开关;二是利用能感应进气管真空度的真空开关(此类开关和压缩机离合器的电路串联);三是在一些电喷汽车上利用节气门位置传感器信号和曲轴位置传感器信号感知发动机处于加速状态,由发动机 ECU 完成空调电路的切断。

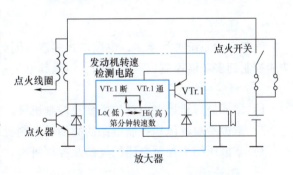

图 3-42 防止发动机失速控制电路

4. 压缩机双级控制

有些车辆为了提高其燃油经济性采用了压缩机双级控制,如图 3-43 所示。在空调上有两个开关:一个是 A/C 开关,另一个是 ECHO 开关。在接通 A/C 开关时,空调控制单元根据蒸发器温度传感器信号在较低的温度下控制压缩机电磁离合器的通断;在接通 ECHO 开关时,空调控制单元在较高的温度下控制压缩机电磁离合器的通断,这样就可以减少压缩机工作的时间,节省汽车的燃料消耗,同时在压缩机停转时,发动机的负载减少,汽车的动力输出提高。

5. 双蒸发器控制

现在有些车辆在前排和后排都有蒸发器,而且两个蒸发器都采用一个压缩机,这样就面临着前、后蒸发器分别控制的问题。为此,在两个蒸发器的入口处安装了两个电磁阀,用来分别控制前排座位和后排座位的温度,如图 3-44 所示。

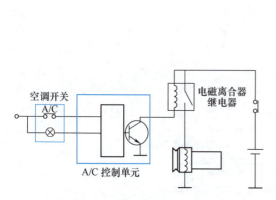

图 3-43 压缩机的双级控制电路

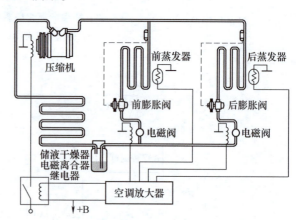

图 3-44 双蒸发器控制

项目三　汽车空调电路分析

一、任务引入

汽车空调系统种类繁多,电路形式多样,因此空调系统控制电路由简单到复杂、由单一功能控制到多功能控制也有所不同,但是其电气系统都有一定的规律可循。

二、任务目标

1)掌握鼓风机控制电路的类型及控制机理。
2)掌握冷凝器风扇控制电路的类型及控制机理。
3)掌握压缩机控制电路的类型及控制机理。

三、相关知识

汽车空调系统有压缩机、冷凝器、膨胀阀、蒸发器及鼓风机等主要部件,在分析汽车空调电路时,只要将其分成蒸发器鼓风机控制、冷凝器风扇控制、温度控制(压缩机控制)、通风系统控制和保护电路等即可清楚地了解空调系统的电路控制原理。

1. 鼓风机控制电路

汽车空调系统的蒸发器采用直接蒸发式的结构,这种结构由换热器和鼓风机组成。鼓风机将车内的空气吸出,强制气流流过蒸发器空气侧,气流将蒸发器内液态制冷剂蒸发时产生的冷量带入车内。

要使车内有一个舒适的环境,除了要控制送风温度外,还应根据环境变化和驾乘人员的

不同需要控制鼓风机的转速,以控制送风速度。鼓风机转速的控制方式有以下 3 种类型:

(1) **鼓风机开关和调速电阻控制**　鼓风机开关和调速电阻控制方式由鼓风机开关和调速电阻两部分组成。调速电阻一般安装在空调蒸发器组件上,利用气流进行冷却,其外形如图 3-45 所示。鼓风机开关一般安装在控制面板内,设置了不同的档位供调速用。在设置时,鼓风机开关既可以控制电源正极,又可以控制鼓风机搭铁电路。调节鼓风机开关改变调速电阻接入方式,即可改变鼓风机电路中的电流,以调节鼓风机转速。鼓风机的控制档位一般有 1 档、2 档、3 档、4 档 4 种,最常用的是 4 档,如图 3-46 所示。

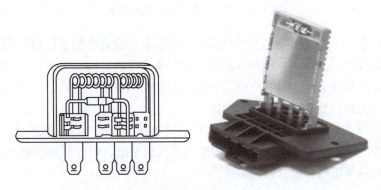

图 3-45　调速电阻的外形

当鼓风机开关处于 1 档时,鼓风机电路中串入 3 个电阻,鼓风机以低速运转;当鼓风机开关处于 2 档时,鼓风机电路中串入 2 个电阻,鼓风机以中、低速运转;当鼓风机开关处于 3 档时,鼓风机电路中串入 1 个电阻,鼓风机以中、高速运转;鼓风机开关处于 4 档时,鼓风机电路中不串入任何电阻,鼓风机以最高速运转。

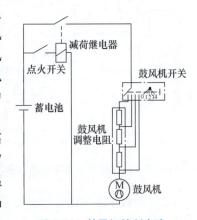

图 3-46　鼓风机控制电路

(2) **晶体管控制**　为实现风速的自动控制,现代中高档轿车鼓风机的转速一般由大功率晶体管控制。如图 3-47 所示,空调自动控制器根据车内温度传感器信号、车外温度传感器信号和其他信号计算并输出控制信号给大功率晶体管的基极,大功率晶体管根据基极电流的不同控制鼓风机使其产生不同的转速。当空调处于制冷状态时,如果车内温度比选定的温度高很多,则鼓风机高速运转;如果车内温度降低,则鼓风机低速运转。当空调处于取暖状态时,如果车内温度比选定的温度低很多,则鼓风机高速运转;如果车内温度上升,则鼓风机低速运转。

(3) **晶体管与调速变阻器组合控制**　鼓风机控制开关有自动(AUTO)档和不同转速的人工选择模式,如图 3-48 所示。当鼓风机转速控制开关设定在 AUTO 位置时,鼓风机的转速由空调控制单元根据车内、外温度传感器及其他传感器的参数控制。若按动人工选择模式开关,则空调电路取消自动控制功能,执行人工设定功能。

2. 冷凝器风扇控制电路

汽车空调系统的冷凝器将车内的热量排向大气,它由换热器和鼓风机组成。

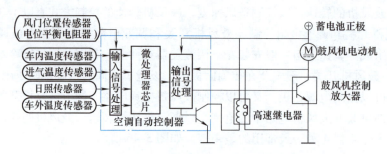

图 3-47　晶体管控制的鼓风机电路

对于一般客车，冷凝器不安装在散热器前，需要单独设置冷凝器风扇。冷凝器风扇一般只受空调开启信号控制。轿车空调的冷凝器一般安装在散热器前，散热器和冷凝器共用冷却风扇，一般根据冷却液温度信号和空调信号共同控制，同时满足散热器散热和冷凝器散热需要。下面分析一些较典型的冷凝器风扇电路。

(1) 空调开关直接控制　空调开关直接控制的冷凝器风扇电路比较简单，如图 3-49 所示。空调开关置于 ON 位置时，冷凝器风扇继电器线圈通电，继电器触点吸合，冷凝器风扇高速运转，同时压缩机电磁离合器通电工作。

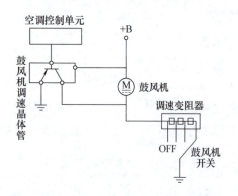

图 3-48　晶体管与调速变阻器组合控制

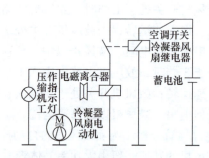

图 3-49　空调开关直接控制的冷凝器风扇电路

(2) 空调开关与冷却液温度开关联合控制　有些汽车的发动机冷却系统和空调冷凝器共用一个冷却风扇进行散热，如图 3-50 所示。这种风扇有低速和高速两种转速，风扇电动机转速的改变是通过改变电路中电阻值的方法来实现的，分别受空调继电器和高速风扇继电器的控制。控制冷凝器风扇的信号源是空调开关和冷却液温度开关。

当空调开关接通时，空调继电器通电，触点吸合，电流经调速电阻进入冷凝器风扇电动机，风扇低速运转；不开空调时，当发动机冷却液温度达到 96℃ 时，双温开关的低温触点吸合，冷凝器风扇低速运转；当发动机冷却液温度升至 105℃ 时，双温开关的高温触点吸合，高速风扇继电器通电，风扇高速运转，以加强散热。

(3) 制冷剂压力开关与冷却液温度开关联合控制　目前很多轿车采用制冷剂压力开关和冷却液温度开关组合的方式对冷却风扇进行控制。丰田雷克萨斯 LS400 轿车冷却风扇控制电路如图 3-51 所示，该控制系统中有两个并排的冷却风扇，控制冷却风扇的信号源是冷却液温度开关和高压开关。冷却液温度开关和高压开关处于不同状态，则冷却风扇继电器形成不同组合,从而控制冷却风扇使其不运转、低速运转或高速运转。

1)空调不工作时。在不开空调的情况下,发动机冷却液温度开关控制冷却风扇。

① 当发动机冷却液温度低于83℃时,冷却液温度开关处于常闭状态,3号冷却风扇继电器和2号冷却风扇继电器通电,3号冷却风扇继电器的4与5接通,2号冷却风扇继电器动断触点断开。同时,由于空调不工作,高压开关处于常闭状态,1号冷却风扇继电器通电,其动断触点断开。两个冷却风扇电动机断电,均不工作,使发动机尽快暖机。

② 当发动机冷却液温度高于93℃时,冷却液温度开关打开,2号和3号冷却风扇继电器断电。虽然高压开关使1号冷却风扇继电器通电,其动断触点打开,但并不影响冷却风扇的工作。12V电压加至1号冷却风扇电动机和2号冷却风扇电动机,两个冷却风扇高速运转,以满足发动机冷却系统散热需要。

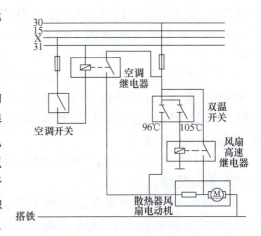

图3-50 空调开关和冷却液温度开关联合控制的冷凝器风扇电路

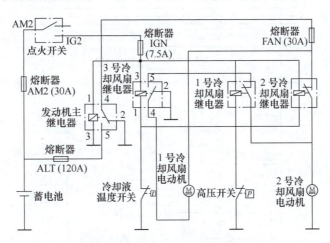

图3-51 丰田雷克萨斯LS400轿车冷却风扇控制电路

2)空调工作时。使用空调时,高压开关与冷却液温度开关联合控制冷却风扇。

① 打开空调,当高压侧压力大于1.35MPa且冷却液温度低于83℃时,冷却液温度开关处于常闭状态,高压开关打开,2号冷却风扇继电器和3号冷却风扇继电器通电,1号冷却风扇继电器断电,冷却风扇继电器将两冷却风扇电动机串联在一起,两个冷却风扇低速运转,以满足冷凝器散热需要。

② 打开空调,当高压侧压力大于1.35MPa且冷却液温度高于93℃时,高压开关和冷却液温度开关都打开,1、2、3号冷却风扇继电器均断电,12V电压加至两冷却风扇电动机,两个冷却风扇高速运转。

综上所述可知,两个冷却风扇的工作同时受冷却液温度信号和空调信号影响,而处于同时不运转、同时低速运转或同时高速运转3种状态之间循环。两个冷却风扇的工作原理如图3-52所示。

(4) 散热器风扇控制器控制 除采用继电器控制风扇的转速外，还可采用专用控制器对风扇进行控制。专用控制器根据空调信号和冷却液温度信号联合控制风扇的转速。

图3-53所示为捷达王轿车散热器风扇的控制电路，其控制过程如下：

1) 当发动机冷却液温度达到95℃时，热敏开关F18内的低温触点闭合，12V电源电压经触点接通风扇电动机的低速档，散热器风扇进入低速运转状态。

2) 当发动机冷却液温度达到102℃时，热敏开关F18内的高温触点闭合，12V电压经闭合的触点到风扇控制器ICK的T2端，控制器2端输出12V电压，散热器风扇进入高速运转状态。

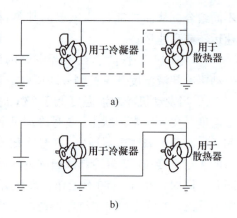

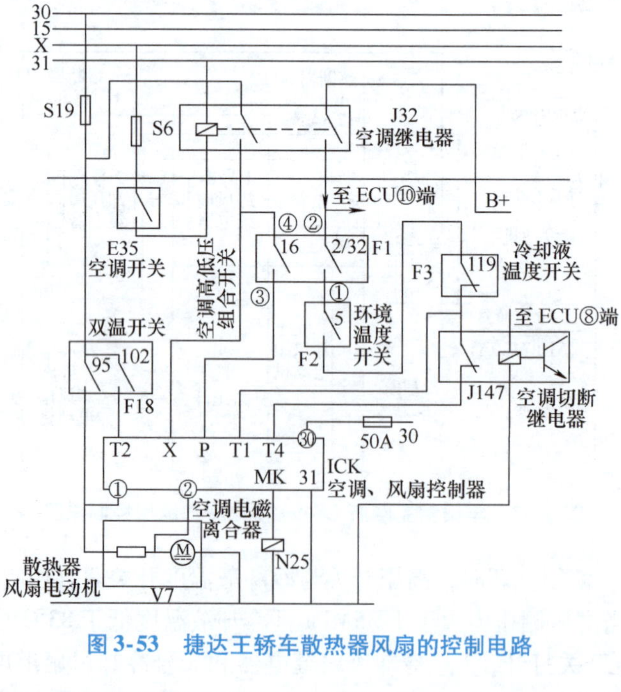

图3-52 两个冷却风扇的工作原理
a) 通过并联，冷却风扇高速运转
b) 通过串联，冷却风扇低速运转

图3-53 捷达王轿车散热器风扇的控制电路

3) 当开启空调后，风扇控制器T1端、T4端均为12V高电平，如果此时管路压力低于1.6MPa，则控制器P端为低电平，在此前提下，1端输出12V电压，散热器风扇高、低速交替运转。

4) 当空调管路压力超过1.6MPa时，位于空调高压管路上的组合压力开关F1的3、4端内触点闭合，12V电压经闭合的触点到风扇控制器P端，由控制器2端输出12V电压，散热器风扇高速运转。

（5）制冷剂压力开关与微型计算机组合控制　多数高档轿车都采用这种布置和控制方式，如图 3-54 所示，两个散热器风扇有 3 种不同的运转工况。制冷剂压力开关与微型计算机组合控制的工作原理如下：

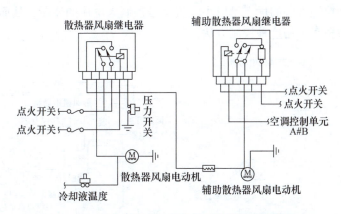

图 3-54　制冷剂压力开关与微型计算机组合控制

1）当空调开关已接通但制冷剂压力未达到 1.81MPa 时，只有辅助散热器风扇电动机运转。

2）当制冷剂压力达到 1.81MPa 时，主、辅散热器风扇电动机同时运转。

3）无论空调开关是否接通，只要发动机冷却液温度达到 98℃ 以上，主散热器风扇（散热器风扇电动机）高速运转。丰田公司在部分 1UZ-FE 和 1MZ-FE 发动机上采用了电控液压电动机冷却风扇系统，用于雷克萨斯、凯美瑞等车型，与一般的电控风扇系统有较大的差异。如图 3-55 所示，在此系统中，风扇控制单元通过电磁阀控制作用在液压电动机上的油液压力，这样就可以根据发动机工况和空调状态自动控制冷却风扇的转速。电控液压电动机冷却风扇电路的工作过程如下：油泵单独设计或与动力转向泵组合为一体，由传动带驱动，建立一定的油压，受风扇控制单元控制。电磁阀调节从油泵到液压电动机的油量，该液压电动机直接驱动冷却风扇，使已通过液压电动机的油液回到油泵。

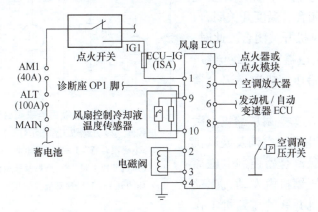

图 3-55　电控液压电动机冷却风扇电路

3. 压缩机电磁离合器控制

（1）压缩机电磁离合器的控制方式　压缩机电磁离合器的控制根据控制开关位置的不

同分为控制电源型和控制搭铁型两种,如图3-56所示。电源控制方式是由开关直接控制电源,当开关闭合时,瞬间产生的大电流流经开关到执行器构成的回路,长期工作后容易造成触点烧蚀,所以现在大多数轿车均不采用这种控制方式。搭铁控制方式是由开关控制继电器线圈的回路,这种控制方法的优点是以小电流信号控制大电流的通断,从而有效地防止触点烧蚀,目前大多数轿车采用这种控制方法。

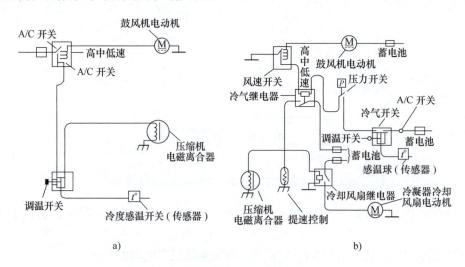

图3-56 压缩机的控制方式

a) 控制电源型 b) 控制搭铁型

(2) 压缩机工作时机控制 控制压缩机工作时机的方式可分为手动空调压缩机控制、半自动空调压缩机控制和全自动空调压缩机控制3种。

1) 手动空调压缩机控制。手动空调压缩机控制压缩机工作的前提是从蓄电池正极出发经过各个开关、压缩机电磁离合器到蓄电池负极构成回路,即空调开关(A/C开关)闭合、温度开关闭合、压力开关闭合、鼓风机开关闭合。此时,压缩机电磁离合器继电器(冷气继电器)工作,蓄电池才能给压缩机电磁离合器线圈供电。

图3-57所示为汽车空调压缩机电磁离合器/鼓风机控制电路。空调及鼓风机开关、温控器及电磁离合器控制电磁离合器线圈的通断。压缩机由发动机驱动工作,同时与发动机并联的压缩机工作

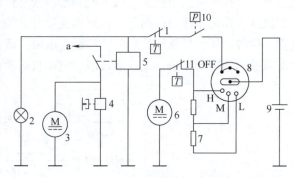

图3-57 汽车空调压缩机电磁离合器/鼓风机控制电路

1—温控器 2—压缩机工作指示灯 3—冷凝器风扇电动机
4—电磁离合器 5—冷气继电器 6—鼓风机电动机
7—鼓风机调速电阻 8—空调及鼓风机开关 9—蓄电池
10—压力开关 11—冷却液温度开关 a—接蓄电池正极

指示灯亮。通常情况下,只要空调及鼓风机开关闭合,压缩机就开始工作,但压缩机不能始终运转,否则不但浪费能源,还有可能导致车内温度过低。车内温度的高低是由温控器来控制的,温控器一般安装于车内,当车内温度高于设定温度时,温控器触点吸合,压缩机旋

转，空调系统工作，使得车内温度降低；当车内温度低于设定温度时，温控器触点断开，电磁离合器断电，压缩机停止工作，指示灯熄灭，这时鼓风机仍然工作，空调停止工作后，车内温度升高，当车内温度高于设定温度时，温度控制器触点吸合，电流通过电磁离合器线圈使压缩机再次工作，这样循环控制就可以使车内温度控制在设定的范围内。

2）半自动空调压缩机控制。半自动空调压缩机工作的前提是空调开关（A/C 开关）闭合、温度开关（热敏电阻）工作、压力开关闭合、鼓风机开关闭合、发动机转速信号、压缩机转速信号正常，制冷剂温度开关闭合。如图 3-58 所示，当点火开关和鼓风机开关接通时，加热器继电器接通。若空调器开关此时接通，则压缩机电磁离合器继电器通过空调器放大器接通，这就使压缩机电磁离合器闭合，压缩机工作。

3）全自动空调压缩机控制。全自动空调压缩机一般由专用空调控制单元或发动机 ECU 控制。

4. 通风系统的控制

目前很多轿车的空调通风系统采用电控方式，对气源门、温度门、送风门的控制均由控制单元或放大器统一完成，实现最佳送风方式的控制。

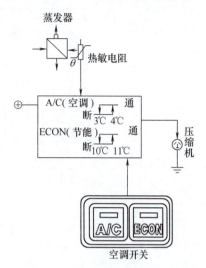

图 3-58　半自动空调压缩机工作电路

项目四　典型空调控制电路的综合读图分析

一、任务引入

空调系统控制电路是汽车空调系统的重要组成部分，其功用是协调空调系统各装置之间的工作，正确完成空调系统的各种控制功能和各项操作。不同车型所装的空调系统有简单的也有复杂的，种类很多，其功能、调节和控制原理也不尽相同，因而其控制电路也有所不同，但基本原理和基本电路却有相同之处。

二、任务目标

1）了解常见车型空调系统控制电路的组成部件。
2）掌握常见车型空调系统控制电路的控制机理及各部件的功能。

三、相关知识

1. 普通桑塔纳轿车空调系统电路分析

桑塔纳轿车空调系统控制电路由电源电路、电磁离合器控制电路、鼓风机控制电路和冷凝器风扇电动机控制电路组成，如图 3-59 所示。其控制过程如下：

1）点火开关处于断开（OFF）位置时，泄荷继电器 X 电路切断，触点断开，空调系统不工作。

2）点火开关处于起动（STA）位置时，泄荷继电器 X 电路切断，触点断开，中断空调系统的工作，保证发动机起动时蓄电池具有足够的电能来起动发动机。

3）点火开关处于接通（ON）位置时，泄荷继电器线圈 X 电路接通，触点闭合，空调

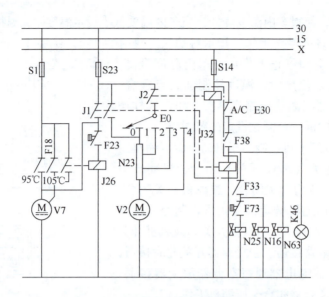

图 3-59　上海桑塔纳轿车空调系统控制电路

S1—冷凝器风扇熔断器　S14—空调熔断器　S23—鼓风机熔断器　K46—空调（A/C）开关指示灯
J32—空调继电器　J26—冷凝器风扇继电器　E30—空调制冷开关　E0—鼓风机开关　F73—低压保护开关
F23—高压保护开关　F18—冷凝器风扇电动机温控开关　F33—蒸发器温控开关　F38—环境温控开关
V7—冷凝器风扇电动机　V2—鼓风机　N25—空调电磁离合器　N16—急速提升电磁阀
N63—新鲜空气翻板电磁阀　N23—调速电阻

继电器 J32 中的线圈 J2 通电，接通鼓风机电路，此时可由鼓风机开关 E0 进行调速，使鼓风机按照要求的转速运转，进行强制通风、换气或送出暖风。

当外界气温高于 10℃ 时，环境温控开关 F38 接通，空调才能使用。当需要制冷系统工作时，接通空调（A/C）制冷开关 E30，空调（A/C）开关指示灯 K46 亮，表示空调开关已经接通。

低压保护开关 F73 串联在蒸发器温控开关 F33 和空调电磁离合器 N25 之间，当制冷系统缺少制冷剂使制冷系统压力过低时，低压保护开关 F73 断开使压缩机停止工作。

高压保护开关 F23 串联在冷凝器风扇继电器 J26 和空调继电器 J1 的触点之间，当制冷剂压力正常时，高压保护开关 F23 触点断开，电阻 R 串入冷凝器风扇电动机 V7 电路中，使冷凝器风扇电动机 V7 低速运转。当制冷剂压力超过规定值（1.448±0.06895）MPa 时，高压保护开关 F23 触点闭合，接通冷凝器风扇继电器 J26 中的线圈电路，冷凝器风扇继电器 J26 的触点闭合，电阻 R 被短路，冷凝器风扇电动机 V7 高速运转，增强了冷凝器的冷却能力。

冷凝器风扇电动机 V7 由空调冷凝器与发动机散热器共用，因此还直接受发动机冷凝器风扇电动机温控开关 F18 的控制。当空调（A/C）制冷开关 E30 尚未接通时，若发动机冷却液温度低于 95℃，则冷凝器风扇电动机 V7 因电路不通而不会转动；当发动机冷却液温度高于 95℃ 时，冷凝器风扇电动机 V7 低速转动，防止发动机过热；当冷却液温度达到 105℃ 时，冷凝器风扇电动机温控开关 F18 的高温（105℃）触点闭合，电阻 R 被短路，冷凝器风扇电动机 V7 高速运转，增强了发动机散热器的散热能力。

当空调（A/C）制冷开关 E30 接通时，空调继电器 J1 的右侧一个触点闭合，鼓风机 V2

以低速运转来防止蒸发器表面温度过低而结冰或冻坏蒸发器。因此在使用空调时，应在接通空调（A/C）制冷开关 E30 之前，首先接通鼓风机开关 E0，使较多空气流通。

这种机械-电气控制的空调系统电路，虽然没有电子温度控制器，但因其结构简单，电路器件可靠，所以仍然得到了广泛的应用。

2. 天津夏利轿车空调系统电路分析

天津夏利轿车空调系统采用了专用的集成芯片 SE078（以下分析简称 IC），其电路如图 3-60 所示。它主要由空调放大器电路、电磁离合器电路、鼓风机电动机及其控制电路、冷凝器风扇电动机及其控制电路、急速提升电磁真空转换阀电路、电源电路等组成。

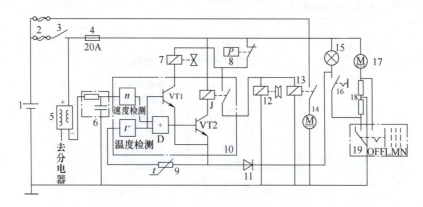

图 3-60　天津夏利轿车空调系统的电路

1—蓄电池　2—易熔线　3—点火开关　4—熔断器　5—点火线圈　6—滤波器　7—急速提升电磁真空转换阀
8—双向复合压力开关（压力小于 0.2MPa 和大于 2.3MPa 时断开，其余导通）　9—热敏电阻
10—空调放大器　11—二极管　12—电磁离合器　13—冷凝器风扇继电器　14—冷凝器风扇电动机
15—空调（A/C）开关指示灯　16—空调（A/C）开关　17—鼓风机电动机
18—鼓风机调速电阻　19—鼓风机档位开关　D—与门　J—电磁离合器继电器

（1）空调放大器　空调放大器是夏利轿车空调系统电路的中心部件，它以日本电装（DENSO）公司的一片汽车空调专用集成电路 SE078 为核心，配以简单的外围电路组成，具有蒸发器出口侧冷气温度控制、发动机转速控制、急速提升电磁真空转换阀控制等多重调节和控制功能，使得整个空调系统电路简单、控制精度高。天津夏利轿车空调放大器的内部电路及外形如图 3-61 所示。

1）发动机转速检测及比较电路。发动机转速脉冲信号由点火线圈负极接线柱取得，经滤波器滤除点火高频杂波后，输入空调放大器中的速度检测电路转换为与发动机转速成正比的直流电压信号，然后与转速基准电压信号一起送入比较放大电路 1。当发动机转速低于设定值时，比较放大电路 1 的反相端（−）电压低于同相端（+）电压，因此比较放大电路 1 输出高电平，经反相器 D1 反相后转换为低电平送入与门 D2；反之，当发动机转速高于设定值时，比较放大电路 1 输出低电平，经反相器 D1 反相后转换为高电平送入与门 D2。转速基准电压由电位器 RP_n 设定。

2）蒸发器温度检测及比较电路。蒸发器温度由安装在蒸发器冷气出口侧的一个热敏电阻温度传感器检测，经空调放大器内的温度检测电路将蒸发器冷气出口侧的温度信号转换为与蒸发器温度值成反比的电压信号，与蒸发器温度设定基准电压信号一起输入比

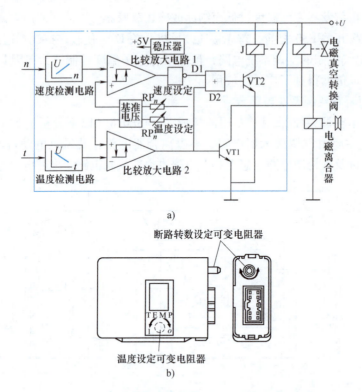

图 3-61 天津夏利轿车空调放大器的内部电路及外形
a) 内部电路 b) 外形

较放大电路 2（图 3-61a）。当蒸发器温度高于设定值时，比较放大电路 2 因反相端的输入电压低于同相端输入的基准电压而输出高电平；反之，当蒸发器温度低于设定值时，比较放大电路 2 输出低电平。比较放大电路 2 的输出电压信号分为两路：一路直接送入晶体管 VT1 用于控制电磁真空转换阀；另一路则送入与门 D2 和反相器 D1，输出信号共同控制晶体管 VT2 的基极，以控制位于空调放大器内的电磁离合器继电器 J。蒸发器的温度由电位器 RP_n 设定。

3）空调放大器的工作原理。

① 发动机转速、蒸发器温度均高于设定值时，比较放大电路 1 输出低电平，反相器 D1 输出高电平；比较放大电路 2 输出高电平，晶体管 VT1 饱和导通，电磁真空转换阀通电，怠速提升装置工作使发动机怠速转速升高。同时，与门 D2 因输入端均为高电平，也输出高电平，故晶体管 VT2 饱和导通，电磁离合器继电器 J 通电，触点吸合，使电磁离合器电路接通，压缩机运转制冷。

② 蒸发器温度低于设定值而发动机转速高于设定值时，比较放大电路 2 输出低电平，晶体管 VT1 截止，电磁真空转换阀断电，使怠速提升装置停止工作。同时，给与门 D2 输入低电平而使与门 D2 输出低电平，晶体管 VT2 截止，电磁离合器继电器 J 断电，触点断开，电磁离合器断电使压缩机停止运转。尽管发动机转速高于设定值，比较放大器 1 输出低电平，而反相器 D1 输出高电平，但压缩机不会工作。

③ 蒸发器温度高于设定值，而发动机转速低于设定值时，比较放大电路 2 输出高电平，

使晶体管 VT1 导通，怠速提升装置工作，同时给与门 D2 输入高电平。比较放大器 1 因发动机转速低于设定值而输出高电平，经 D1 反相后转换为低电平输入与门 D2 而使与门 D2 输出低电平，故晶体管 VT2 截止，电磁离合器断电。在怠速提升装置工作后，发动机转速升至设定值，温度和转速两个条件同时具备，压缩机运转。

④ 发动机转速和蒸发器温度均低于设定值时，比较放大电路 2 输出低电平，晶体 VT1 截止，怠速提升装置不工作；同时，给与门 D2 输入低电平。比较放大电路 1 输出低电平给与门 D2，与门 D2 输出低电平，晶体管 VT2 截止，电磁离合器断电，压缩机不运转。

综上所述，压缩机电磁离合器的工作受发动机转速和蒸发器温度的双重控制，只有当两个条件同时满足时，压缩机才能运转制冷，否则压缩机无法运转制冷；怠速提升装置仅由蒸发器温度控制，只要蒸发器温度高于设定值，怠速提升装置便始终工作，以便为压缩机的接通提供足够的发动机转速。

4）发动机转速和蒸发器温度设定值的调整。天津夏利轿车空调系统中，电磁离合器接通条件为发动机转速大于（1100±50）r/min，蒸发器冷气出口侧温度大于 4℃；电磁离合器断开条件为发动机转速低于（800±50）r/min 或蒸发器冷气出口侧温度低于 3℃。如果使用过程中经检测与上述数据不符，可通过空调放大器上相应的调节电位器作适当调整，如图 3-61b 所示。

(2) 空调系统控制电路工作原理　在汽车行驶中需要使用空调（冷气）时，应首先接通鼓风机档位开关，并选择适当的鼓风机转速（合适的送风量），使鼓风机旋转送风，然后按下空调（A/C）开关，这时空调（A/C）开关指示灯亮，同时也接通了空调放大器的搭铁电路而使空调系统投入工作（空调放大器的搭铁回路为：由晶体管 VT1、VT2 的发射极→二极管→空调（A/C）开关→鼓风机档位开关的活动臂→搭铁）。如果这时发动机转速、蒸发器温度条件同时满足电磁离合器接通条件，则晶体管 VT2 导通，电磁离合器继电器 J 通电，其触点闭合，使电磁离合器的电路接通，压缩机便开始运转制冷，与此同时，冷凝器风扇继电器通电，使冷凝器风扇旋转以加强冷凝器的冷却。当蒸发器冷气出口侧温度达到 3℃或发动机转速低于设定转速下限[（800±50）r/min] 时，电磁离合器继电器 J 断电以停止压缩机的工作，直到蒸发器冷气出口侧温度升至 4℃，同时发动机转速也高于设定值的上限值[（1100±50）r/min] 时，压缩机开始运转制冷。

双向复合压力开关的触点串联在怠速提升电磁真空转换阀和电磁离合器的供电回路中，制冷系统压力过高（高于 2.3MPa）或过低（小于 0.2MPa）时，其触点断开以保护制冷系统压缩机。

3. 桑塔纳 3000 型轿车空调系统电路分析

(1) 电路组成　图 3-62 所示为上海桑塔纳 3000 型轿车空调系统控制电路。它由电源电路、进气门电磁阀控制电路、鼓风机控制电路、空调电磁离合器控制电路、散热器风扇控制电路以及空调保护电路等组成。该空调系统在原型号的基础上，对蒸发器、储液干燥器、冷凝器、压缩机等总成和零件作了很大改进，使其降温效果有了明显提高。

桑塔纳 3000 型轿车空调系统的工作受发动机控制，发动机必须能正常工作，发动机 ECU J220 的 T80/8 端输出高电平时，压缩机切断继电器 J26 才能吸合，制冷系统才能工作。

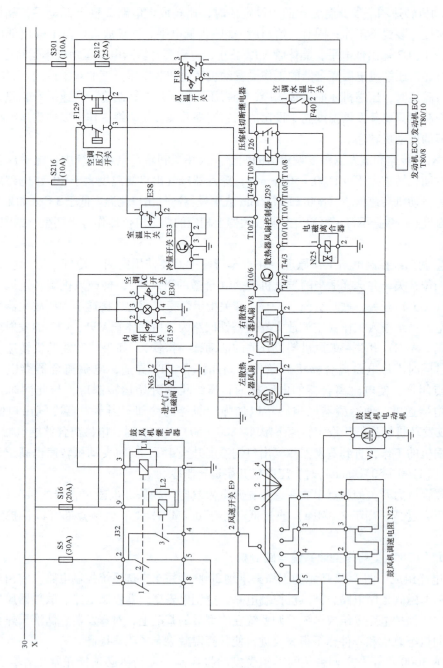

图 3-62　上海桑塔纳 3000 型轿车空调系统控制电路

(2) 工作原理

1) 电源电路。空调系统由 30 号线和 X 号线供电，30 号线常带电，与蓄电池正极连接，X 号线受点火开关及卸荷继电器（中间继电器）的控制。当卸荷继电器线圈得电吸合，其动合触点吸合后，30 号线上的蓄电池电压就会加至 X 号线上，使连接在 X 号线上的鼓风机、空调电磁离合器以及散热器风扇控制部分（除风扇冷却液温度控制外）等均得电。

2) 进气门电磁阀控制电路。进气门电磁阀 N63 线圈的电流通路为 X 号电源线→空调熔断器 S16→内循环开关 E159→进气门电磁阀 N63 线圈→搭铁→蓄电池负极。

3) 鼓风机控制电路。

① 鼓风机电动机 V2 的供电受控于鼓风机继电器 J32，当闭合点火开关时，X 号线通电，鼓风机继电器吸合，鼓风机电动机 V2 才会得电工作。

鼓风机共有 4 种不同的转速，以满足不同送风量的要求，转速的变换是由鼓风机风速开关 E9 通过切换调速电阻 N23 来实现的。

当点火开关处于 ON 位置时，X 号线通电，其电流通路为 X 号电源线→熔断器 S16→鼓风机继电器 J32 内的线圈 L2→搭铁→蓄电池负极。

当将鼓风机的风速开关置于 1、2、3、4 档时，其电流通路为蓄电池正极→30 号线→熔断器 S5→继电器 J32 内的线圈 2 的已闭合动合触点→风速开关 E9 的 2 端。此时，E9 若在 1～4 档，则鼓风机电动机 V2 均会得电工作，可从 1 档到 4 档使鼓风机以依次升高的 4 种不同转速进行转动，实现对通风量的控制。当 E9 处于 0 档时，鼓风机停止工作。

② 当 E9 鼓风机开关在 0 档且打开空调（A/C）开关 E30 时，鼓风机继电器 J32 吸合，以保证在起动空调系统时鼓风机与空调系统同步工作。其电流通路为 X 号线电源→熔断器 S16→空调（A/C）开关 E30→鼓风机继电器 J32 内的线圈 1→搭铁→蓄电池负极。

上述这一电流通路使鼓风机继电器 J32 内继电器动合触点 2 得电闭合，从而形成了如下的电流通路：蓄电池正极→30 号线→熔断器 S5→鼓风机继电器 J32 内线圈 L1 的已闭合动合触点→鼓风机调速电阻 N23→鼓风机电动机 V2→搭铁→蓄电池负极。

4) 空调电磁离合器控制电路。空调电磁离合器的状态除了受 X 号线、空调（A/C）开关 E30、冷量开关 E33、室温开关 E38、空调冷却液温度开关 F40 以及制冷液管路空调压力开关 F129 的控制外，还受散热器风扇控制器 J293 和发动机 ECU 的控制。如果不满足上述任一单元所设定的条件，则空调电磁离合器的供电都将被切断，从而使压缩机停止工作。

开启空调后，12V 电压从 X 号线经熔断器 S16、空调（A/C）开关 E30、冷量开关 E33、室温开关 E38、空调压力开关 F129（低压开关）、空调冷却液温度开关 F40 后分成三路：第一路到发动机 ECU 的 T80/10 端，作为空调请求信号；第二路到散热器风扇控制器 J293 的 T10/3 端，作为散热器风扇低速档工作信号；第三路经空调压缩机切断继电器 J26 触点加至散热器风扇控制器 J293 的 T10/8 端，作为电磁离合器工作信号。

当发动机 ECU J220 的 T80/10 端收到空调请求信号时，发动机 ECU J220 的 T80/8 端输出高电压，压缩机切断继电器 J26 电流通路使继电器吸合。

当散热器风扇控制器 J293 的 T10/8 端为高电平时，风扇控制器的 T10/10 端输出 12V 电压控制空调电磁离合器吸合，空调工作。

5) 散热器风扇控制电路。散热器风扇除了受冷却液温度和发动机舱温度的控制外，还受空调系统工作状态的控制。

① 散热器风扇低速运转。当发动机运转时，如接通冷量开关 E33，散热风扇控制器 J293 的 T10/3 端为高电平时，散热器风扇控制器的 T4/3 端输出 12V 电压控制左散热器风扇 V7 和右散热器风扇 V8 低速运转。

当发动机冷却液温度达 95℃时，双温开关 F18 内的低温触点（右边）闭合，12V 电源电压经触点接通风扇电动机的低速档，左散热器风扇 V7 右散热器风扇 V8 低速运转。

② 散热器风扇高速运转。当发动机冷却液温度达 102℃时，双温开关 F18 内的高温触点（左边）闭合，12V 电压经闭合的触点到散热器风扇控制器 J293 的 T10/7 端。散热器风扇控制器的 T4/2 输出 12V 电压控制左散热器风扇 V7 和右散热器风扇 V8 高速运转。

6）高、低压及其他保护电路。当空调管路压力高于 1.45MPa 时，空调压力开关 F129 中的 1.45MPa 压力开关（左边）闭合，散热器风扇控制器 J293 的 T10/2 端为高电平，其 T4/3 端输出 12V 电压控制散热器风扇高速运转，冷却效果加强，使空调系统的冷凝器迅速散热，用于降低制冷系统中的压力。

当空调制冷剂泄漏后，如果管路静态压力低于 0.2MPa，空调压力开关 F129 内的 0.2/3.2MPa 压力开关（左边）断开，散热风扇控制器 J293 的 T10/3 端失电，空调停止工作，以防止空调压缩机在润滑不良的情况下运转而损坏。当管路压力高于 3.2MPa 时，0.2/3.2MPa 压力开关断开，空调不工作，以保护空调管路及压缩机。同理，当发动机冷却液温度高于 119℃时，空调冷却液温度开关 F40 断开，空调将停止工作。

空调压缩机切断继电器 J26 由发动机 ECU 的 T80/8 端控制。它有双向作用：一是控制全负荷时切断空调电路；二是当空调工作时，控制发动机怠速提升。当发动机 ECU J220 有故障或处于急加速工况时，发动机 ECU 的 T80/8 端输出低电平，使压缩机切断继电器 J26 停止工作，散热风扇控制器 J293 的 T10/8 端为低电平，从而使压缩机停止工作。

案例分析

丰田雅力士轿车空调鼓风机不工作

故障现象　一辆丰田雅力士轿车，搭载 1ZR-FE 发动机，行驶里程为 8 万 km，出现空调鼓风机不工作的故障。

故障诊断　接车后试车，将电源模式切换至 IG ON 状态，旋转鼓风机开关至任意档位，鼓风机均不工作，按下 A/C 开关，A/C 开关指示灯亮。此为异常，正常情况下，鼓风机工作后 A/C 开关指示灯才会亮。

用故障检测仪检查，空调系统中无故障码存储。分析该车鼓风机控制电路（图 3-63）可知，接通鼓风机开关，鼓风机继电器吸合，鼓风机运转；鼓风机开关置于不同档位时，串入电路中的鼓风机电阻不同，鼓风机以不同转速运转；接通鼓风机开关时，空调放大器端子 9 接收鼓风机开关请求信号（搭铁信号），此时若按下 A/C 开关，空调放大器允许 A/C 开关指示灯亮，同时控制空调压缩机工作。

由于接通鼓风机开关后，按下 A/C 开关，A/C 开关指示灯亮，说明空调放大器能够接收到鼓风机开关请求信号，由此排除鼓风机开关存在故障的可能。查看熔丝 GAUGE 和熔丝 HTR，均未熔断，且供电正常。接着对鼓风机继电器进行检查，发现在接通点火开关的情况

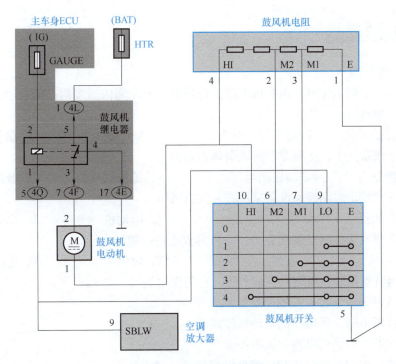

图 3-63 鼓风机控制电路

下，鼓风机继电器端子 2 上无供电，这说明熔丝 GAUGE 与鼓风机继电器端子 2 间的电路断路。由于此段电路在主车身 ECU（图 3-64）内部，只能更换主车身 ECU。

图 3-64 主车身 ECU 安装位置

故障排除 更换主车身 ECU 后试车，鼓风机工作正常，故障排除。

维修总结 随着电子控制技术的发展，现代汽车的各个控制系统的集成度越来越高，汽车的维修也由原来的零部件维修为主转变为换件为主。如本例中的主车身 ECU 的更换，虽然换件增加了维修成本，但是提高了可靠性，节省了时间，大大减少了驾驶人不必要的麻烦，这已经成为目前汽车维修工作的主流。

复习思考题

一、单项选择题

1. 一般汽车空调工作时，压缩机电磁离合器能按照车厢内温度的高低自动分离和吸合，是受（　　）控制的。
   A. 低压保护开关　　　B. 高压保护开关　　　C. A/C 开关　　　D. 温控开关

2. 汽车空调系统中，冷凝器散热风扇调速是由（　　）控制的。
   A. 高压侧压力　　　B. 高压侧温度　　　C. 低压侧压力　　　D. 低压侧温度

3. 电阻丝式汽车空调鼓风机调速器安装在鼓风机（　　）上。
   A. 出风口风道　　　B. 进风口风道　　　C. 电动机　　　D. 扇叶

4. 汽车空调风量控制器靠改变（　　）的大小进行控制。
   A. 电阻　　　B. 电容　　　C. 电磁　　　D. 电压

5. 电磁离合器是装在压缩机主轴上的，它的作用是（　　）。
   A. 通电或断电时，可以控制冷凝器停或开
   B. 通电或断电时，可以控制发动机停或开
   C. 通电或断电时，可以控制风扇停或开
   D. 通电或断电时，可以控制压缩机停或开

6. 甲说空调系统电路中可变电阻的作用是使鼓风机能无级变速，乙说可变电阻的作用是能为鼓风机提供几个档位的速度控制。两人的说法中（　　）。
   A. 甲正确　　　B. 乙正确　　　C. 两人均正确　　　D. 两人均不正确

7. 空调系统的安全压力开关一般安装在（　　）上。
   A. 低压管道　　　　　　　　　　　B. 高压管道
   C. 压缩机　　　　　　　　　　　　D. 蒸发器

8. 汽车空调系统冷凝器电子扇在（　　）情况时运转。
   A. 冷却液温度较高或压缩机运转　　　B. 压缩机运转、与水温无关
   C. 冷却液温度较高，与压缩机无关　　D. 与冷却液温度、压缩机都无关

二、判断题

（　　）1. 汽车空调温控器的作用是通过感受蒸发器的温度控制压缩机的工作。
（　　）2. 有些蒸发器内装了一个负温度系数的热敏电阻，其作用是防止蒸发器结冰。
（　　）3. 汽车空调系统中，压力保护开关可控制电磁离合器的分离或接合。
（　　）4. 温度控制开关起调节车内温度、防止蒸发器因温度过低而结霜的作用。
（　　）5. 触点常开型高压开关控制的是冷凝器冷却风扇的高速档电路。
（　　）6. 触点常闭型高压开关控制的是压缩机电磁离合器电路。
（　　）7. 空调压缩机的电磁离合器线圈两端并联二极管是为了抑制线圈断电时产生的瞬间高电压。

三、问答题

1. 汽车空调系统中常见的压力开关及作用是什么？
2. 电磁离合器的使用注意事项有哪些？

3. 三重压力开关的功用有哪些?
4. 怎样正确分析空调系统的鼓风机电路?
5. 怎样正确分析空调系统的冷凝器风扇控制电路?
6. 怎样正确分析压缩机电磁离合器控制电路?

模块四 汽车空调的供暖、通风与配气系统

项目一 认识汽车空调供暖系统

一、任务引入

在相对封闭的汽车车厢内,若只有温度调节是不能满足舒适度要求的,车厢内不但需要有新鲜空气的补充,还要对狭小的车厢内部空间的气流进行调配,汽车空调取暖、通风与配气系统就是完成上述任务的重要组成部分。

二、任务目标

1)了解汽车空调供暖系统的作用及分类。
2)掌握热水供暖系统的控制过程。
3)了解其他供暖系统的结构及控制机理。

三、相关知识

1. 汽车空调供暖系统概述

现代汽车空调已发展成为冷暖一体化装置,不仅能制冷,而且能制热和通风,成为适应全年性气候的空气调节系统。图4-1所示为2009款丰田锐志轿车的供暖与通风系统。

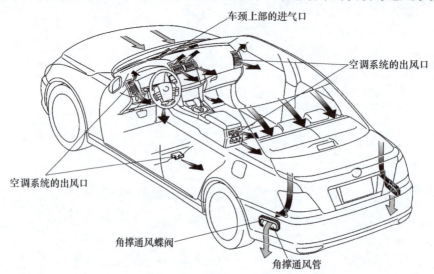

图4-1 2009款丰田锐志轿车的供暖与通风系统

(1) 汽车空调供暖系统的作用　汽车空调供暖系统的主要作用是将空气送入换热器，吸收某种热源的热量，提高空气的温度，并将热空气送入车内。

1) 取暖。冬季天气寒冷，在正在行驶的汽车内驾乘人员感觉更寒冷。这时，汽车空调可以向车厢内提供暖风，提高车厢内的温度，使驾乘人员不再感觉到寒冷。

2) 除霜。冬季或者初春，车厢内、外温差较大，车窗玻璃会结霜或起雾而影响驾驶人的视线，不利于安全行车，这时可以用暖风来除去玻璃上的霜和雾。

(2) 汽车空调供暖系统的分类

1) 按热源的不同分类。

① 热水供暖系统。热水供暖系统利用的是发动机冷却液的热量，这种系统大多用在轿车、大型货车及要求不高的大型客车上。

② 独立燃烧供暖系统。独立燃烧供暖系统安装有专门的燃烧机构，这种系统多用在大型客车上。

③ 综合预热供暖系统。综合预热供暖系统既利用发动机冷却液的热量，又装有燃烧预热器的综合加热装置，这种系统多用在大型客车上。

④ 气暖供暖系统。气暖供暖系统利用的是发动机排气系统的热量，这种系统多用在风冷式发动机上。

不论利用何种热源，热量都是通过热交换装置传递给空气，并通过鼓风机把热空气送入车厢内的。

2) 按空气循环方式的不同分类。

① 内循环式供暖系统。内循环式供暖系统利用车厢内空气循环，将车厢内用过的空气作为载热体让其通过换热器升温，升温后的空气送入车厢内供取暖用，如图4-2所示。内循环式供暖系统消耗的热量少，但从卫生标准看这种循环方式最不理想。

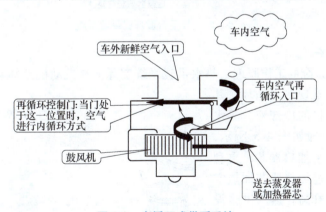

图4-2　内循环式供暖系统

② 外循环式供暖系统。外循环式供暖系统利用车外空气循环，全部用车外新鲜空气作为载热体让其通过换热器升温，升温后的空气送入车厢内供取暖用，如图4-3所示。从卫生标准看，外循环式供暖系统是最理想的，但这种方式消耗的热量大，是不经济的。高档轿车采用这种方式。

③ 内、外混合循环式供暖系统。内、外混合循环式供暖系统既引进车外新鲜空气，又利用部分车厢内空气作为载热体让其通过换热器升温，升温后的空气送入车厢内供取暖用，

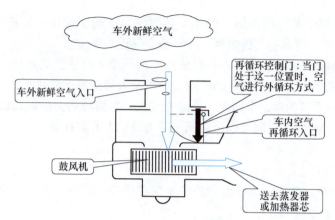

图 4-3　外循环式供暖系统

如图 4-4 所示。从卫生标准和消耗的热量看，内、外混合循环式供暖系统介于内循环式供暖系统和外循环式供暖系统之间，是当前应用最广泛的方式。

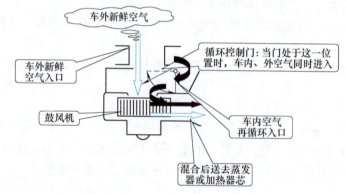

图 4-4　内、外混合循环式供暖系统

2. 热水供暖系统

（1）热水供暖系统的工作原理　热水供暖系统实际上是发动机冷却系统的一部分，它借助发动机的水泵实现热水循环，其热源通常采用发动机的冷却液。热水供暖系统的工作原理如图 4-5 所示，热的冷却液流过一个加热器芯，再利用鼓风机将空气吹过加热器芯加热空气，使车内的温度升高。热水供暖设备简单、安全经济，但热量小且受发动机运行工况的影响，在发动机停止运行时没有暖气提供。

在通风装置中，由风机（鼓风机电动机）强制使空气循环运动。空气经进风口吸入，流经加热器芯时被加热并由出风口导出，进入车厢内实现供暖或为风窗玻璃除霜，如图 4-6 所示。

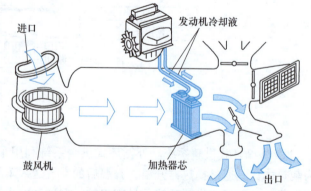

图 4-5　热水供暖系统的工作原理

模块四 汽车空调的供暖、通风与配气系统

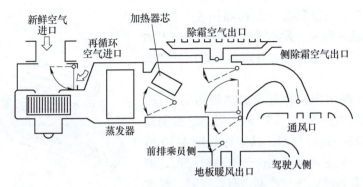

图 4-6 热水供暖系统的气流流向

（2）热水供暖系统的组成　热水供暖系统主要由加热器芯、水阀、鼓风机、控制面板及相应的管路等组成，如图 4-7 所示，其部件在车上的安装位置如图 4-8 所示。

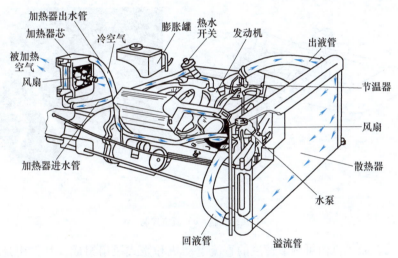

图 4-7 热水供暖系统

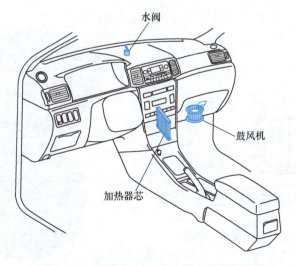

图 4-8 热水供暖系统部件在车上的安装位置

1)加热器芯。加热器芯的结构如图 4-9 所示,它由水管和散热器片组成,发动机的冷却液先进入加热器芯的水管,然后通过散热器片散热后返回发动机的冷却系统。

2)水阀。水阀用来控制进入加热器芯的水量,进而调节供暖系统的加热量。调节时,可通过控制面板上的调节杆或旋钮进行控制,其结构如图 4-10 所示。别克系列车型的暖水截断阀位于发动机舱内,如图 4-10b 所示,其通断由真空控制,有真空时,暖水截断阀阻止冷却液进入暖水箱。真空电磁阀控制暖水截断阀的真空,当温控开关在最冷位置时,空调控制面板使真空电磁阀打开,真空从真空电磁阀通到暖水截断阀。

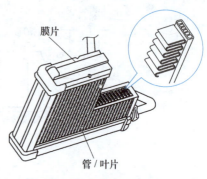

图 4-9 加热器芯的结构

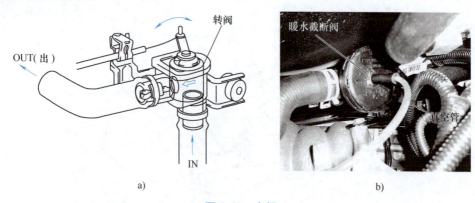

图 4-10 水阀
a)接线控制 b)真空控制

3)鼓风机。鼓风机由可调节速度的直流电动机和笼式风扇组成,其作用是将空气吹过加热器芯加热后送入车内。调节电动机的速度可以调节鼓风机对车厢内的送风量。鼓风机的结构如图 4-11 所示。

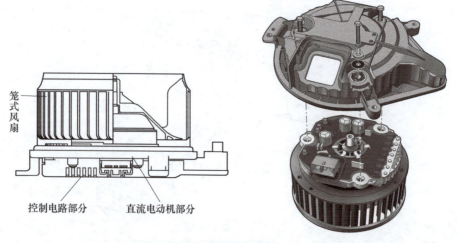

图 4-11 鼓风机的结构

（3）热水供暖系统调节温度的方式 暖风系统的温度调节方式有两种：一种是空气混合型，另一种是水流调节型。

1）空气混合型。空气混合型热水供暖系统在暖风的气道中安装有空气混合调节风门，这个风门可以控制通过加热器芯的空气和不通过加热器芯的空气的比例，从而实现温度的调节。目前，绝大多数汽车均采用空气混合型热水供暖系统，其示意图如图 4-12 所示。

2）水流调节型。水流调节型热水供暖系统采用水阀进行调节，通过水阀调节流经加热器芯的热水量，从而改变加热器芯本身的温度，进而调节温度。水流调节型热水供暖系统示意图如图 4-13 所示。

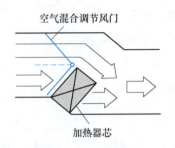

图 4-12 空气混合型热水供暖系统示意图

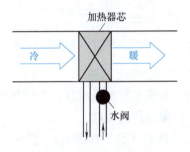

图 4-13 水流调节型热水供暖系统示意图

3. 气暖供暖系统

利用发动机排气管中的废气余热或冷却发动机后的灼热空气作为热源，通过换热器加热空气，把加热后的空气输送到车厢内供取暖用的装置，称为气暖供暖系统。这种供暖系统受车速变化的影响大，对换热器的密封性、可靠性要求高。

（1）肋片式 如图 4-14 所示，在发动机排气管上装一段肋片管，管外套上外壳，管内通发动机废气，外壳与肋片管之间的夹层中通空气，这段肋片管就是换热器。在鼓风机的作用下，将空气吸入并加热后送入车厢。加肋片的目的是增加换热面积，以强化换热。现在这种系统已经较少使用。

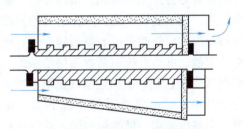

图 4-14 肋片式气暖供暖系统

（2）热管式 现在有利用热管技术进行汽车上的换热，这项技术的采用大大地提高了取暖效果，而且安全可靠。热管换热的工作原理如图 4-15 所示，发动机的废气流经热管的吸热端，利用鼓风机强制车厢内的空气流过热管的放热端，真空密闭的金属管（热管）内装入约占热管容积 1/3 的工作液体（工作液体的种类视工作温度的范围而定，有多种物质可以利用，一般情况下可选用水、氨、乙醇、R13 等），在热管下部（即吸热端）的工作液体被发动机废气热流体加热，吸收热量后沸腾变为气体。由于气体相对密度小而上升，到达热管的上部将热量传给车厢内的空气而凝结，垂直布置可利用重力差，加速凝结液回流，稳定其换热性能，凝结液沿热管内壁流回下部，再吸热沸腾为气体。如此反复进行，不断地将下部的热量传到上部。这种气-气式热管换热器结构简单，起动快，传热系数高，换热效果好，不需要外加动力也无运动部件，维护方便；突出的特点是发动机排出的废气和进入车厢内取暖用的空气互不泄漏，工作安全可靠。图 4-16 所示为热管换热器在汽车上的应用。

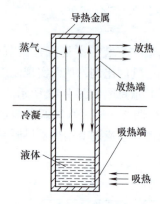

图 4-15 热管换热的工作原理

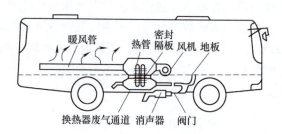

图 4-16 热管换热器在汽车上的应用

4. 独立燃烧供暖系统

目前，大客车普遍采用独立燃烧供暖系统，其热容量大，热效率可达 80%，一般可使用煤油、轻柴油作为燃料。

（1）直接式（空气加热式） 图 4-17 所示为直接式独立燃烧供暖系统的结构。这种装置通常由燃烧室、换热器、供给系统和控制系统组成。燃烧室由火花塞和燃料分布器组成，燃料分布器直接装在暖房空气送风机的电动机轴上，在工作时，由其内部出来的燃油在离心力作用下雾化。换热器位于燃烧室后端，由双层腔组成，内腔通过的是燃烧的高温气体，外腔通过的是新鲜空气，便于冷热交换。供给系统包括燃油供给系统、助燃空气供给系统和被加热空气供给系统 3 部分。其中，燃油供给系统由燃料泵、电动机、燃油电磁阀、燃油箱和输油管组成；助燃空气供给系统和被加热空气供给系统共用一台电动机，电动机两端各装一台鼓风机供两个系统使用。控制系统有手动和自动两种方式，它用来控制电动机、电磁阀、点火装置及自动控制元件的工作。

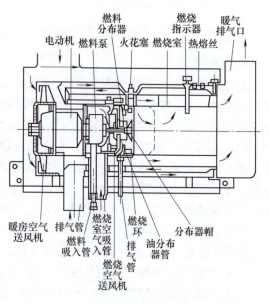

图 4-17 直接式独立燃烧供暖系统的结构

直接式独立燃烧供暖系统的优点是供暖快，不受汽车行驶工况的影响；其缺点是用空气作为交换热介质提供的暖风为高温干热状态，舒适性差。

（2）间接式 间接式独立燃烧供暖系统用水作为载热介质向车厢内提供暖风，出风柔和、舒适感好，而且采用内循环空气、灰尘少，效果较为理想。这种系统的最大优点是不仅可以供车厢内供暖用，还可以用于预热发动机、润滑油和蓄电池等。如果这种水加热器与汽车发动机的冷却液系统连通起来，则可起互补作用。当发动机冷却液温度低于 80℃时，由加热器工作；而当发动机冷却液温度高于 80℃时，恒温器动作，自动切断燃油泵电源，由发动机冷却液提供热源。这样既能保证水加热器不致因过热而损坏，又可节约能源。

燃气供暖系统的示意图如图 4-18 所示，燃油和空气在燃烧室中混合燃烧，加热发动机的冷却液，加热后的冷却液进入加热器芯向外散热，降温后返回发动机进行循环。

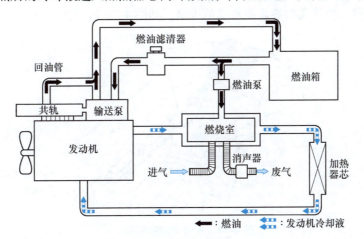

图 4-18　燃气供暖系统的示意图

四、任务实施

1. 暖风箱的拆装

桑塔纳 3000 型轿车暖风机的安装简图如图 4-19 所示。在拆卸前，应先断开蓄电池的搭铁线，并注意相关车辆装备的编码问题；安装后，需要补充发动机冷却液，并且检查车辆装备。

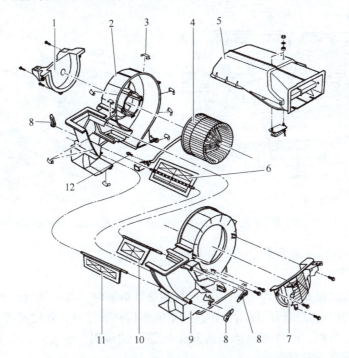

图 4-19　桑塔纳 3000 型轿车暖风机的安装简图

1—新鲜空气风箱左盖板　2—新鲜空气风箱左壳　3—弹簧夹片　4—鼓风机　5—进风罩
6—暖风风门　7—新鲜空气风箱右盖板　8—风门操纵臂　9—新鲜空气风箱右壳
10—除霜风门　11—中央出风口风门　12—插头固定夹

(1) 暖风箱的拆卸

1）排放冷却液，拆卸驾驶人侧储物箱、杂物箱，拆卸左侧风道、右侧风道、中央风道及挡水板、进风罩，松开通向换热器水管的卡箍，如图 4-20 所示。

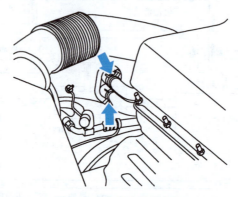

图 4-20　水管卡箍的拆卸

2）断开线束扎带 A、温度风门伺服电动机 6 芯棕色插头 B、鼓风机 6 芯黑色插头 C、除霜/脚向风门伺服电动机 6 芯蓝色插头 D 和中央风门伺服电动机 6 芯棕色插头 E 的连接，如图 4-21 所示。

3）松开图 4-22 所示箭头所指的暖风箱的两个紧固螺栓，向下拆下暖风箱。

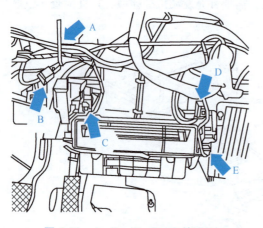

图 4-21　A、B、C、D、E 的连接

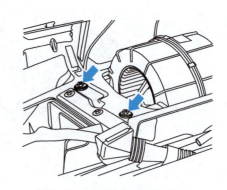

图 4-22　暖风箱紧固螺栓的拆卸

(2) 暖风箱的安装　暖风箱的安装按与拆卸相反的顺序进行。

2. 换热器的拆装

换热器的安装简图如图 4-23 所示。在进行换热器拆装时，首先要断开蓄电池的搭铁线，并且注意操作说明中有关编码的提示；在连接蓄电池后必须注意，要按照维修手册检查并记录车用装备（如收音机、时钟及电动车窗升降机等）的编码。安装时，要注意补充发动机冷却液，并且要将嵌条密封好。

(1) 换热器的拆卸

1）拆卸驾驶人侧的储物箱、仪表板，松开图 4-24 中箭头所指的两处胶管喉卡箍，拔下胶管。

模块四 汽车空调的供暖、通风与配气系统

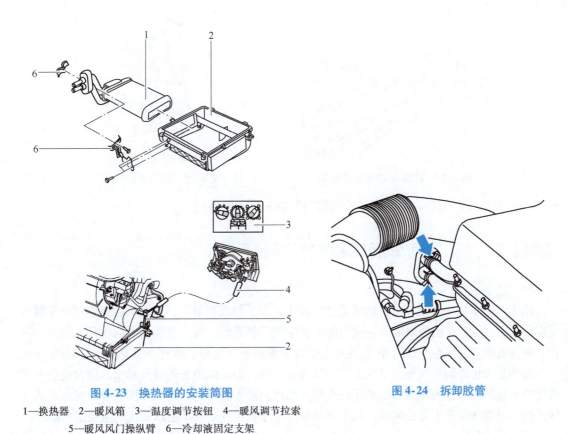

图 4-23 换热器的安装简图　　　　　　图 4-24 拆卸胶管
1—换热器　2—暖风箱　3—温度调节按钮　4—暖风调节拉索
5—暖风风门操纵臂　6—冷却液固定支架

2）沿图 4-25 中箭头所指方向转动钩环，从控制单元上拔出连接插头，拧下螺母，拆下安全气囊控制单元。

3）松开图 4-26 中箭头 A 所指的固定夹扣，沿箭头 B 所指方向水平地拆下暖风箱。

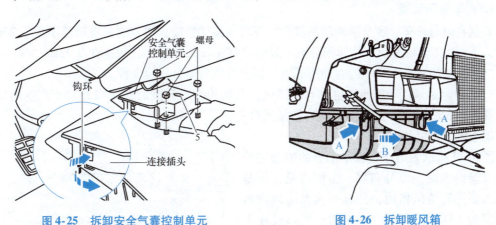

图 4-25 拆卸安全气囊控制单元　　　　图 4-26 拆卸暖风箱

4）旋出图 4-27 中箭头所指螺栓，松开冷却液固定支架。

5）用一字螺钉旋具撬开冷却液罩盖，按图 4-28 中箭头所指示方向从暖风箱中拆下换热器。

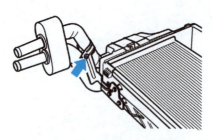
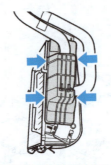

图 4-27 松开冷却液固定支架　　　　图 4-28 换热器的拆卸

（2）换热器的安装　换热器的安装按与拆卸相反的顺序进行。

项目二　认识汽车通风和空气净化系统

一、任务引入

由于汽车车厢一般比较小，而乘员往往较多，为了健康和舒适，汽车车厢内空气必须符合一定的卫生标准，这就需要输入一定量的新鲜空气。将新鲜空气送进厢室内取代污浊空气的过程，称为通风。新鲜空气进入量必须大于排出和泄漏的空气量，以保证车内压力大于车外压力，目的是防止外面空气不经空调系统直接进入车内，而且能防止热空气排出，以及避免发动机废气通过回风道进入车内而污染车内空气。因此，对车厢内进行通风和换气以及对车厢内空气进行过滤和净化是十分必要的。汽车通风和空气净化装置是汽车空调系统的重要组成部分。

二、任务目标

1）了解汽车通风系统的类型。
2）掌握汽车通风系统的结构与原理。

三、相关知识

1. 汽车通风系统

根据我国对轿车、客车空调的新鲜空气要求，换气量按人体卫生标准最低不少于 $20m^3/(h \cdot 人)$，而且车厢内 CO_2 的体积分数一般应控制在 0.03% 以下，风速在 0.2m/s 左右。

汽车空调的通风方式一般有动压通风、强制通风和综合通风 3 种。

（1）动压通风　动压通风也称自然通风，是利用汽车行驶时对车身外部所产生的风压作为动力，在适当的位置开设进风口和排风口，以实现车内的通风和换气。

图 4-29 所示为用普通轿车车身的模型进行风洞试验的表面压力分布图。由图可见，车身外部大多受到负压作用，只有车前及前风窗玻璃周围为正压区。因此，轿车的进风口设在车窗的下部正风压区，而且此处都设有进气阀和内循环空气阀，用来控制新鲜空气的流量。一般在汽车空调系统刚起动且车内、外温差较大时，关闭外循环气道，采用内循环方式工作，这样可以尽快降低车内温度。排风口设置在轿

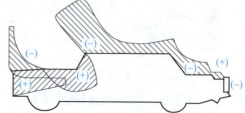

图 4-29 用普通轿车车身的模型进行风洞试验的表面压力分布图

车尾部负压区,动压通风时车内空气的流动如图 4-30 所示,由于动压通风不消耗动力,而且结构简单,通风效果较好,因此轿车大都设有动压通风口。

（2）**强制通风** 强制通风是利用鼓风机强制将车外空气送入车厢内进行通风换气的,如图 4-31 所示。这种方式需要能源和通风设备,在冷暖一体化型汽车空调中,大多采用通风、供暖和制冷的联合装置,将外气与汽车空调冷、暖空气混合后送入车内,常用于高档轿车和豪华旅行车。

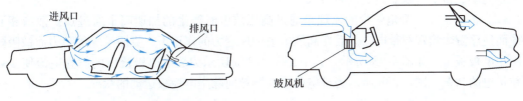

图 4-30　动压通风时车内空气的流动　　　　图 4-31　强制通风

（3）**综合通风** 将上述两种通风方式结合起来就形成了综合通风方式,汽车在低速行驶时采用强制通风,高速行驶时采用动压通风,这样就保证了汽车在各种工况下都能保持良好的通风效果,同时也降低了功率消耗。

2. 空气净化装置

汽车空调的空气净化包括两部分,即车外空气的净化和车内循环空气的净化。车外空气受到环境的污染,如粉尘、公路上汽车排出的废气（含有的 CO_2、CO、NO_x、SO_x、HC 和烟雾）；车内循环空气受工作过程和人的活动的污染,如发动机的废气通过车底的缝隙进入车内及人体产生的汗臭、CO_2 等,对人体健康都会造成不利的影响,使人精神疲倦,容易造成行车事故。这些污染极大地降低了空调的舒适性能。因此,必须对汽车空调的车内空气进行净化处理。图 4-32 所示为新马自达 3 空调系统及空气净化装置。

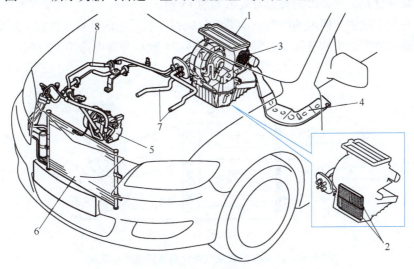

图 4-32　新马自达 3 空调系统及空气净化装置
1—空调系统　2—空气滤清器　3—气流模式主连接件　4—后导热管
5—空调压缩机　6—冷凝器　7—暖风水管　8—制冷管路

汽车空调系统采用的空气净化装置通常有空气过滤式和静电除尘式两种。

（1）过滤除尘　过滤除尘主要是对尘埃起筛滤作用和拦截作用，还有惯性作用和扩散作用。过滤除尘主要使用由无纺布、过滤纤维纸组成的干式纤维滤清器和金属网格浸油滤清器。在干式纤维滤清器中，对于较大粒度的尘埃，利用其惯性作用使其来不及随气流转弯而碰撞到孔壁上掉下来；对于微小颗粒，在围绕交错的纤维表面做布朗运动时，与纤维接触而沉积下来，并且在与纤维摩擦的过程中产生静电作用，被纤维吸附在其表面。这种滤清器的优点是简单、价廉，缺点是气流阻力太大。

（2）静电除尘　静电除尘的原理是通过高压放电时产生的加速离子通过热扩散或相互碰撞而使浮游尘埃颗粒带电，然后在高压电场中库仑力的作用下，克服空气的阻力而被吸附在除尘电极板上，如图4-33所示。其中，图4-33a所示为放电电极流出的辉光电流使尘埃颗粒带电的状况，图4-33b所示为带电的尘埃颗粒向除尘电极板运动的状况。

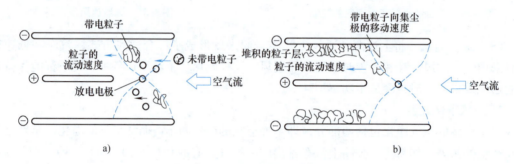

图4-33　静电除尘的原理
a）微粒子带电　b）微粒子除尘

灭菌灯用于杀死吸附在除尘电极板上的细菌，它是一个低压汞放电管，能发射出波长为353.7nm的紫外线光，其杀菌能力约为太阳光的15倍。

除臭装置用于除去车厢内的油料及烟雾等气味，一般采用活性炭过滤器、纤维式或滤纸式空气过滤器来吸附烟尘和臭气等有害气体。图4-34所示为静电除尘式空气净化装置的结构示意图。

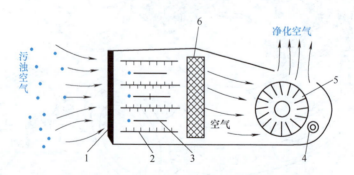

图4-34　静电除尘式空气净化装置的结构示意图
1—粗滤器　2—除尘电极　3—充电电极　4—负离子发生器　5—鼓风机　6—活性炭滤清器

有些车辆的空气净化系统在滤清器中加入了活性炭，可吸收空气中的异味；有些车辆在净化系统中设有烟雾浓度传感器，当烟雾浓度传感器检测到车内存在烟气时，便通过放大器自动使鼓风机以高速档运转,从而排出车内的烟气。这种净化系统如图4-35所示。

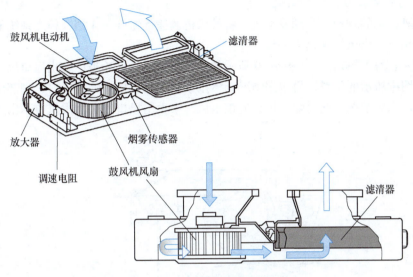

图 4-35 空气净化系统

四、任务实施

1. 通风拉索的拆装

（1）通风拉索的拆卸

1）拆卸通风拉索时,应将温度选择旋钮旋至图4-36中箭头所示的位置,然后拆卸暖风和空气调节装置。

2）拆卸固定拉索的弹簧夹片,如图4-37中箭头所示。

3）将拉索沿图4-38中箭头所示方向旋转并向上拉出。

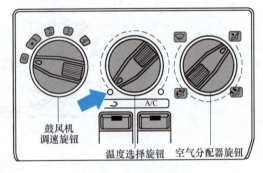

图 4-36 温度选择旋钮

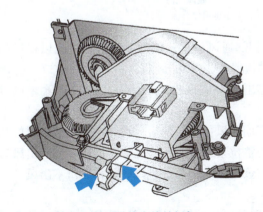

图 4-37 弹簧夹片的拆卸

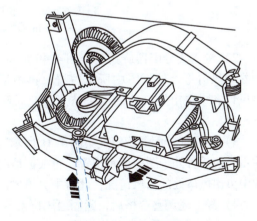

图 4-38 拉索的拆卸

（2）通风拉索的安装　安装通风拉索时,应先将拉索装配到拆卸下来的调节装置上,然后将拉索固定到新鲜空气风箱上。

2. 通风拉索的调节

拆卸驾驶人侧储物箱，起动发动机，将鼓风机调速旋钮旋至4档，检查系统旋钮和风门的位置与各出风口出风情况是否一致。

1）将空气分配器旋钮旋至图4-39所示的除霜位置；然后检查中央出风口风门和除霜风门是否处于图中所示的位置，再根据情况调整拉索；最后，检查除霜风口、脚部出风口和中央出风口处的出风情况，此时除霜风口应该出风，中央出风口和脚部出风口不出风。

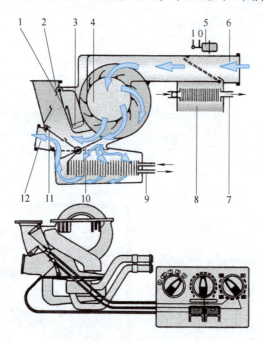

图4-39 通风拉索的调节（一）
1—除霜风门 2—除霜风口 3—脚部出风口 4—风机
5—真空管 6—新鲜空气进气口 7—蒸发器高、低压管
8—蒸发器芯 9—换热器水管 10—暖风风门
11—中央出风口风门 12—中央出风口

2）将空气分配器旋钮旋至图4-40所示的脚部通风位置；然后，检查中央出风口风门和除霜风门是否处于图中所示位置，再根据情况调整拉索；最后，检查除霜风口、脚部出风口和中央出风口处的出风情况，此时脚部出风口应该出风，中央出风口和除霜风口不出风。

3）将空气分配器旋钮旋至图4-41所示的迎面通风位置；然后，检查中央出风口风门和除霜风门是否处于图中所示位置，再根据情况调整拉索；最后，检查除霜风口、脚部出风口和中央出风口处的出风情况，此时中央出风口应该出风，脚部出风口和除霜风口不出风。

4）经上述调整合格后，紧固通风拉索。

5）将中间的温度调节旋钮旋至最右端，此时暖风风门操纵臂应处于图4-42所示的全开位置。调整完毕后，将暖风拉索固定。

模块四 汽车空调的供暖、通风与配气系统 115

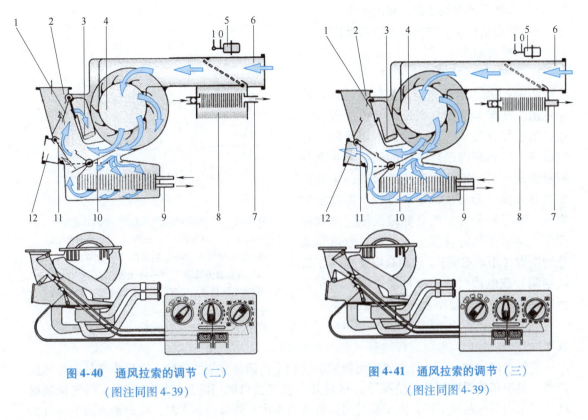

图 4-40 通风拉索的调节（二）
（图注同图 4-39）

图 4-41 通风拉索的调节（三）
（图注同图 4-39）

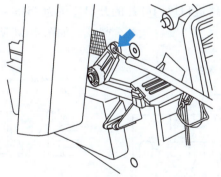

图 4-42 暖风风门操纵臂

项目三 认识汽车空调控制面板的操作

一、任务引入

汽车空调已由单一制冷或供暖的方式发展到冷暖一体化方式，由季节性空调发展到全年性空调，真正起到空气调节的作用。系统根据空调的工作要求，可以将冷、热风按照配置送到驾驶室内，满足调节需要。

二、任务目标

1）了解汽车空调的气流分配和组织过程。

2) 掌握手动空调控制面板的操作。
3) 掌握全自动空调控制面板的操作。

三、相关知识

1. 汽车空调的气流分配形式

图 4-43 所示为汽车空调配气系统的结构示意图。汽车空调配气系统通常由三部分构成：第一部分为空气进入段，主要由用来控制新鲜空气和车内循环空气的风门叶片和伺服器组成；第二部分为空气混合段，主要由加热器和蒸发器组成，用来提供所需温度的空气；第三部分为空气分配段，使空气吹向面部、脚部和风窗玻璃上。它们是通过手动控制钢索（手动空调）、气动真空装置（半自动空调）或电控气动（全自动空调）与仪表板空调控制键连接动作来执行配气工作的。

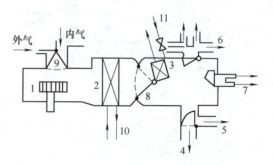

图 4-43 汽车空调配气系统的结构示意图
1—鼓风机 2—蒸发器 3—加热器 4—脚部吹风口
5—面部吹风口 6—除霜风口 7—侧吹风口
8—加热器旁通风门 9—空气进口风门叶片
10—制冷系统进液出气管 11—水阀调节进、出水管

空调配气系统的工作过程是：新鲜空气 + 车内循环空气→进入鼓风机→混合空气进入蒸发器冷却→由风门调节进入加热器→进入各吹风口。

空气进口段的风门叶片主要控制新鲜空气和车内循环空气的比例，在夏季车外空气气温较高、冬季车外温度较低的情况下，尽量开小空气进口风门叶片，以减少冷、热气量的损耗。当车内空气品质下降，汽车长时间运行或者车内、外温差不大时，应定期开大空气进口风门叶片。一般汽车空调空气进口风门叶片的开启比例为 15%～30%。

汽车空调典型配气方式有空气混合式和全热式，如图 4-44 所示。

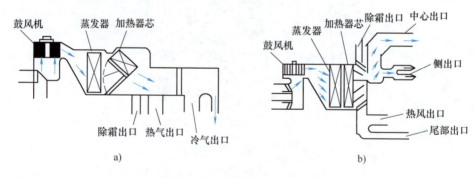

图 4-44 汽车空调典型配气方式
a) 空气混合式 b) 全热式

(1) 空气混合式　空调的工作过程是：外气 + 内气→进入鼓风机→进入蒸发器冷却→由风门调节进入加热芯加热→进入各吹出口。当风门顺时针旋转时，经过蒸发器（冷空气）后进入加热芯的空气量随着风门旋转而减少，即被加热的空气少，这时主要由冷气出口吹冷风。反之，当风门逆时针旋转时，吹出的热风多，处理后的空气进入除霜出口或热风出口。

(2) 全热式　空调的工作过程是：外气 + 内气→进入风机→进入蒸发器冷却→全部进入加热芯→由风门调节风量后进入各吹出口。从图 4-44 中可以看出，全热式与空气混合式温度调节的最大区别是由蒸发器出来的冷空气全部直接进入加热器芯,而且蒸发器和加热器芯之间不设风门进行冷、热空气的混合和风量调节。

经过配气、温度调节后上述两种方式都能达到各吹出口要求的风量和温度。无论哪种调温方式,都要按进入车内空气状态要求对空气进行冷却和升温处理。

2. 汽车空调的气流组织过程

图 4-45 所示为汽车空调送风系统的结构示意图。汽车空调送风系统通常由三部分构成:第一部分为空气进入段,主要由用来控制新鲜空气和车内循环空气的风门叶片和伺服器组成;第二部分为空气混合段,主要由加热器、蒸发器和调温门组成,用来提供所需温度的空气;第三部分为空气分配段,使空气吹向面部、脚部和风窗玻璃上,主要包括中风门、下风门、除霜门和上风口、中风口、下风口。它们是通过手动控制钢索(手动空调)、真空气动装置(半自动空调)或者电控气动装置(全自动空调)与仪表板空调控制键连接动作来执行配气工作的。

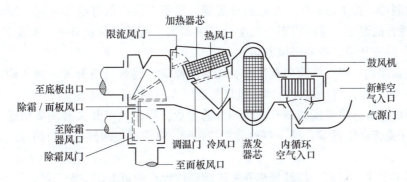

图 4-45 汽车空调送风系统的结构示意图

空调送风系统的工作过程是:新鲜空气 + 车室内循环空气→进入风机→空气进入蒸发器冷却→由风门调节进入加热器的空气→进入各吹风口。

3. 手动空调控制面板的操作

各型汽车空调系统空气的调节与控制过程大同小异,下面以 2011 款帕萨特轿车冷暖一体化空调系统为例进行说明。2011 款帕萨特轿车手动空调控制面板如图 4-46 所示。

2011 款帕萨特轿车手动空调采暖及制冷装置仅在发动机运转且鼓风机打开的情况下工作。旋转温度调节开关、空气流向调节开关和鼓风机开关可以调节温度、空气流向和鼓风机转速。按压

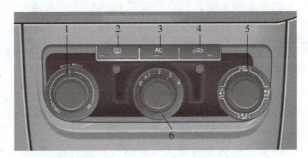

图 4-46 2011 款帕萨特轿车手动空调控制面板
1—温度调节开关 2—后风窗加热按钮 3—制冷装置按钮
4—空气内循环按钮 5—空气流向调节开关 6—鼓风机开关

后风窗加热按钮至空气内循环按钮之间的按钮可以开启或关闭相应的功能:开启某项功能后,按钮内的指示灯亮;再按一下该按钮,该功能即被关闭。

(1)操作元件的基本操作

1)后风窗加热按钮。后风窗加热功能仅在发动机运转的情况下才实现。工作约

10min 后,加热功能会自动关闭。也可以按压此按钮提前关闭加热功能。

2) 制冷装置按钮AC。制冷装置开启后,按钮中的指示灯随即亮起。

3) 空气流向调节开关。

⌬:气流吹向前风窗玻璃。

⌬:气流吹向上身。

⌬:气流吹向脚部空间。

⌬:气流吹向风窗玻璃和脚部空间。

4) 鼓风机开关。鼓风机可分4档调节空气流量的大小。行车时,建议至少将鼓风机开启在较低的档位上运行,以便新鲜空气随时进入车内。

(2) 车内采暖和制冷

1) 车内采暖。旋转温度调节开关,设置适合的温度,建议将车内温度设定在22℃。旋转鼓风机开关,设定鼓风机转速。转动空气流向调节开关,调节送风方向。

2) 车内制冷。按下按钮AC,开启制冷装置,按钮上的指示灯随即亮起。旋转温度调节开关,设置适合的温度,建议将车内温度设定在22℃。旋转鼓风机开关,设定鼓风机转速。转动空气流向调节开关,调节送风方向。

3) 前风窗除霜。将空气流向调节开关转到位置⌬,将鼓风机开关转到3档,将温度调节开关顺时针转到底,将仪表板两侧出风口的送风方向调向侧面车窗。

4) 前风窗除雾。将温度调节开关转到合适位置,将鼓风机开关转到2档或3档,将空气流向调节开关转到位置⌬,按下制冷装置按钮AC,将仪表板两侧出风口的送风方向调向侧面车窗。

5) 关闭电子手动空调。将鼓风机开关转动到位置0即可关闭空调系统。

6) 新鲜空气通风。将鼓风机开关转动到位置0;将温度调节开关逆时针转到极限位置;将鼓风机开关转到合适位置;将空气流向调节开关转到位置⌬;按下制冷装置按钮AC,关闭制冷装置;按压空气内循环按钮⌬,关闭空气内循环模式。

对于采暖系统,只有在发动机达到工作温度时才能发挥最大可能的加热功率,并快速去除车窗玻璃上的冰雪。对于制冷系统,在制冷装置打开时不仅可以降低车内温度,而且可以降低空气湿度。这样可在车外湿度较高的情况下提高乘员的舒适度,并能防止车窗玻璃上形成水雾。

如果无法打开制冷装置,则可能有以下原因:①没有起动发动机;②鼓风机已关闭;③车外温度低于3℃;④由于发动机冷却液温度过高,制冷装置的压缩机暂时关闭;⑤空调的熔丝损坏了;⑥其他故障。

(3) 空气内循环模式 在空气内循环模式下,可阻止车外空气进入车内。

按压按钮⌬即可打开或关闭空气内循环模式。如果此按钮中的指示灯亮起,则说明其处于打开状态。在空气内循环模式下,车外空气不会进入车内,空气仅在车内循环运行。因此,开启空气内循环模式可防止车外混浊难闻的空气进入车内。在车外温度较低时,开启空气内循环模式可以改善加热效率,因为此时只对车内的空气进行加热。在车外温度较高时,开启空气内循环模式可以改善制冷效率,因为此时只对车内的空气进行制冷。为安全起见,在空气内循环模式下,如果把空气流向调节开关转到位置⌬,空气内循环模式便会关闭。再次按压按钮⌬可以重新打开空气内循环模式。在打开空气内循环模式的情况下不要吸烟,因为烟雾会沉积在制冷装置的蒸发器和空调滤清器上,进而产生难以除去的异味。

利用出风口中间的导流片可以上下/左右调节气流方向。前部通风口的分布如图 4-47 所示。此外,还可以将此导流片旋转到相应的出风口调节空气流向。拨动出风口旁的滚花小轮可以开启或关闭相应的出风口,如图 4-48 所示。

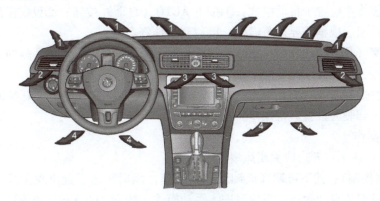

图 4-47　前部通风口的分布

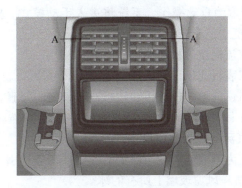

图 4-48　中央通道后部的出风口

4. 全自动空调系统控制面板的操作

下面以 2009 款别克君越轿车为例,说明全自动空调系统的操作,其空调控制面板如图 4-49 所示。

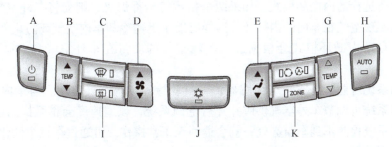

图 4-49　2009 款别克君越轿车全自动空调控制面板

A—电源　B—驾驶人侧温度控制　C—风窗玻璃除霜　D—风扇控制　E—送风模式控制
F—内循环/自动内循环　G—前排乘员侧温度控制　H—AUTO(自动)　I—后窗除雾器
J—空调系统　K—ZONE(温区)

(1) 自动操作　按下控制面板上的 AUTO（自动）键，系统会自动控制风扇转速、送风、空调和空气内循环，以让车辆加热或冷却至所需要的温度。当 AUTO 指示灯亮时，系统处于完全自动操作状态。如果手动调节了送风模式或风扇设置，则自动指示灯熄灭，显示屏上将出现所选择的设置。

按如下步骤将系统置于自动模式：①按下 AUTO（自动）按钮；②设定温度。让系统有时间稳定下来，然后根据需要调节温度，以达到最佳舒适度。

TEMP▲/▼（驾驶人侧和前排乘员侧温度控制）：驾驶人和前排乘员侧的温度可单独进行调节，按下按钮可调高或调低温度。

ZONE（温区）：按下可将所有温区设置联系到驾驶人设置。当指示灯亮时，所有温区设置均可独立于驾驶人设置进行操作。

(2) 手动操作

（电源）：按下可开启或关闭风扇。

（风扇控制）：按下可调高或调低风扇转速，风扇转速设置出现在显示屏上。按下其中一个按钮可取消自动操作，系统将进入手动模式。按下 AUTO 按钮可返回至自动操作。

（送风模式控制）：按下可改变气流的方向，气流方向会出现在显示屏上。在 AUTO 模式下改变送风模式会取消自动操作，系统将进入手动模式。按下 AUTO 按钮可返回至自动操作。若想改变当前模式，请选择下列选项之一。

（通风）：引导空气流向仪表板通风口。

（双向）：空气在仪表板通风口和地板通风口之间分流。

（三向）：空气在风窗玻璃、仪表板和地板通风口之间分流。

（除雾）：清除车窗上的雾气或湿气。引导空气流向风窗玻璃和地板通风口。

（地板）：引导空气流向地板通风口。

（风窗玻璃除霜）：为迅速地清除车窗上的雾气或凝霜，引导空气流向风窗玻璃。为取得最佳效果，除霜前需清除风窗玻璃上所有的冰雪。

（空调）：按下可开启或关闭空调系统。如果风扇已关闭或车外温度降至冰点以下，则空调系统不会工作。按下此按钮可取消自动空调模式并关闭空调系统。按下 AUTO 按钮返回自动操作，空调系统会根据需要自动起动。

（内循环/自动内循环）：按下可在自动内循环、内循环和车外空气模式之间切换。指示灯会显示所选择的内循环模式。如果两个指示灯全都熄灭，则会将车外空气引入车内。内循环模式可实现空气在车内的内循环。这样有助于迅速冷却车内空气或防止外界空气和异味进入车内。自动内循环模式会根据进入车辆空气的质量在车外空气和内循环空气之间切换。

温度控制系统可能配备有一个传感器，可自动检测车内空气湿度。当车内空气湿度高时，温度控制系统可调节车外空气供应并开启空调系统，风扇速度会稍微提高以帮助除雾。如果温度控制系统检测不到车窗雾气，就会返回至正常操作。可通过车辆个性化设置来关闭或开启自动除雾功能。

（后窗除雾器）：按下可开启或关闭后窗除雾器。后窗除雾器会在工作约 12min 后自动关闭。如果再次开启，则会在工作约 5min 后再次关闭。除雾器还可通过将点火开关拧到 ACC/ACCESSORY 或 LOCK/OFF 位置来关闭。后窗除雾器可在车辆个性化设置中将其设置为自动操作。当后窗自动除雾功能启用，车内、外温度过低时，后窗除雾器就会自动开启，工作约 10min 后后窗除雾器自动关闭。

对于配备有加热型车外后视镜的车辆，加热型车外后视镜功能会在按下后窗除雾器按钮时开启，以帮助清除后视镜表面的雾气或凝霜。

（3）后排温度控制系统（选装） 如果车辆配备有后排温度控制系统，则这些控制装置位于后排座椅扶手上，其控制面板如图 4-50 所示。前排控制装置和后排控制装置均可控制该系统。

ZONE（温区）：按下前排温度控制系统上的 ZONE（温区）按钮，可关闭后排风扇，并使前排乘员侧和后排温度控制系统进入同步模式。此时按钮上的指示灯熄灭。后排温度控制系统还可通过按住 ❀ 按钮来关闭。若想从后排座椅开启该系统，可按下任一后排温度控制系统按钮（❀ 按钮除外）。

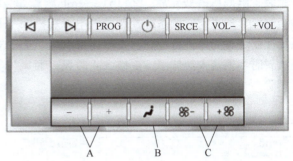

图 4-50　后排温度控制系统的控制面板
A—温度控制　B—送风模式控制　C—风扇控制

同步模式：该模式可让后排温度控制的气流设置与前排温度控制的气流设置一致。首次按下 ZONE（温区）按钮时，会启用此模式。

独立模式：该模式会根据后排控制装置的设置引导后排座椅的气流。若想从后排座椅开启该系统，则按下任一后排温度控制系统按钮（❀ 按钮除外）。

自动操作（如装备 AUTO 模式）：按下 ♪ 按钮直至选中该设置，即可控制车内温度、送风和风扇转速。启用自动操作时，AUTO 会出现在显示屏上。

+/-（调高/调低温度）：按"+"或"-"按钮，可调高或调低后排车厢温度。后排控制装置的温度显示将显示温度设置升高或降低。

手动操作：

❀+ ❀-（风扇控制）：按下后排座椅控制装置上的这些按钮可调高或调低气流量。在系统关闭时按下风扇的 ❀+ 按钮将会开启系统。送风模式依然保持在自动控制下。

+/-（温度控制）：按下这些按钮可调节流入乘员区域空气的温度。按下"+"按钮可让空气变暖，按下"-"按钮可让空气变冷。

♪（送风模式控制）：按下模式按钮可改变车内的气流方向。反复按下该按钮，直至显示屏上出现所需要的模式。多按几次会在可用的送风模式（通风、双向和自动）间循环切换。

科鲁兹轿车空调鼓风机不出风

故障现象　一辆雪佛兰科鲁兹轿车，行驶里程为 8523km，VIN：LSGPC52U9AF××××××，空调鼓风机不出风。

故障诊断　试车发现按空调面板上所有的开关或旋钮均没有反应，连接 GDS2+MDI 检查暖风、通风与空调系统控制模块（代号K33），发现了1个故障码：U1510——LIN总线1与装置0失去通信。装置0指暖风、通风与空调系统控制装置，也就是空调控制面板（代号S34）。

暖风、通风与空调系统控制模块通过低速GM LAN总线与其他模块通信（电路见图4-51），它保持并控制期望的鼓风机、空气温度和空气分配设置。

故障排除 根据故障码和工作原理分析，可能的故障原因有：①暖风、通风与空调系统控制装置电源或搭铁异常；②LIN1线路问题；③暖风、通风与空调系统控制装置内部损坏。检查暖风、通风与空调系统控制装置电源和搭铁及LIN线，均正常。拆开暖风、通风与空调系统控制装置壳体进行检查，发现内部有明显进水氧化的痕迹，可能是驾驶人在贴太阳膜或喝饮料时不慎流入液体了。更换S34暖风、通风与空调系统控制装置（空调控制面板），故障排除。

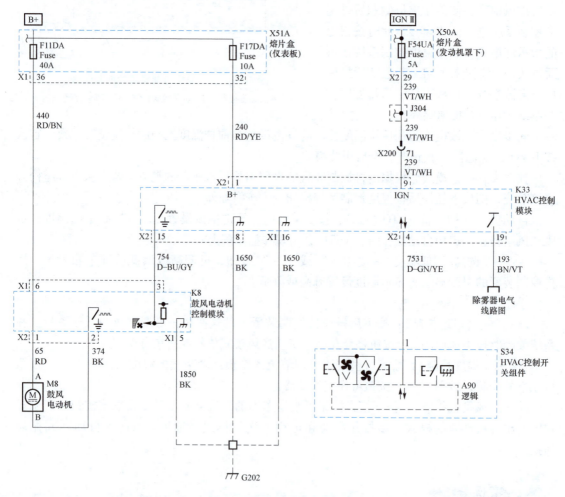

图4-51 空调系统控制电路

维修总结 正常情况下，当按下控制开关上的鼓风机按钮后，控制信息通过LIN总线送入HVAC控制模块（K33），其控制鼓风机信号通过754线送入鼓风电机控制模块（K3）控制鼓风电机以不同转速工作。由故障诊断仪GDS2+MDI读得的信息可知，LIN总线与HVAC控制模块（K33）失去通信，因此，HVAC控制模块（K33）是重点怀疑对象。

复习思考题

一、单项选择题

1. 汽车空调控制按键"AUTO"表示（　　）。
   A. 自动控制　　　B. 停止　　　　C. 风速　　　　D. 温度控制
2. 汽车空调检测合格出风口温度范围应为（　　）℃。
   A. 0～4　　　　　B. 4～10　　　 C. 10～15　　　D. 15～20
3. 小型轿车采暖量的强度调节一般是通过（　　）进行的。
   A. 风量大小　　　B. 冷却液温度　C. 调节暖水阀　D. 真空膜盒
4. 空调暖水开关一般安装在（　　）上。
   A. 出水暖水管　　　　　　　　　B. 进水暖水管
   C. 散热器出水管　　　　　　　　D. 散热器进水管
5. 甲说车厢内的湿度是由调节冷却的空气与从加热器芯来的热空气来控制的；乙说车厢内只需维持适当的温度，湿度无需调节。两人的说法中（　　）。
   A. 甲正确　　　　B. 乙正确　　　C. 两人均正确　D. 两人均不正确
6. 空调与暖风系统暖气热量不足时，甲说应先检查暖水阀是否卡住，乙说应先检查空气混合阀门是否卡住。两人的说法中（　　）。
   A. 甲正确　　　　B. 乙正确　　　C. 两人均正确　D. 两人均不正确

二、判断题

（　　）1. 非独立式汽车空调的采暖系统的热源来自于发动机的冷却液或排气。

（　　）2. 装有空调的汽车上，在靠近风窗玻璃的仪表板上装有暖气通风管，利用风扇向风窗玻璃吹暖风可以有效地防止结霜。

三、问答题

1. 热水供暖系统的工作原理是怎样的？
2. 汽车空调配气系统由哪几部分组成？
3. 汽车空调的气流组织过程是怎样的？
4. 汽车空调的采暖和制冷应怎样进行操作？

模块五 汽车自动空调控制系统

项目一 认识汽车自动空调系统

一、任务引入

现代汽车中设置了自动空调控制系统,也称汽车自动空调。只要驾驶人按需要设定好调节温度,系统将根据自动检测的车内、外温度及外部太阳辐射和发动机工况,自动调节鼓风机转速和送出空气的温度。有些高档轿车还能进行进气控制、送风气流方式控制和压缩机工作控制。当系统出现故障时,还可自动检测和诊断故障部位,并且以故障码的方式指示给维修技术人员。

二、任务目标

1)了解汽车自动空调系统的功能。
2)掌握汽车自动空调系统的基本组成。

三、相关知识

1. 自动空调系统的功能

现代汽车自动空调系统,不仅能按照乘员的需要送出温度和湿度适宜的空气,而且可以根据需要自动调节风速、风量,还极大地简化了乘员的操作。现代汽车自动空调系统主要用在中、高档汽车上。现代汽车自动空调系统一般具有如下几种功能:

1)空调控制。空调控制包括温度自动控制、风量控制、运转方式自动控制、换气量控制等,满足车内乘员对空调舒适性的要求。

2)节能控制。节能控制指压缩机运转工况的控制、换气量的最佳控制以及随温度变化的换气切换、根据车内外温度自动切断压缩机电源等的控制。

3)故障诊断存储。空调系统发生故障,ECU将故障部位用故障码的形式存储起来,在需要修理时指示故障的部位。

4)故障、安全报警。故障、安全报警包括制冷剂不足报警、制冷剂压力过高或过低报警、离合器打滑报警、各种控制器件的故障判断报警等。

5)显示。显示功能包括显示给定的温度、控制温度、控制方式、运转方式的状况以及运转时间等。

2. 自动空调系统的基本组成

汽车自动空调控制系统的基本工作模式是:传感器(检测信号)→空调器放大器(或空调控制单元)→控制执行器。汽车自动空调系统通过传感器来检测汽车工作中的一些信息(如车内、车外、导风管及环境日照辐射的温度和压缩机工况等),并将其检测到的信息以相应的物理量（电阻、电压、电流等）传送到空调放大器（或空调控制单元）中，经分析、比较、运算等处理，再由执行器完成其相应工作，如图 5-1 所示。

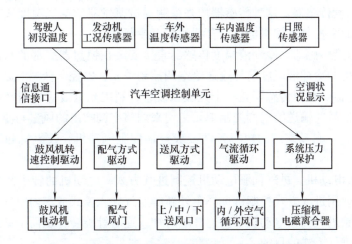

图 5-1 汽车自动空调控制系统基本组成及控制原理图

图 5-2 所示为自动空调的组成与控制示意图。自动空调和手动空调的机械部分基本是相同的，机械部分的故障诊断和修理方法也基本相同。自动空调和手动空调的区别在空调的控制系统。自动空调系统在普通（手动）空调系统的基础上，采用各种传感器、程序装置、伺服电动机和控制模块等控制执行机构。驾驶人通过操作控制器总成上的键，来选择空调系统的工作模式和鼓风机转速。自动空调系统通过程序装置检测空气温度，调节气流混合门位置来达到并保持驾驶人预先设置的舒适程度。

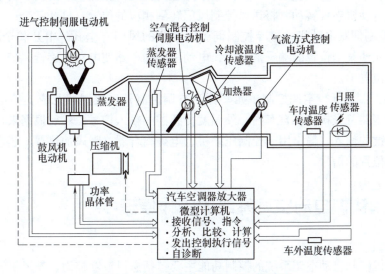

图 5-2 自动空调的组成与控制示意图

自动空调系统由制冷、暖风、送风、操纵控制等分系统组成。自动空调电控系统主要由传感器、执行元件和空调控制单元构成。

（1）传感器

1）车内及车外温度传感器。它们都是负温度系数热敏电阻传感器，分别用来感受车内及车外温度。当温度发生变化时，热敏电阻的阻值改变，从而向空调控制单元输送温度信号。

2）蒸发器温度传感器。这种传感器用来检测通过蒸发器的空气温度或者蒸发器表面的温度变化，并依此来控制压缩机电磁离合器的接合或断开。

3）冷却液温度传感器。冷却液温度传感器直接安装在换热器底部的水道上，用来检测冷却液温度，产生的冷却液温度信号输送给空调控制单元，以控制低温时鼓风机的转速。

4）日照传感器。日照传感器是一个光敏二极管，利用光电效应把阳光照射量变化转换为电流值变化的信号并输送给空调控制单元，用来调整空调吹出的风量与温度。

(2) 执行元件　自动空调的执行元件一般包括伺服电动机、鼓风机和压缩机电磁离合器等。

1）进气伺服电动机。进气伺服电动机控制进气方式，电动机的转子经连杆与进气风门相连。当驾驶人使用进气方式控制键选择车外新鲜空气导入模式或车内空气循环模式时，空调控制单元即控制进气伺服电动机带动连杆顺时针或逆时针旋转，从而带动进气风门闭合或开启，达到改变进气方式的目的。

2）空气混合伺服电动机。当驾驶人进行温度控制时，空调控制单元首先根据设置的温度及各传感器输送的信号计算出所需的出风温度，并控制空气混合伺服电动机连杆顺时针或逆时针转动，改变空气混合风门的开启角度，从而改变冷、暖空气的混合比例，调节空气温度至与计算值相符。电动机内电位计的作用是向空调控制单元输送空气混合风门的位置信号。

3）出风模式伺服电动机。出风模式伺服电动机又称为气流方式伺服电动机。当驾驶人操纵面板上的某个出风模式键时，空调控制单元电动机上的相应端子搭铁，而电动机内的驱动电路据此使电动机连杆转动，将送风控制风门转到相应的位置，打开某个送风通道。

4）最冷控制伺服电动机。最冷控制伺服电动机的风门有全开、中开和全闭3个位置。当空调控制单元使某个位置的端子搭铁时，电动机驱动电路使电动机旋转，带动最冷控制风门位于相应的位置上。

(3) 空调控制单元　空调控制单元又称为空调控制器。控制器总成上的键是控制器的输入装置。控制器首先接收来自车内、外温度传感器的输入信号，然后根据来自传感器和控制器总成上各键的输入，输出用于控制压缩机、电磁离合器、暖风加热器、热水阀等的工作情况以及风门位置的信号。

项目二　认识自动空调系统的工作原理

一、任务引入

微型计算机控制自动空调系统的控制功能主要包括送风温度控制、鼓风机转速控制、工作模式控制、进气模式控制、压缩机控制等。

二、任务目标

1）掌握自动空调送风温度控制过程。
2）掌握自动空调鼓风机转速控制过程。
3）掌握自动空调工作模式控制和送风控制过程。

4）掌握自动空调压缩机控制过程。

三、相关知识

1. 送风温度控制

温度控制的目的是使车内空气温度达到车内人员设定温度的要求，并保持稳定。如图5-3所示，微型计算机控制自动空调温度控制系统的基本组成包括车内温度传感器、车外温度传感器、日照传感器、蒸发器温度传感器、冷却液温度传感器、设定温度电阻器、自动空调控制单元和空气混合伺服电动机等。

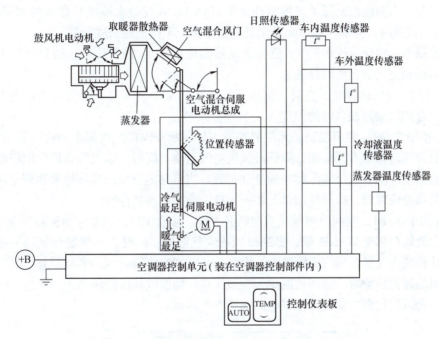

图 5-3　微型计算机控制自动空调温度控制系统

空调控制单元根据设定温度和车内温度传感器、车外温度传感器和日照传感器等的信号，自动调节空气混合风门的位置。一般来说，车内温度越高、车外温度越高、阳光越强，空气混合风门就越接近全冷位置。空调控制单元根据车内温度和车外温度控制空气混合风门的位置，如图5-4所示，若车内温度为35℃，则空气混合风门处于最冷位置；若车内温度为25℃，则空气混合风门处于50%的位置。

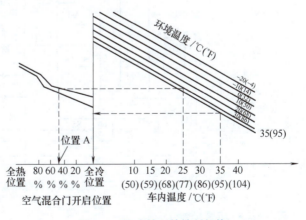

图 5-4　温度控制的控制规律

车内温度保持在设定温度所必需的鼓风机出风口空气温度 T_{AO}，是空调控制单元根据输入信号（车内温度传感器、车外温度传感器、日照传感器）和温度设定计算出来的。空调

控制器参照这个 T_{AO} 值对执行器进行控制。T_{AO} 值可由下面公式计算出：
$$T_{AO} = AT_{SET} - BT_R - CT_{AM} - DT_S + E$$

式中　　　　T_{SET}——设定温度；

　　　　　　T_R——车内温度；

　　　　　　T_{AM}——车外温度；

　　　　　　T_S——太阳辐射强度；

A、B、C、D、E——常数。

特殊的是，当温度控制开关或控制杆置于 MAX COOL（最大冷风）位置或 MAX WARM（最大暖风）位置时，空调控制单元采用某一固定值，不按上述公式计算。

空调控制单元将计算所得的 T_{AO} 值与蒸发器温度信号 T_E 进行比较，通过空气混合风门伺服电动机控制空气混合风门位置。

当 T_{AO} 和 T_E 近似相等时，空调控制单元控制断开 VT1 和 VT2。伺服电动机断电停止运转，空气混合风门保持在当时的位置。

当 T_{AO} 小于 T_E 时，空调控制单元控制接通 VT1、断开 VT2。伺服电动机转至 COOL 侧，带动空气混合风门移至 COOL 侧，降低鼓风机空气温度。同时，空气混合风门伺服电动机内的电位计检测空气混合风门实际移动速度和位置。当空气混合风门实际位置达到空调控制单元计算出的理论位置时，空调控制单元关断 VT1，伺服电动机停转。

当 T_{AO} 大于 T_E 时，空调控制单元控制断开 VT1、接通 VT2。伺服电动机转至 WARM 侧，带动空气混合风门移至 WARM 侧，提高鼓风机空气温度。同时，空气混合风门伺服电动机内的电位计检测空气混合风门实际移动速度和位置。当空气混合风门实际位置达到空调控制单元计算出的理论位置时，空调控制单元关断 VT2，伺服电动机停转。

空气混合风门伺服电动机的控制电路如图 5-5 所示。

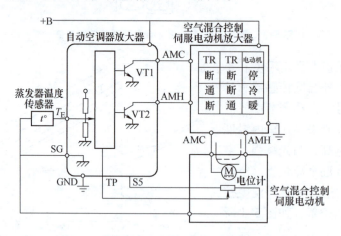

图 5-5　空气混合风门伺服电动机的控制电路

2. 鼓风机转速控制

鼓风机转速控制的目的是调节降温或升温速度，稳定车内温度。如图 5-6 所示，鼓风机转速控制系统主要由冷却液温度传感器、蒸发器传感器、鼓风机电阻器、功率晶体管、ECU、鼓风机电动机和控制面板等组成。其中功率晶体管的作用是根据空调控制单元 BLW

端子输出的鼓风机驱动信号，改变流至鼓风机电动机的电流，从而改变鼓风机的转速。

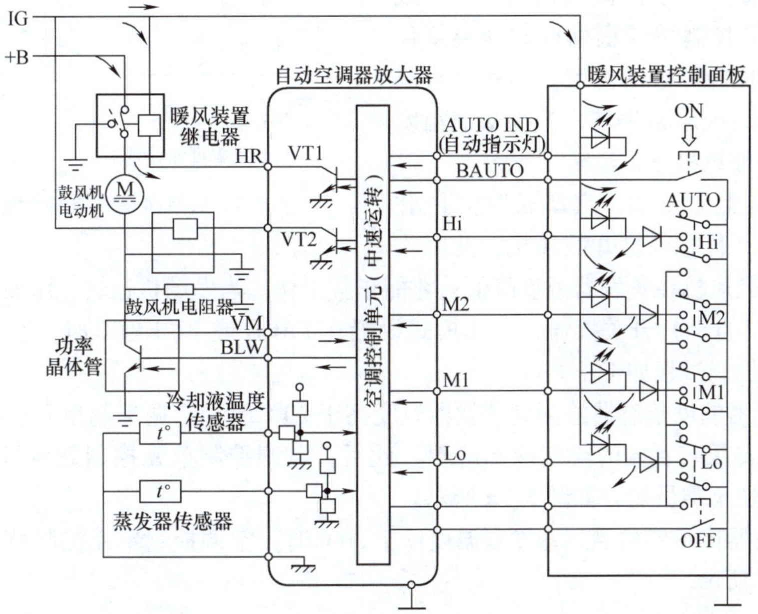

图 5-6 鼓风机转速控制系统的控制电路

1）自动控制。当控制面板上 AUTO（自动）开关接通时，空调控制单元根据 T_{AO} 值自动控制鼓风机转速。鼓风机转速与 T_{AO} 信号值之间的关系如图 5-7 所示，随着冷却液温度的升高，鼓风机工作电压逐渐增大，转速增大，风力增强。

鼓风机低速运转时，空调控制单元接通 VT1，暖风装置继电器通电闭合，电流方向为蓄电池→暖气装置继电器→鼓风机电动机→鼓风机电阻器→搭铁，鼓风机低速运转。同时，控制面板 AUTO（自动）指示灯和 Lo（低速）指示灯均亮。

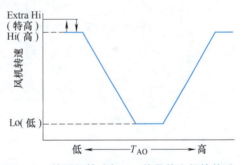

图 5-7 鼓风机转速与 T_{AO} 信号值之间的关系

鼓风机中速运转时，空调控制单元接通 VT1，使暖风装置继电器通电闭合，空调控制单元根据计算出的 T_{AO} 值，从 BLW 端子输出信号至功率晶体管，电流方向为蓄电池→暖气装置继电器→鼓风机电动机→鼓风机电阻器和功率晶体管→搭铁，鼓风机中速运转。同时，空调控制单元从与功率晶体管相连的 VM 端子接收反馈信号，检测鼓风机实际转速，据此修正鼓风机驱动信号。此时，控制面板 AUTO（自动）指示灯亮；Lo（低）、M1（中 1）、M2（中 2）、Hi（高）指示灯根据鼓风机转速高低发亮。

鼓风机特高速运转时，空调控制单元接通 VT1 和 VT2，使暖风装置继电器和鼓风机继电器闭合。电流方向为蓄电池→暖风装置继电器→鼓风机电动机→鼓风机风扇继电器→搭铁，鼓风机特高速运转，同时控制面板 AUTO（自动）和 Hi（高速）指示灯亮。

2）预热控制。冬季，车辆长时间停放后，若立刻打开鼓风机，此时吹出的是冷空气，鼓风机在冷却液温度升高后才能正常工作。鼓风机预热控制的控制规律如图 5-8 所示。

鼓风机预热控制时，控制面板 AUTO（自动）开关接通，工作模式设为 FOOT 或 BILEVEL，空调控制单元根据冷却液温度传感器检测发动机冷却液的温度。当冷却液温度低于30℃时，鼓风机停转；当冷却液温度高于30℃时，鼓风机正常运转。

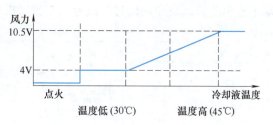

图5-8　鼓风机预热控制的控制规律

3）时滞控制。夏季，汽车长时间停驻在炎热太阳下，若立刻打开鼓风机，此时吹出的是热风，鼓风机在蒸发器温度降低后才能正常工作。当发动机运转，压缩机已工作，控制面板 AUTO（自动）开关接通，工作模式设置在 FACE 或 BILEVEL 时，空调控制单元对鼓风机的时滞控制过程如下：

① 当蒸发器温度传感器检测到蒸发器温度高于30℃时，空调控制单元控制鼓风机电动机关断4s，使冷风装置内的空气冷却降温。此后，空调控制单元控制鼓风机低速运转5s，使冷却的空气送至乘员舱，如图5-9a所示。

② 当蒸发器传感器检测到蒸发器温度低于30℃时，空调控制单元控制鼓风机低速运转5s，如图5-9b所示。

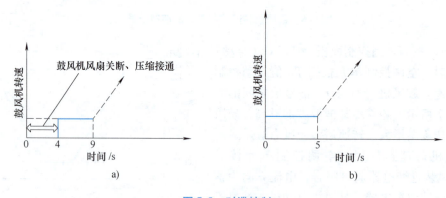

图5-9　时滞控制

a）蒸发器温度高于30℃　b）蒸发器温度低于30℃

4）鼓风机起动控制。鼓风机在起动时，工作电流会比稳定工作时大很多，为了防止烧坏鼓风机控制模组，不论鼓风机目标转速多少，在鼓风机起动时均应低速运转，然后逐步升高，直至目标转速。当鼓风机起动，ECU 控制暖风装置继电器闭合时，电流流过鼓风机电动机和电阻器，电动机低速运转，2s 后空调控制单元通过 BLW 端子向功率晶体管输出驱动信号，从而防止功率晶体管被起动电流损坏。

5）车速补偿。车速高时，迎面风冷却强度大，鼓风机的转速可适当降低，使之与低速时具有一样的感觉。车速补偿控制规律如图5-10所示。

6）极速控制。有些车型，当设定温度处于最低（18℃）或最高（32℃）时，鼓风机转速

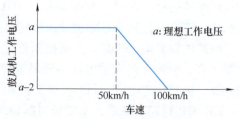

图5-10　车速补偿控制规律

会固定为高速运转。

7）手动控制。空调控制单元根据控制面板手动开关的操纵信号，将鼓风机驱动信号送至功率晶体管，相应地控制鼓风机的转速。

3. 工作模式控制

工作模式控制的目的是调节送风方向，提高舒适性。工作模式控制系统主要由传感器、控制单元、工作模式控制伺服电动机和控制面板等组成。在手动模式中，模式风门有吹脸、双层、吹脚、吹脚/除雾、除雾5种位置。在自动模式中，模式风门一般有吹脸、吹脚、双层3种位置，控制单元根据传感器信号按照头冷脚热的原则自动调节模式风门的位置。控制单元根据 T_{AO} 值控制工作模式，其控制规律如图 5-11 所示，控制电路如图 5-12 所示。

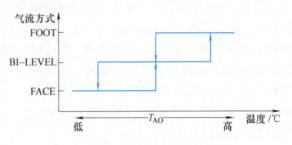

图 5-11 工作模式控制规律

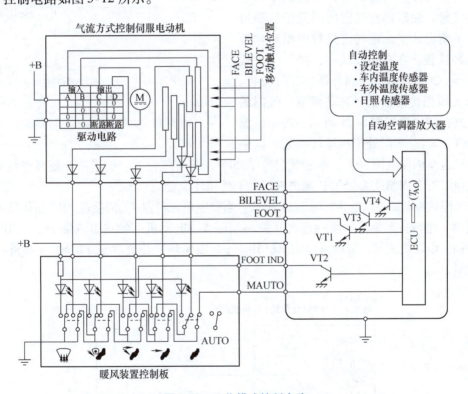

图 5-12 工作模式控制电路

当 T_{AO} 从低变至高时，原来气流方式控制伺服电动机内的移动触点位于 FACE 位置。控制单元接通 VT1，使驱动电路输入信号端 B 端通过 VT1 搭铁为 0，A 端断路为 1。此时驱动电路输出端 D 端为 1，C 端为 0，电流由 D 端输出，从 C 端流回，电动机旋转，内部触点由 FACE 位置移到 FOOT 位置，电动机停转，出气方式由 FACE 方式转换为 FOOT 方式。同时，控制单元接通 VT2，使控制面板上的 FOOT 指示灯发亮。

当 T_{AO} 从高变至中时，原来气流方式控制伺服电动机内的移动触点位于 FOOT 位置。控制单元接通 VT3，使驱动电路输入信号端 A 端通过 VT3 搭铁为 0，B 端断路为 1。此时驱动电路输出端 C 端为 1，D 端为 0，电流由 C 端输出，从 D 端流回，电动机旋转，内部触点由 FOOT 位置移到 BILEVEL 位置，电动机停转，出气方式由 FOOT 方式转换为 BILEVEL 方式。同时，控制单元控制控制面板上的 BILEVEL 指示灯发亮。

当 T_{AO} 从中变至低时，原来气流方式控制伺服电动机内的移动触点位于 BILEVEL 位置。控制单元接通 VT4，使驱动电路输入信号端 A 端通过 VT4 搭铁为 0，B 端断路为 1。此时，驱动电路输出端 C 端为 1，D 端为 0，电流由 C 端输出，从 D 端流回，电动机旋转，内部触点由 BILEVEL 位置移到 FACE 位置，电动机停转，出气方式由 BILEVEL 方式转换为 FACE 方式。同时，控制单元控制控制面板上的 FACE 指示灯发亮。

4. 进气模式控制

进气模式控制的目的是调节进入车内的新鲜空气量，使车内空气温度和质量达到最佳。在手动模式中，进气门只有内循环和外循环两种位置。在自动模式中，进气门一般有内循环、20% 新鲜空气和外循环 3 种位置。控制单元根据传感器信号自动调节进气门的位置，其控制规律如图 5-13 所示：若车内温度为 35℃，则进气门处于内循环位置，以快速降温；若车内温度为 30℃，则进气门处于 20% 新鲜空气位置，引进部分新鲜空气以改善空气质量；若车内温度为 25℃，则进气门处于外循环位置。

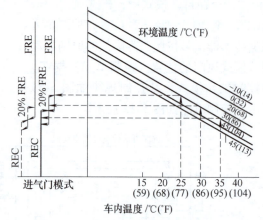

图 5-13 进气模式控制的控制规律

进气模式控制的控制电路如图 5-14 所示。当控制单元根据 T_{AO} 值接通 FRS 晶体管时，触点 B 搭铁，电流方向为蓄电池→点火开关→端子 1→电动机→触点 B→端子 3→FRS 晶体管→搭铁，电动机旋转，带动风门由 RECIRC（车内循环）位置移至 FRESH（车外新鲜空气）位置。

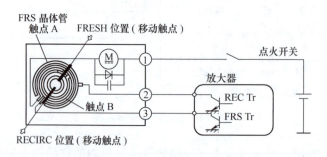

图 5-14 进气模式控制的控制电路

该控制系统还有一种新鲜空气强制进气控制功能，当手动按下 DEF 开关时，将进气方式强制转换为 FRESH 方式，以清除风窗玻璃上的雾气。除此之外，进气模式控制还可改变新鲜空气与循环空气的混合比例。

5. 压缩机控制

1）基本控制。控制单元根据车内温度、车外温度、蒸发器温度和设定温度等参数，自动控制压缩机的通断，调节蒸发器表面温度，并防止蒸发器表面结冰。

2）低温保护。当车外环境温度低于某值（3℃或8℃）时，压缩机停止工作，防止压缩机的损耗。

3）高速控制。当发动机转速超过某转速时，压缩机停止工作，防止因压缩机转速过高而造成损坏。

4）加速切断。当发动机处于急加速工况时，为了保证发动机具有足够的动力，压缩机暂时停止工作。

5）高温控制。当发动机冷却液温度超过某值（109℃）时，压缩机停止工作，防止发动机冷却液温度进一步上升。

6）打滑保护。当压缩机卡死导致传动带打滑时，压缩机停止工作，防止传动带负荷过大而断裂，进而影响水泵、发电机等的工作。

7）低速控制。当发动机转速低于某转速（600r/min）时，压缩机停止工作，防止发动机失速。

8）低压保护。当制冷系统压力低于某值（500kPa）时，压缩机停止工作，防止压缩机在系统制冷剂不足条件下工作，造成压缩机损坏。

9）高压保护。当制冷系统压力超过某值（2800kPa）时，压缩机停止工作，防止空调系统瘫痪。

10）可变排量压缩机的控制。可变排量压缩机有全容量（100%）运转、半容量（50%）运转和压缩机停止3种工作模式。控制单元根据空调系统冷气负荷的大小，控制压缩机的排量变化，以减少能量的浪费。可变排量压缩机的控制系统主要有两种类型：一种是根据冷却液温度进行控制；一种是根据蒸发器表面温度进行控制。

根据冷却液温度进行控制的方法是：当发动机冷却液温度过高时，控制单元根据冷却液温度传感器信号，控制压缩机按照半容量模式运转，以防止发动机过热；反之，当发动机冷却液温度低于某一值时，控制单元控制压缩机按照全容量模式运转，以满足制冷需要。

根据蒸发器表面温度进行控制的方法是：当蒸发器表面温度大于某一值（40℃）时，控制单元控制压缩机按照全容量模式运转，以降低蒸发器表面温度；当蒸发器表面温度低于某一值（40℃）时，控制单元控制压缩机按照半容量模式运转，以降低能耗；当蒸发器表面温度低于3℃时，控制单元控制压缩机停止运转，以防止损坏压缩机。

项目三　认识自动空调的传感器

一、任务引入

汽车自动空调电控系统传感器主要是用于温度检测的传感器，其主要应用了具有负温度系数（NTC）的热敏电阻，其特性如图5-15所示。自动空调系统的传感器主要有车外温度传感器、车内温度传感器、蒸发器温度传感器、日照传感器、冷却液温度传感器、空气质量传感器、

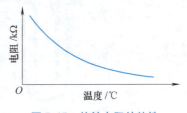

图5-15　热敏电阻的特性

烟雾浓度传感器以及发动机电控单元输入信号等。其常见的故障有传感器配线短路或断路、传感器失效等。

二、任务目标

1）了解汽车自动空调各类传感器的作用和安装位置。
2）掌握汽车自动空调各类传感器的结构和检测。

三、相关知识

1. 车内温度传感器

（1）结构与工作原理　车内温度传感器也称室内温度传感器，是自动空调的重要传感器之一，它会影响出风口空气的温度、鼓风机的转速、进气门的位置以及模式门的位置等。车内温度传感器通常安装在仪表台后面的吸气装置内，如图 5-16 所示。

其主要作用是：

1）确定混合门的位置，从而决定出风口的空气温度。
2）确定鼓风机的转速，从而决定出风口的风量。
3）确定进气门的位置，从而影响车内空气的温度与新鲜度。
4）确定模式门的位置。

按照强制导向车内温度传感器气流方式的不同，车内温度传感器可分为电动机型和吸气器型两种，如图 5-17 和图 5-18 所示。

图 5-16　车内温度传感器的安装位置

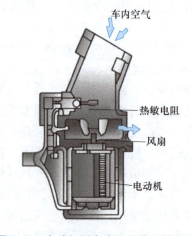

图 5-17　电动机型车内温度传感器的结构

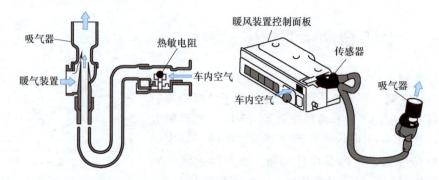

图 5-18　吸气器型车内温度传感器的结构

吸气器型车内温度传感器内有一根抽风管连接车内温度传感器与空调的管道，与空调管道连接处有文杜利效应装置，当鼓风机工作时，空气快速流过就会产生负压，这样就有少量空气流过车内温度传感器，如图5-19所示。

（2）检测　车内温度传感器与空调控制器连接电路如图5-20所示。

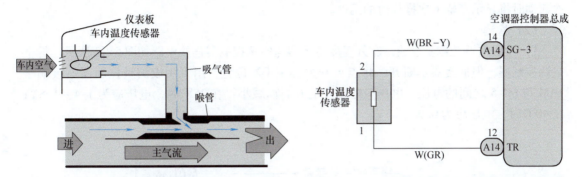

图5-19　吸气器型车内温度传感器的工作原理　　　图5-20　车内温度传感器与空调控制器连接电路

1）电压测量。拆下空调控制器，但不断开插接器，将点火开关旋到ON位置，用万用表测量空调控制器连接端子TR和SG-3之间的电压。测量的电压值应随温度的升高而减小：在25℃时，电压应为1.8~2.2V；在40℃时，电压应为1.2~1.6V。

2）电阻测量。拆下车内温度传感器，测量插接器的端子1和端子2之间的电阻。电阻应随温度的升高而减小：在25℃时，电阻应为1.65~1.75kΩ；在40℃时，电阻应为0.55~0.65kΩ。如果正常，则进行下一步检查；若不正常，则更换车内温度传感器。

2. 车外温度传感器

（1）结构与工作原理　车外温度传感器也称为环境温度传感器、外界空气温度传感器或大气温度传感器，它能影响出风口空气的温度、鼓风机的转速、进气门模式门的位置以及压缩机的工作状态等。车外温度传感器的作用是：

1）确定混合门的位置，从而决定出风口的空气温度。

2）确定鼓风机的转速，从而决定出风口的风量。

3）确定进气门的位置，从而影响车内空气的温度和新鲜度。

4）确定模式门的位置。

5）控制压缩机。

车外温度传感器一般安装在前保险杠内或散热器之前，其位置和结构如图5-21所示。

别克轿车车外温度传感器位于车辆前减振器下面的护栅部位。暖风通风空调（HAVC）控制器通过该传感器接收环境温度信息。根据该信息，暖风、通风空调控制面板向驾驶人提供外界空气温度数字显示。若外界温度增加，则所显示的温度只有在以下条件下才能随之增高：

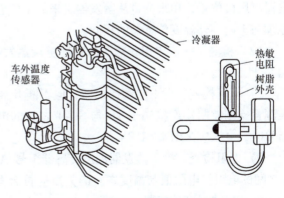

图5-21　车外温度传感器的位置和结构

1) 车辆以高于 32km/h 的速度行驶约 2min。
2) 车辆以高于 72km/h 的速度行驶约 1min。

这些限制有助于防止错误读数。若所显示的温度下降，则外界显示将立即更新。如果车辆熄火超过 3h，则车辆再次起动时将显示当前外界温度。如果车辆熄火不足 3h，则车辆再次起动时将显示车辆上次操作时的温度。

(2) 检测

1) 检查空调控制器总成。车外温度传感器与空调控制器连接电路如图 5-22 所示。拆下空调控制器，但插接器不断开，将点火开关旋至 ON 位置，用万用表测量控制器连接端子 TAM 与 SG-5 之间的电压。电压应随温度的升高而减小：在 25℃时，电压应为 1.4~1.8V；在 40℃时，电压应为 0.9~1.3V。

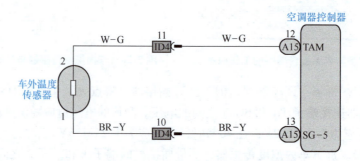

图 5-22 车外温度传感器与空调控制器连接电路

2) 电阻检查。拆下车外温度传感器，测量插接器的端子 1 与端子 2 之间的电阻。电阻应随温度升高而减小：在 25℃时，电阻应为 1.65~1.75kΩ；在 40℃时，电阻应为 0.55~0.65kΩ。如果不正常，则应更换车外温度传感器。

3. 蒸发器温度传感器

(1) 结构与工作原理　蒸发器温度传感器通过测量蒸发器表面温度，可以修正混合门位置，控制压缩机，并在蒸发器表面温度低于一定值时，使压缩机停止工作，以防止蒸发器表面结霜。有些车型有两个蒸发器温度传感器，其中一个用来修正混合门的位置，另一个用来防止蒸发器结霜。

蒸发器的热敏电阻一般安装在蒸发器传热片上，其结构如图 5-23 所示；有的安装在蒸发器出风口位置，用来测量从蒸发器出来的空气温度。蒸发器温度传感器中热敏电阻的工作原理与车内、外温度传感器的相同。

(2) 检测　一汽丰田花冠轿车自动空调蒸发器温度传感器与空调控制器的连接电路如图 5-24 所示。

1) 电压检查。拆下空调控制器，但不断开插接器，将点火开关旋至 ON 位置，用万用表测量空调控制器连接端子 TE 与 SG-4 之间的电压。在 0℃时，电压应为 2.0~2.4V；在 15℃时，电压应为 1.4~1.8V。

2) 电阻检查。拆下蒸发器温度传感器 1 号热敏电阻器，测量热敏电阻器端子 1 与端子 2 之间的电阻。电阻值与温度之间的关系应符合图 5-25 所示的特性曲线。如果不正常，则应更换蒸发器温度传感器。

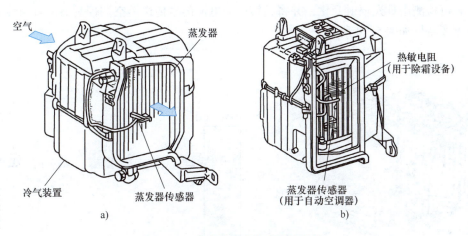

图 5-23　蒸发器温度传感器的结构
a) 普通汽车空调　b) 自动汽车空调

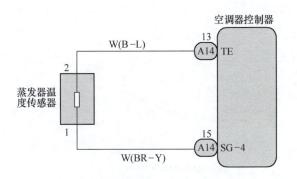

图 5-24　一汽丰田花冠轿车自动空调蒸发器温度传感器与空调控制器的连接电路

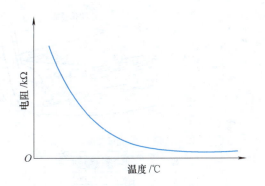

图 5-25　蒸发器温度传感器的特性曲线

4. 冷却液温度传感器

汽车空调中的冷却液温度获取有两种方式,一种采用单独的冷却液温度传感器,另一种通过发动机 ECU 获得冷却液温度信号。冷却液温度传感器的作用是:

1) 测量换热器芯温度,修正混合门的位置。
2) 具有保护功能,防止发动机尚在高温状态时压缩机工作。
3) 控制鼓风机,在冷却液温度低时启动鼓风机的预热控制。

汽车空调系统的冷却液温度传感器一般安装在暖风装置中,如图 5-26 所示。自动空调系统中的冷却液温度传感器采用的也是负温度系数的热敏电阻。冷却液温度传感器能检测冷却液温度并将相应的信号传送至空调控制器,此信号在发动机冷却时用来进行暖机控制,其电路如图 5-27 所示。

5. 日照传感器

(1) 结构与工作原理　日照传感器通过检测在传感器上的太阳光照强度,将光信号转换为电压或电流信号传送给空调控制器,用来修正混合门的位置和鼓风机的转速。日照传感器一般安装在容易检测日照变化的仪表板上面,靠近前风窗玻璃的底部。日照传感器中的光电二极管可检测出日光辐射变化,并将其转换为电流信号传送至空调控制器。日照传感器的安装位置及特性如图 5-28 所示。

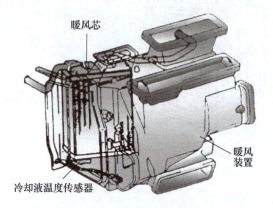

图 5-26 冷却液温度传感器的安装位置

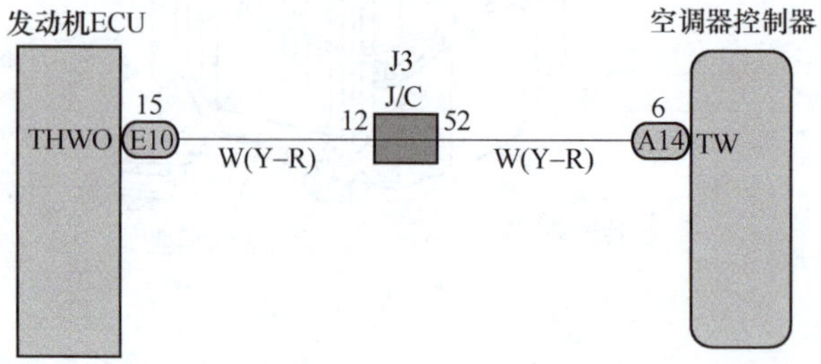

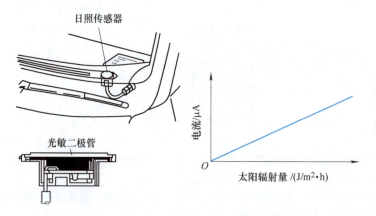

图 5-27 冷却液温度传感器的电路

图 5-28 日照传感器的安装位置及特性

日照传感器是用光敏二极管来检测日照变化情况的。光敏二极管对日照变化反应敏感,而其自身不受温度的影响,它把日照变化转换成电流信号,根据电流的大小可以知道日照量大小。如果光照强,则电阻值减小,电流就大,并把该信号输入计算机中,以便空调控制单元修正日照所引起的车内温度的升高。

(2)检修 日照传感器与空调控制器的连接电路如图 5-29 所示。

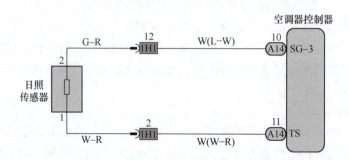

图 5-29 日照传感器与空调控制器的连接电路

1)电压检测。在点火开关闭合的情况下,测量空调控制器的端子 SG-3 与 TS 之间的电压:①传感器受灯光照射时,随着检查灯光逐渐远离传感器,电压应上升,但不应超过 4.0V;②传感器用布遮住时,电压应为 4.4~4.5V。否则,应进行下一步检查。

2)电阻检测。拆下日照传感器热敏电阻器,测量日照传感器插接器端子 1 与端子 2 之间的电阻:用布遮住阳光传感器时测量,电阻应为无穷大(不导通);取走日照传感器上的遮布并用灯光照射传感器,测得的电阻值约为 10kΩ(导通)。如果不符合,则需更换日照传感器。

3)日照传感器与空调控制器之间配线插接器的检测。拆下日照传感器的插头以及与空调控制器的连接插头,检测配线插接器是否断路,方法是将万用表档位置于 200Ω 档,分别测量两插接器之间同一根导线的电阻,正常情况下应小于 0.5Ω。如果测量结果为无穷大或阻值较大,则说明配线断路或电路间存在接触电阻。

6. 空气质量传感器

(1)结构与工作原理 空气质量传感器也称为多功能传感器,它主要用于测量空气中的水分、环境温度和外界空气的污染程度(通常测量空气中 CO、CO_2、NO_x 等的含量),空调控制单元通过其测量结果来控制压缩机的工作与进气门的位置。如图 5-30 所示,空气质量传感器的测量元件是一个混合氧传感器,其精度因催化添加物铂、铑数量的增加而提高。该传感器的工作原理类似于电控发动机中的氧传感器,其工作温度为 350℃,耗电量约为 0.5W。

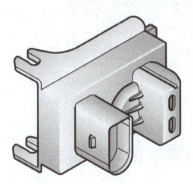

图 5-30 空气质量传感器

(2)检测 雷克萨斯 LS400 轿车空气质量传感器与空调控制器的连接电路如图 5-31 所示。

1)电压测试。将点火开关置于 ON 位置 30s 后,传感器的信号电压应为 0.1~4.5V(10~35℃时)。

2)电阻测试。拆下空气质量传感器插头,把传感器端子 4 接蓄电池正极,端子 1 搭铁,30s 后测量传感器端子 2 与端子 3 之间的电阻,电阻值应为 5~100kΩ(10~35℃时)。

7. 烟雾浓度传感器

烟雾浓度传感器设置在后置空调装置内,当打开点火开关且空调处于 AUTO 模式时,烟雾浓度传感器便开始检测烟雾浓度,并将信号传送给空调控制器,以控制后送风鼓风机电动机的转速。

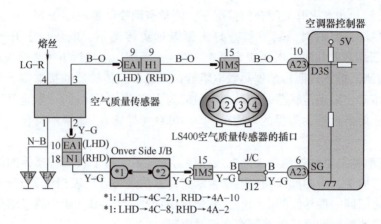

图 5-31 雷克萨斯 LS400 轿车空气质量传感器与空调控制器的连接电路

雷克萨斯 LS400 轿车烟雾浓度传感器与空调控制器的连接电路如图 5-32 所示。拆下空调控制器,但不断开插接器,将点火开关旋至 ON 位置,测量烟雾吹到烟雾浓度传感器时,端子 A/PIN 和车身搭铁之间的电压。有烟雾时,电压应约为 5V;无烟雾时,电压应为 0V。若不正常,应更换传感器。

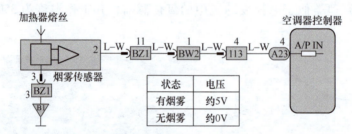

图 5-32 雷克萨斯 LS400 轿车烟雾浓度传感器与空调控制器的连接电路

项目四 认识自动空调系统执行机构及控制模式

一、任务引入

随着汽车空调系统的应用,人们对空调的质量提出了更高的要求,要求空调无噪声干扰、操作简便和更高的制冷效率及可靠性,这就需要对汽车空调进行自动控制。

二、任务目标

1)了解自动空调系统执行机构。
2)掌握自动空调控制模式。

三、相关知识

1. 自动空调系统执行机构

(1)控制器 控制器分为两种类型:一种采用 IC(集成电路),另一种采用计算机。这些控制器通常被称为系统放大器、自动空调放大器或空调器控制单元。

采用 IC(集成电路)控制的自动空调系统称为放大器控制型自动空调器;采用计算机控制的称为计算机控制型自动空调器,如图 5-33 所示。

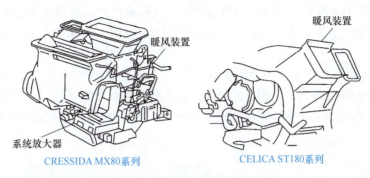

图5-33 计算机控制型自动空调器

（2）执行器 汽车自动空调电控系统的执行器在接收到控制器驱动信号后，执行对鼓风机电动机、制冷压缩机及风门伺服电动机等驱动执行元器件的控制，如图5-34所示。这些部件的工作情况与手动空调完全不同，它采用了先进的计算机控制理论和控制方法。

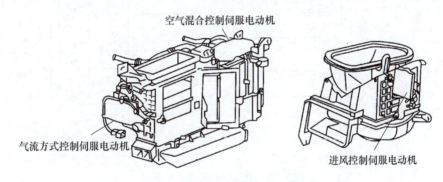

图5-34 自动空调电控系统执行器（伺服电动机）

2. 自动空调控制模式

汽车自动空调控制的内容包括温度的自动控制、鼓风机电动机的自动控制、新风换气量的自动控制、送风模式的自动控制、送风量的自动控制及制冷压缩机的自动控制等。目前，汽车自动空调系统有各种形式，控制的办法也各不相同。

（1）温度的自动控制模式 一般情况下，计算机会采集各温度传感器的输入信号，根据温度平衡方程驱动DVV阀动作，调节温度门的位置，以调整合适的送出空气的温度。但当车内温度由于各种原因（如炎热夏季车辆刚起动）很高时，计算机会通过延长压缩机工作时间和提高鼓风机转速的方法来改善车内的温度变化。

（2）鼓风机电动机的自动控制模式 鼓风机转速是根据设定温度、环境温度、车内温度、进气温度、日照量和空气混合门位置等因素自动控制的。自动空调控制系统中对鼓风机转速的控制通常采用以下3种方式：

1）晶体管与调速电阻组合控制型。晶体管与调速电阻组合控制型调速电动机的电路如图5-35所示。鼓风机控制开关有自动档（经济运行模式）和变速档

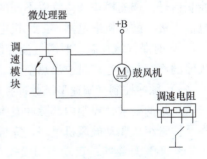

图5-35 晶体管与调速电阻组合控制型调速电动机的电路

（人工选择模式）两种模式。当设定为自动档时，其转速由计算机根据传感器参数和驾驶人初设温度自动控制。晶体管中电流的大小决定鼓风机的转速。若调为人工选择模式，则根据调整改变转速。

2）晶体管减负荷工作型。在晶体管减负荷工作型控制电路中，计算机将温度传感器送来的参数进行分析与处理后发出相应的指令，鼓风机根据指令实现相应的工作。鼓风机通常有低速、高速、自动和时滞气流控制4种工作模式。图 5-36 所示为鼓风机转速控制电路。

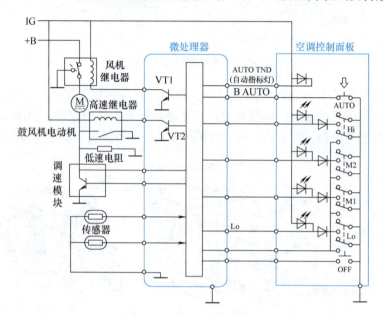

图 5-36 鼓风机转速控制电路

① 低速。计算机发出低速工作指令时，电路中晶体管 VT1 导通，鼓风机继电器动合触点闭合，鼓风机低速运转。当车内温度与设定温度接近时，维持最低转速。电流方向为蓄电池正极→鼓风机继电器→鼓风机电动机→低速电阻→搭铁。

② 高速。当车内温度与设定温度之间的温差较大时，计算机发出鼓风机高速工作信号，晶体管 VT2 导通，鼓风机高速继电器动合触点闭合，鼓风机高速运转。电流方向为蓄电池正极→鼓风机继电器→鼓风机电动机→高速继电器→搭铁。

③ 自动。当调整到自动模式时，计算机根据车外温度与设定温度的参数发出自动运行控制信号，调速模块晶体管以不同的角度导通，鼓风机电动机实现无级变速。电流方向为蓄电池正极→鼓风机继电器→鼓风机电动机→调速模块→搭铁。

④ 时滞气流控制。时滞气流控制模式仅用于制冷工况，以防止在炎热天气阳光直晒下久停的汽车起动空调时放出热空气。

3）脉冲控制全调速型。脉冲控制全调速型鼓风机转速控制系统由计算机处理器根据系统送风量的要求，控制内部脉冲发生器提供不同占空比的导通信号，调速模块中一般由大功率晶体管组成驱动鼓风机电路，完成对其转速的无级调整工作。

3. 制冷压缩机的自动控制模式

较为先进的空调自动控制系统采用了变流量制冷压缩机，这种压缩机可根据制冷负荷需要改变其流量，减少了不必要的能量浪费，减轻了发动机的负荷。变流量制冷压缩机的控制模式有两种类型：一种根据冷却液温度信号进行控制，另一种根据热敏电阻阻值变化信号进行控制。

（1）根据冷却液温度信号进行控制　来自冷却液温度传感器的信号对应的是一种发动机工况（负荷），如果发动机过热，则这个控制即减轻发动机负荷，以防止其进一步过热。也即控制放大器允许电流流至或不流至压缩机电磁线圈，实现了电磁线圈在压缩全容量与半容量运作之间转换。图5-37所示为冷却液温度控制特性。

（2）根据热敏电阻阻值变化信号来控制　当来自空调器开关的A/C或ECON（经济模式）信号以及蒸发器温度传感器的温度信号发生相应的变化时，计算机可根据信号情况控制电流是否流经压缩机电磁线圈，实现全容量或半容量工作模式。图5-38所示为自动空调热敏电阻控制特性。

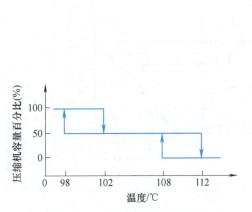

图5-37　冷却液温度控制特性

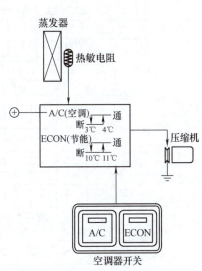

图5-38　自动空调热敏电阻控制特性

4. 送风模式的自动控制

送风模式的自动控制根据空气调节的要求自动控制车内空气送风的方式。当驾驶人在车内空调控制面板上调整开关至AUTO（全自动）模式时，计算机将接收到该信息并根据设定值按照图5-39a所示的方式实现自动控制调节。

图5-39b所示为送风模式自动控制电路。当车内温度与驾驶人设定温度之间的温差较大时，由计算机发出改变气流方式的指令使相应的晶体管VT导通，驱动电路中的输入、输出关系根据内部程序为电动机提供相应的工作通路，驱动伺服电动机开始工作，带动触点组移动到相应位置后停止，送入车内的空气会按照相应的风口及风口摆动到的角度吹出，从而实现自动送风方式的控制。

5. 新风换气量的自动控制

与新风换气量的自动控制有关的因素有：设定温度、环境温度、车内温度、进气温度、日照量及压缩机的开关操作等。当车内温度明显偏高时，计算机发出指令驱动气源门（车内与车外之间连通的风门）伺服电动机工作，以关闭气源门；当车内温度迅速下降至设定温度时打开气源门，然后按照一定的比例引入车外的新风。

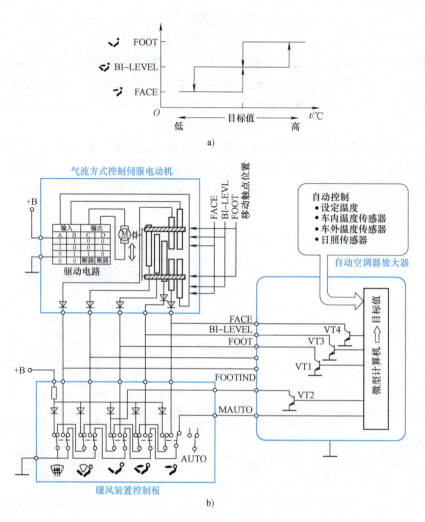

图 5-39 送风模式自动控制
a) 自动调节方式　b) 电路

宝马 X5 SUV 空调工作不正常

故障现象　一辆宝马 E53 X5 SUV，装备 M62 型发动机，将该车的空调设定为暖风，大约半小时后仍然没有暖风吹出。此故障不经常出现。

故障诊断　起动车辆并急速运转，打开空调暖风后可以正常工作，20min 后故障现象还没有出现。连接宝马专用故障诊断仪 GT1，查看空调系统没有故障信息存储，读取数据流没有发现问题。

起动发动机，打开暖风并将温度设定为 20℃，大约 20min 后出风口开始吹出自然风。读取数据流，车内温度传感器测量值显示为 20℃，但这个数值高于车内的实际温度。拆下空调控制面板，观察到车内温度传感器的强制通风风扇（图 5-40）不转，用手轻敲风扇，风扇开始转动，此时出风口开始吹出热风，故障点找到了。

故障排除　由于强制通风风扇不能单独更换，只能更换空调控制单元总成（图 5-41）。更换后，空调恢复正常工作。

图 5-40　车内温度传感器的强制通风风扇

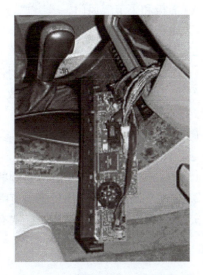
图 5-41　空调控制单元总成的外形

维修总结　车内温度控制是通过空调系统控制单元实现的，这种控制以乘员设置的目标温度标准值和车内温度传感器上测量的车内温度实际值为基础，调节的是这两者之间的差值。当强制通风风扇不运转时，车内温度传感器测量的温度值不是车厢内实际的温度值，而是控制面板内部的温度。控制面板内部有许多电子元件，工作时会散发出很多热量，这就导致控制面板内部的温度高于车厢内的实际温度，空调系统控制单元根据此时的车内温度传感器信号进行控制，就会导致出风口不吹暖风。

复习思考题

一、单项选择题

1. 在（　　）时，自动空调 ECU 切断压缩机电磁离合器的电流。
   A. 车外温度 = 设定温度值　　　　B. 车外温度 ≤ 设定温度值
   C. 车内温度 ≤ 设定温度值　　　　D. 车内温度 ≥ 设定温度值
2. （　　）是向自动空调 ECU 提供温度控制信号的传感器。
   A. 发光二极管　　　　　　　　　B. 光敏二极管
   C. 蒸发器热敏电阻　　　　　　　D. A/C 开关
3. 汽车空调控制按键"AUTO"表示（　　）。
   A. 自动控制　　B. 停止　　C. 风速　　D. 温度控制
4. 当车内温度与驾驶人设定温度相差大时，鼓风机转速（　　）。
   A. 自动提高　　　　　　　　　　B. 自动降低
   C. 不变　　　　　　　　　　　　D. 先慢后快
5. 空调系统（　　）模式可将车外环境空气不经空调带入车内。

A. MAX　　　　　　B. NORM　　　　　　C. VENT　　　　　　D. DEFROST

6. 空调系统 BI-LEVEL 档可将车内空气输送至（　　）。

A. 面板和下节气风门　　　　　　　　B. 面板和除霜节气风门

C. 除霜和下节气风门　　　　　　　　D. 面板、下风口和除霜节气风门

二、判断题

（　　）1. 自动空调控制系统的控制面板上设有 A/C 按键。

（　　）2. 汽车自动空调通过改变鼓风机转速和车内温度设定来实现自动调节出风温度。

（　　）3. 自动空调可根据温度参数，通过改变鼓风机转速来实现自动调节出气温度。

三、问答题

1. 现代汽车自动空调系统具有哪些功能？
2. 自动空调系统的常用传感器有哪些？各有什么作用？
3. 鼓风机电动机的自动控制模式有哪些？

模块六　汽车空调系统检测与维修基础

项目一　汽车空调的正确使用与维护保养

一、任务引入

正确使用汽车空调系统，可以节约能源、减少故障，并能保证汽车空调系统具有良好的技术状况和工作可靠性，从而发挥其最大效率，延长其使用寿命。

汽车空调系统的工作性能和使用寿命，很大程度上取决于维护保养是否得当。即使天气较冷不需要汽车空调，每两周也要使压缩机工作 5min，这样不仅可以防止轴封干枯而降低密封作用，也不易产生冷焊现象。因为压缩机在长期不运转的情况下，轴封、衬垫等零件易变干、发硬和开裂，再投入运行时会使制冷剂泄漏。同时，压缩机的主要零件（如活塞与气缸、曲轴与轴承等）都需要润滑油进行润滑。若压缩机长期不运行，则这些零件摩擦表面的润滑油会变干，或者润滑油会把零件粘在一起。这会使压缩机在起动的初始阶段出现润滑不足或没有润滑现象，容易损坏压缩机零部件。

二、任务目标

1）了解汽车空调使用注意事项。
2）掌握空调正确的维护保养方法。

三、相关知识

1. 汽车空调的正确使用

（1）注意事项

1）确保系统中不进入水汽、空气和脏物。如果空气、水汽和脏物进入制冷系统，不仅会影响制冷效率，有时会使制冷设备损坏，其影响见表 6-1。

表 6-1　制冷系统中的异物及其影响

制冷系统中的异物	影　响
水汽	压缩机气门结冰；膨胀阀紧闭不开；变成盐酸和硝酸；腐蚀生锈
空气	造成高温高压；使制冷剂不稳定；使冷冻润滑油变质；使轴承易损坏
脏物	堵住滤网，变成酸性物；腐蚀零件
其他油类	形成蜡或渣，堵住滤网；润滑不好；使冷冻润滑油变质
金属屑	卡住或粘住所有的活动零件
酒精	腐蚀锌和铝；铜片起麻点；使制冷剂变质；影响制冷效果，冷气不冷

2）防止腐蚀。要防止制冷装置生锈及化学变化的侵蚀，这会使气门、活塞、活塞环、轴承等受到腐蚀，若遇到了高温、高压，腐蚀还会加剧。

3）防止高温、高压。在正常的运转情况下，压缩机的温度是不会高的。如果冷凝器堵塞，则压缩机的温度会越来越高，致使气体发生膨胀而产生高压，高温和高压互为因果，形成恶性循环。此外，如果冷凝器由于某种原因通风不好，那么热量就散不出去，也会增加压缩机的负荷，使压缩机温度升高。

高温会使制冷剂橡胶软管变脆，压缩机磨损加剧，使腐蚀零部件的化学变化加速，零部件容易损坏。同时，高温的气体压力变大，使得变脆的软管很容易爆破，由于压缩机内部压力超过正常范围，压缩机的气门容易产生变形而影响密封。

4）保护好控制系统。制冷系统中的风管、控制风向的阀门、电磁离合器等，每一个零部件的失灵都会影响制冷装置的正常运转。所以，控制系统的风管、开关等零部件都要保护好，才能使制冷装置正常工作。

(2) 正确使用

1）非独立式空调的正确使用　对于非独立式汽车空调，其操作使用是比较方便的，但是否正确使用，对机组的空调性能及使用寿命、发动机的工作稳定及功耗都有很大影响。空调使用时应注意以下几点：

① 在换季初次使用时，应对汽车空调系统进行杀菌、除臭处理。这是因为汽车空调系统长期"休假"会滋生真菌，它不但使空气发出难闻的霉臭味，而且对车厢内驾乘人员的健康有害。这项工作可以到修理厂进行，也可以自购杀菌、除臭专用喷剂自行处理。

② 夏季应避免直接在阳光下停车暴晒，尽可能把车停在树荫下，在长时间停车后车厢内温度很高的情况下，应先开窗及通风；用风扇将车内热空气赶出车厢，再开空调；开空调后，应将车厢门窗关闭，以减轻热负荷。

③ 在不使用空调的季节，应经常开动压缩机，避免压缩机轴封处因油变稠而泄漏，也避免转轴因油变稠而咬死。一般一个月应运转一两次，每次10min左右。冬季气温过低时，可将保护开关用导线短路，待保养运行完毕再将电路恢复原样。

④ 长距离上坡行驶时应暂时关闭空调，以免散热器冷却液沸腾。超车时，若该车空调无超速自动停转装置，则应关闭空调。

⑤ 使用汽车空调时，冷气温度不宜调得过低：一方面温度调得过低会影响身体健康；另一方面易使蒸发器表面结霜，形成风阻，从而造成压缩机液击现象。同时，若鼓风机开在低速档，则冷气温度开关不宜调得过低。一般车厢内、外温差小于10℃为宜。

⑥ 在空调运行时，若听到空调装置有异常响声（如压缩机异响、鼓风机异响、管子爆裂等），应立即关闭空调，并及时请专业维修人员进行检修。

⑦ 定期清洗冷凝器和蒸发箱，这是因为由于外界空气环境等原因，冷凝器、蒸发箱表面易被灰尘等脏物附着，造成汽车空调系统的制冷效果下降。

⑧ 起动发动机时，空调开关应处于关闭位置，发动机熄火后，也应关闭空调，以免蓄电池电量耗尽。

2）独立式空调的正确使用。对于安装独立式空调的汽车，应严格按使用说明书的规定起动和运行空调，因为这类空调通过遥控装置控制辅助发动机的起动和运行，所以起动方法比非独立式空调复杂。

一般使用独立式空调时的注意事项与非独立式空调的大体相同，但由于辅助发动机有时具有单独的燃油箱，因而还要经常注意检查燃油箱的储油情况，并要检查发动机冷却液温度和油压情况。

2. 汽车空调的维护保养

汽车空调系统的维护保养分为日常维护保养和定期保养。日常维护保养一般由驾驶人或一般汽车维修人员进行。定期保养由汽车空调保修人员进行。汽车空调保养维修人员除检查和调整驾驶人所担负的例行保养项目外，还应按照汽车空调专门的维护周期及时进行作业项目。

(1) 日常维护保养　日常维护保养主要是通过看、听、摸、测等方法进行检查。

① 检查和清洗汽车空调的冷凝器，要求散热片内清洁、片间无堵塞物。

② 检查制冷系统制冷剂量。在汽车空调机组正常工作时，用眼观察储液干燥器顶部的视液镜。若视液镜内没有气泡，而是仅在增加或降低发动机转速时出现少量的气泡，则说明制冷剂适量；若不论怎样调节发动机转速，始终都看到有混浊状的气泡流动，则说明管路内制冷剂不足，应予以补充；若不论怎样调节发动机转速，始终都看不到气泡，则说明制冷剂过量。

③ 检查传动带。压缩机与发动机之间的传动带应张紧。

④ 检查制冷系统软管外观是否正常、各接头处连接是否牢靠、接头处有无油污。有油污表明有微漏，应进行紧固。

⑤ 用手摸压缩机附近高、低压管路有无温差。正常情况下低压管路呈低温状态，高压管路呈高温状态。

⑥ 用手摸冷凝器进口处和出口处，正常情况下前者较后者热。

⑦ 用手摸膨胀阀前、后，应有明显温差，正常情况下前热后凉。

(2) 定期保养　为保证汽车空调无故障运行，需要定期对系统各主要零部件（如压缩机、冷凝器、散热器、蒸发器、电器部件等）进行维护保养。

1）压缩机。在压缩机运转情况下，检查其是否有异常响声，如果有，则说明压缩机的轴承、阀片、活塞环或其他部件有可能损伤或冷冻润滑油过少；检查压缩机的高、低压端有无温差。

2）冷凝器、蒸发器。检查二者的清洁状况、通道是否畅通，以保证其能通过最大的通气量。

3）膨胀阀。检查膨胀阀有无堵塞、感温包与蒸发器出口管路是否贴紧、膨胀阀能否根据温度的变化自动调节制冷剂的供给量。

4）高、低压管。检查软管有无裂纹、鼓包、老化或破损现象，硬管是否有裂纹或渗漏现象，是否会碰到硬物或运动件，管道螺栓是否紧固。

5）储液干燥器。检查易熔塞是否熔化，各接头处是否有油迹；正常工作时，其表面应无露珠或挂霜现象；每年四五月份维护时，视需要更换干燥剂或干燥过滤器总成。

6）电气系统。检查电磁离合器有无打滑现象，低温保护开关在规定的气温下如果能正常起动压缩机，则说明其有故障；检查导线连接是否可靠。

7）高、低压开关。高压开关在压力为 2.2MPa 时，应能自动接通声光报警电路并使电磁离合器断电；当压力小于 2MPa 时，应能自动复位。低压开关在压力小于 0.2MPa 时，应能自动接通声光报警电路并使电磁离合器断电；当压力大于0.2MPa时，应能自动复位。

8）冷凝器和蒸发器鼓风机。检查冷凝器和蒸发器鼓风机工作时有无异常响声、叶片有无破损、螺栓联接是否牢固、电动机轴承有无缺油现象。

项目二　汽车空调故障诊断的常用方法

一、任务引入

汽车空调系统的工作环境和条件较为恶劣，零部件多，管路接头多，因而容易出现故障。汽车空调的故障现象主要表现为不制冷、断续制冷或制冷不足以及产生异常声响。如果不及时排除出现的故障，则不但达不到舒适性的要求，而且可能造成系统部件的损坏，甚至影响发动机的运行状况。汽车空调系统出现故障的部位及原因主要集中在电气电路故障、制冷系统和取暖系统功能部件的机械故障、制冷剂及冷冻润滑油引起的故障、泄漏引起的故障等。汽车空调的冷气系统是一个全密闭的循环系统，不能对其部件随意进行拆卸，这样就给故障部位的确定带来一定的困难。因此，对于汽车空调系统的故障诊断尤为重要。

二、任务目标

1）了解汽车空调直观诊断的方法及步骤。
2）掌握仪器诊断的操作及诊断方法。

三、相关知识

在进行空调维修时，为了准确判断出故障部位、高质量地排除故障，必须按照一定的步骤进行故障诊断排除。实践证明，"先分析，后进行；先简单，后复杂；先外部，后内部；先电气，后机械"的步骤是比较科学的，一般分为3个阶段进行，即确定故障部位、检查故障原因、排除故障。具体操作时，可分为直观诊断法、仪器诊断法、故障表诊断法和诊断流程图诊断法等。

1. 直观诊断法

直观诊断也称为人工诊断或经验诊断，就是在对空调故障进行诊断的过程中，通过人的感觉器官对汽车空调故障现象经过问（向驾驶人询问故障情况）、看（察看系统各设备的表面现象）、听（听机器运转声音）、摸（用手触摸设备各部位的温度）等过程，了解和掌握故障现象的特点，对故障现象进行深入的分析和准确的判断，从而找出故障部位的诊断方法。

（1）看现象　用眼睛来观察整个空调系统。

1）查看冷凝器是否被杂物封住，散热翅片是否倾倒变形。若有此现象，将影响流过冷凝器的冷却空气流量，导致冷凝器冷凝效果变差，使流经膨胀阀的制冷剂温度偏高，从而影响系统的制冷效果。这时应将冷凝器清理干净，将变形的散热翅片修正。

2）查看系统中各部件与管路连接是否可靠密封，是否有微量的泄漏。若有泄漏，在制冷剂泄漏的过程中常夹有冷冻油一起泄出，故在泄漏处有潮湿痕迹，并依稀可见粘附上的一些灰尘。此时应将该处的联接螺母拧紧，或重做管路喇叭口并加装密封橡胶圈，以杜绝慢性泄漏，防止系统内制冷剂减少。

3）查看视液镜迹象，如图6-1所示。起动发动机，打开空调系统，将发动机转速稳定在1500~2000r/min，把空调功能键置于最大制冷状态，鼓风机（包括冷凝器风机）置于最高转速，开动空调系统5min后通过视液窗进行观察。

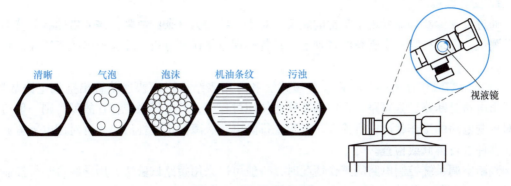

图 6-1　查看视液镜迹象

① 清晰、无气泡，说明制冷剂适量、过多或完全漏光，可用交替开、关空调机的办法检查。若开、关空调机的瞬间制冷剂起泡沫，接着变澄清，说明制冷剂适量；如果开、关空调机从视液镜内看不到动静，而且出风口不冷，压缩机进、出口之间没有温差，说明制冷剂漏光；若出风口不够冷，而且关闭压缩机后无气泡、无流动，说明制冷剂过多。

② 偶尔出现气泡，并且时而伴有膨胀阀结霜，说明系统中有水分；若无膨胀阀结霜现象，可能是制冷剂略缺少或有空气进入。

③ 有气泡且泡沫不断流过，说明制冷剂不足。如果泡沫很多，也可能是因为有空气存在。若判断为制冷剂不足，则要查明原因，不要随便补充制冷剂。由于胶管一年可能有100～200g的制冷剂自然泄漏，若是使用两年后才发现制冷剂不足可以判断为胶管自然泄漏。

④ 有长串油纹，观察孔的视液镜上有条纹状的油渍，说明冷冻机油量过多。此时应想办法从系统内释放一些冷冻机油，再加入适量的制冷剂。若视液镜上留下的油渍是黑色的或有其他杂物，则说明系统内的冷冻机油变质、污浊，必须清洗制冷系统。

(2) 听响声　用耳朵聆听运转中的空调系统有无异常声音。首先，听压缩机电磁离合器是否发出刺耳噪声。若有噪声，则多为电磁离合器电磁线圈老化、通电后所产生的电磁力不足或离合器片磨损引起其间隙过大，从而造成离合器打滑而发出尖锐的声音。这时应重绕离合器电磁线圈或抽掉1～2片离合器调整垫片，减小离合器间隙，防止其打滑，以消除噪声。其次，听压缩机在运转中是否有液击声。若有液击声，则多为系统内制冷剂过多或膨胀阀开度过大，因而导致制冷剂在未完全汽化的情况下被吸入压缩机。此现象对压缩机的危害很大，有可能损坏压缩机内部零件，应缓慢释放制冷剂至适量或调整膨胀阀开度，及时予以排除。

(3) 摸温度　摸温度指用手触摸零部件的温度来判断空调系统工作是否正常。开启空调开关，使压缩机运转15～20min之后，进行如下操作：

1）利用手感比较车厢冷气栅格吹出的冷风凉度及风量大小。

2）用手触摸压缩机进、排气管的温度，二者应有明显的温差。

3）利用手感比较冷凝器进液管和出液管的温度。当后者温度低于前者时，为正常；若两者温度相差不大，甚至相同，则说明冷凝器有故障。

4）用手触摸储液干燥器前、后管路的温度。当两者温度一致时，为正常；否则，说明储液干燥器存在堵塞现象。

5）用手触摸膨胀阀前面的管道与出口，应有很大的温差，否则，说明膨胀阀出现故障。

2. 仪器诊断法

通过直观诊断只能发现不正常的现象，对于一些较为复杂的故障，需要借助有关仪器来进行测试，在掌握第一手资料的基础上，对各种现象作认真分析，才能找出故障所在，然后予以排除。

(1) 短路法和万用表结合检查　短路法和万用表结合可以快速检查出空调电路故障，判断出电路是断路还是短路。在空调系统的使用过程中，若电气系统存在故障，则一般应首先对控制电路的工作状况进行检查。经检查排除电路故障的可能性后，才可对用电装置和控制元器件进行拆修或检查。

判断空调系统控制电路的工作情况时，一般可以采用短路试验法，用导线将某段控制电路或电路中个别元器件短接，让电流从导线上经过。如果用电装置工作恢复正常，则说明被短接的这段电路或元器件有故障。利用短路试验法检查空调系统的控制电路时应注意，如果是电路的熔断器烧坏，则不能用导线短接。为防止损坏用电装置或电器元件，一定要在查清熔断器的熔断原因并加以排除后，再用规格相同的熔断器进行更换。

(2) 用压力表检查　制冷系统工作时，内部压力变化有一定的规律可循，所以可以使用歧管压力表测量高、低压管路的压力状况，根据压力的变化情况诊断制冷系统可能出现故障的原因及部位。

在空气温度为 30～35℃，发动机转速为 1500～2000r/min 时，用压力表进行检查。将鼓风机风速调至高档，温度调至最冷档，从歧管压力表上读取压力值，其正常状况为：对于 R134a 空调系统歧管压力表读数，低压侧为 0.15～0.25MPa，高压侧为 1.37～1.81MPa；R12 空调系统歧管压力表读数，低压侧为 0.147～0.196MPa，高压侧读数为 1.442～1.471MPa。若不在此范围，则说明系统有故障。

图 6-2 所示为某车型制冷系统正常时歧管压力表高、低压力的显示，以此说明利用歧管压力表判断和分析制冷系统故障。

1) 高压表和低压表压力显示值均较低。高压表和低压表显示值比正常值低，如图 6-3 所示。从视液镜内看到有气泡，冷气不凉，高压管温热，低压管微冷，温差不大。

故障原因：制冷剂不足或有泄漏。

排除方法：

① 用检漏仪寻找泄漏处，并予以修复。

② 加注制冷剂。

图 6-2　某车型制冷系统正常时歧管压力表高、低压力的显示

2) 高压表和低压表压力显示值均过高。高压表和低压表显示值比正常值高很多，如图 6-4 所示。另外，从视液镜偶尔可看见气泡，冷气不凉。

故障原因：制冷剂过多、制冷剂系统中有空气、冷凝器冷却不足。

排除方法：

① 更换储液干燥器。

② 充分抽真空，重新充注制冷剂。

③ 清洗或更换冷凝器，检查风扇电动机及其电路。

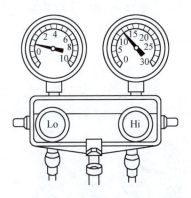 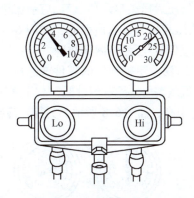

图 6-3　高压表和低压表压力显示值均较低　　　图 6-4　高压表和低压表压力显示值均太高

3）低压表压力显示值有时为负压（真空）。低压表压力显示值有时为负压（真空），有时正常，如图 6-5 所示。另外，系统间歇制冷或不制冷。

故障原因：制冷系统中存在水分。

排除方法：

① 更换储液干燥器。

② 反复抽负压（真空）。

③ 充注适量制冷剂。

4）低压表压力显示值为负压（真空），高压表压力显示值很低。低压表压力显示值为负压（真空），高压表压力显示值很低，如图 6-6 所示。另外，在储液干燥器或膨胀阀前、后管路上结霜或有露水，系统不制冷或间歇制冷。

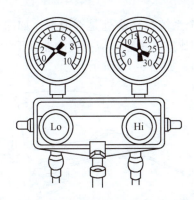 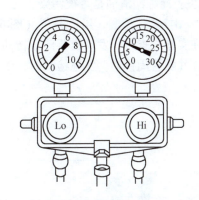

图 6-5　低压表压力显示值有时为负压　　　图 6-6　低压表压力显示值为负压（真空），
高压表压力显示值很低

故障原因：制冷剂不循环。

排除方法：

① 按照制冷剂系统中存在水分进行处理。

② 更换膨胀阀。

③ 更换储液干燥器。

④ 检查制冷剂是否被污染。

5)**低压表压力显示值过高,高压表压力显示值过低。**系统不制冷,低压表压力显示值很高,高压表压力显示值很低,如图 6-7 所示。

故障原因:压缩机内部故障。

排除方法:更换损坏的零件或总成。

6)**低压表压力显示值过低,高压表压力显示值过高。**低压表压力显示值很低,高压表压力显示值很高,如图 6-8 所示。另外,冷凝器上部和高压管路温度高,而储液干燥器并不热。

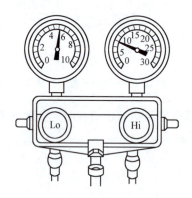
图 6-7　低压表压力显示值很高、高压表压力显示值很低

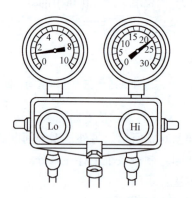
图 6-8　低压表压力显示值很低、高压表压力显示值很高

故障原因:高压管路堵塞或被压扁。

排除方法:

① 清洗或更换零件。

② 检查冷冻润滑油是否被污染。

(3)**用检漏仪检漏**　用检漏仪(图 6-9)检查整个系统各接头处是否泄漏,如图 6-10 所示。在实施检查时,发动机要停止转动,由于制冷剂比空气稍重,应把检测器置于管道较低一侧,并随管周移动。实施检测时,要轻微振动管路,如图 6-11 所示。

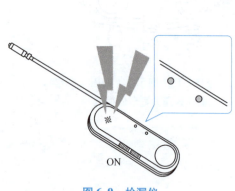
图 6-9　检漏仪

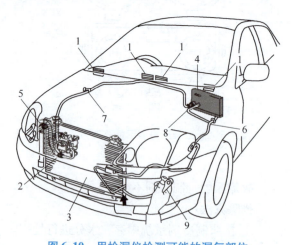
图 6-10　用检漏仪检测可能的漏气部位

1—送风机电阻　2—空调压缩机　3—冷凝器　4—蒸发器
5—储液干燥器　6—排放软管　7—管路的连接部位
8—蒸发器压力调节器(EPR)　9—检漏仪

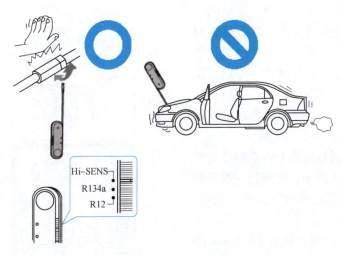

图 6-11 检漏仪的检测要领

（4）用故障诊断仪（解码器）诊断　对于自动空调系统，可用诊断仪测出故障码进行诊断，从而排除故障。

项目三　正确使用汽车空调系统维修工具

一、任务引入

为了迅速、准确地鉴定出汽车空调系统出现的故障及其部位，及时采取措施进行排除，需要使用专门的仪器及设备。另外，要提高维修质量，还需要借助一些专用维修工具来进行修理。在汽车空调具体修理过程中，离不开检漏、抽真空、充注制冷剂、加注冷冻润滑油以及排出空气等基本操作。汽车空调维修及安装常用的检测工具有歧管压力计、检漏设备、制冷剂注入阀、真空泵以及其他专用维修工具。

二、任务目标

1）了解通用工具及常用设备的使用方法。
2）掌握专用工具及专用设备的使用方法。

三、相关知识

1. 通用工具及常用设备

（1）通用工具　通用工具即普通的汽车维修工具，主要有：各种扳手，包括活扳手、管子扳手、梅花扳手、呆扳手；各种螺丝刀；各种锉刀，包括圆锉、方锉、扁锉、什锦锉；各种钳子，包括电工钳、钢丝钳、鲤鱼钳、尖嘴钳等；锤子；钢锯；凿子；各种钻头及尖冲等。

（2）常用设备　常用设备主要有磅秤、万用表、电烙铁、喷灯、电焊设备及手电钻等。

2. 专用工具及专用设备

（1）专用成套维修工具　成套维修工具是把汽车制冷系统维修时需要的专用工具组装在一个工具箱内，如图 6-12 所示。汽车空调专用成套维修工具由歧管压力计、检漏仪、制冷剂管固定架、制冷剂管割刀、备用储气瓶、扩口工具、检修阀扳手、注入软管衬垫、检修阀衬垫等组成，这些专用工具组装在工具箱内便于携带和保管，特别适用于空调系统的快修工作。

（2）**专用工具** 专用工具指在对空调系统进行维修时所需的专门工具。

1) **割管器**。割管器用于切割制冷剂管（钢管），如图6-13所示。纯铜管一般用割管器切断，用割管器切出的管口整齐光滑，易于胀管。

割管器可用于切割直径为3～25mm的纯铜管。切割时，将需要切断的纯铜管夹在刀片与滚轮之间，刀口与纯铜管垂直，然后顺时针缓慢旋紧螺钉旋具手柄，以使切割转动1/4圈，缓慢将割管器绕纯铜管旋转一圈，再旋紧割管器螺钉旋具手柄1/4圈，并使割管器绕纯铜管旋转一圈，直至纯铜管被切断为止。切割纯铜管时，要将刀口垂直压向纯铜管，不要歪扭或侧向扭动，否则很容易将刀口边缘崩裂。

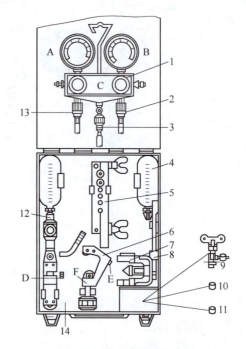

图6-12 汽车空调专用成套维修工具

1—歧管压力计 2—红色注入软管 3—绿色注入软管
4—备用储气瓶 5—制冷剂管固定架 6—制冷剂管割刀
7—扩口工具 8—检修阀扳手 9—制冷剂罐注入阀
10—注入软管衬垫 11—检修阀衬垫 12—检漏仪
13—蓝色注入软管 14—工具箱 A—低压表 B—高压表
C—压力表座 D—反应板 E—铰刀 F—刀片

2) **弯管器**。弯曲纯铜管时，可先在弯曲处退火。弯曲前，用气焊火焰加热纯铜管，加热部分的长度由弯曲角度和纯铜管的直径决定。当弯曲角度为90°时，加热部分的长度是纯铜管管径的6倍；当弯曲角度为60°时，加热部分的长度是纯铜管管径的4倍；当弯曲角度为45°时，加热部分的长度是纯铜管管径的3倍；当弯曲角度为30°时，加热部分的长度是纯铜管管径的2倍。

图6-13 制冷剂管割管器

加热纯铜管时，应不断转动管子使纯铜管管壁受热均匀。加热时间不能太长，一般加热到纯铜管管壁变为黄红色即可。纯铜管弯曲需要用弯管器，如图6-14所示。操作时，将纯铜管放入轮子的槽内，用夹具夹紧，纯铜管的另一端应将柄杆按顺时针方向移动，弯曲直到所需要的角度为止，然后退出弯管。对应于弯管不同的角度可调整轮上的不同角度。弯管时，速度要慢，逐步弯制，弯曲半径不能太小，过小会使纯铜管凹扁，纯铜管的弯曲半径应以纯铜管直径的 5 倍为宜。

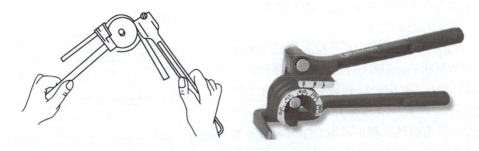

图 6-14 用弯管器弯曲纯铜管

3）胀管器。纯铜管采用螺纹接头时，为确保连接处的密封性，纯铜管管口需扩大并呈喇叭口形状。图 6-15 所示为胀管器。操作时，将已退火且已割平的纯铜管去除毛刺后放入与纯铜管管径相同的孔中，纯铜管管口朝向喇叭面（纯铜管需露出喇叭口深度的 1/3），旋紧夹具，在顶尖上涂少许冷冻润滑油，然后用手柄旋紧，先使顶尖下旋 3/4 圈，再退出 1/4 圈，如此反复进行，直到扩大成 60°喇叭口为止。其接触面不应有裂纹和麻点，以防密封不严。不合格的喇叭口可能有偏斜不正、损伤或裂纹、起皱。

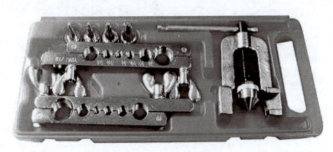

图 6-15 胀管器

（3）检漏设备　检漏设备用于检查空调系统内的制冷剂是否泄漏。制冷剂是一种十分容易蒸发的物质，在常态下，其沸点为 -29.8℃，因此要求整个制冷系统密封良好，否则制冷剂就会泄漏，影响制冷效率。所以，需要经常检查制冷系统是否有泄漏。当拆装或检修汽车空调制冷系统管路、更换零部件之后，都需要在检修及拆装部位进行泄漏检查。

汽车空调系统泄漏通常有两种情况：冷泄漏和热泄漏。冷泄漏指当系统未处于工作温度和压力下（如汽车在夜间停放时）发生的泄漏现象；热泄漏指系统处于高压周期时（如汽车在交通阻塞或缓慢移动时）产生的泄漏。

检漏设备包括卤素检漏器、染料检漏器、荧光检漏仪、电子检漏仪、氦质谱检漏仪、超声波检漏仪等。其中卤素检漏器只能用于 R12、R22 等卤素制冷剂的检漏，对 R134a 等不含氯离子的新型制冷剂无效。电子检漏仪对常用制冷剂也存在适用性的问题，使用时要注意。

1）氟利昂电子检漏仪。图 6-16 所示为氟利昂电子检漏仪的工作原理示意图。氟利昂电子检漏仪由一对电极组成，阳极由铂金做成，铂金被加热器加热并带正电，在它附近放一个阴极使它带负电。若放在空气中，就会有阳离子射到阴极并产生电流。如果有氟利昂气体流过，则回路中的电流会明显增大，根据此信号即可检测出制冷系统的泄漏情况。

图 6-17 所示为氟利昂电子检漏仪的外形及结构。在圆筒状铂金阳极设有加热器，并可以加热到 800℃ 左右，在阳极外侧装有阴极，在阳极与阴极之间加有 12V 直流电压，为使气体在电极间流动，设有吸气孔和小风扇，当有卤素元素的阳离子出现时，就会产生几个微安的电流，由直流放大器放大，使电流计指针摆动或使音频振荡器发出不同的声响，以示系统制冷剂泄漏程度的大小。

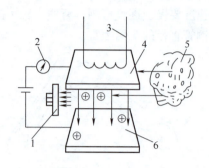

图 6-16　氟利昂电子检漏仪的工作原理示意图
1—吸气微型风扇　2—电流计　3—加热器
4—阳极　5—气态制冷剂　6—阴极

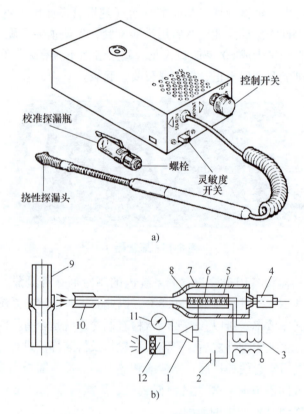

图 6-17　氟利昂电子检漏仪的外形及结构
a) 外形　b) 结构
1—放大器　2—阳极电源　3—变压器　4—风扇　5—阳极　6—阴极　7—外壳
8—电热器　9—管路　10—吸嘴　11—电流计　12—音频振荡器

2) **卤素检漏灯**。检修或拆装汽车空调制冷系统管路、更换零部件之后，需要在检修及拆装部位进行制冷剂的泄漏检查。目前主要使用的工具有卤素检漏灯和电子检漏仪两种，其中电子检漏仪最为常用。

卤素检漏灯是一种丙烷（或酒精）燃烧喷灯，它利用制冷剂气体进入安装在喷灯中的吸气管内会使喷灯的火焰颜色改变这一特性来判断系统的泄漏部位和泄漏程度，其结构如图6-18所示。当喷灯的吸气管从系统泄漏处吸入制冷剂时，火焰颜色会发生变化：当泄漏量少时，火焰呈浅绿色；当泄漏量较多时，火焰呈浅蓝色；当泄漏量很多时，火焰呈紫色。

卤素检漏灯的操作方法如下：

① 向检漏本体和检漏灯上加液态丙烷或无水酒精。

② 将点燃的火柴插入检漏灯点火孔内，按照逆时针方向缓慢旋转调节手柄，让丙烷气体溢出，遇火就能点燃。

③ 将燃烧的火焰调节到尽量小。火焰越小，对制冷剂泄漏反应越灵敏。

④ 将吸气管末端靠近各个有可能泄漏的部位。

⑤ 细心观察火焰的颜色，判断出制冷系统的泄漏部位和泄漏程度。

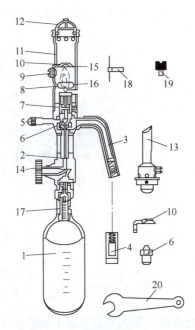

图6-18 卤素检漏灯的结构

1—检漏灯储气瓶 2—检漏灯主体 3—吸气管
4—滤清器 5—燃烧筒支架 6、17—喷嘴
7—火焰分离器 8—点火孔 9—反应板螺钉
10—反应板 11—燃烧筒 12—燃烧筒盖
13—栓盖 14—调节手柄 15—火焰长度（上限） 16—火焰长度（下限）
18—喷嘴清洁器 19—调节扳手 20—扳手

若没有泄漏发生，即空气中不存在制冷剂蒸气时，火焰为无色。当出现极轻微的泄漏时，吸气管将泄漏的制冷剂蒸气吸入到丙烷灯燃烧室内，并在600~700℃的燃烧区发生制冷剂分解，产生的气体在接触到烧红的铜时，会使火焰变成绿色并增加火焰高度。因此，可根据卤素检漏灯火焰颜色来判断制冷剂泄漏量，见表6-2。

表6-2 卤素检漏灯故障诊断表

燃烧物质	火焰颜色	故障诊断
酒精	变成浅绿色	有少量泄漏
	变成深绿色	有大量泄漏
丙烷	变成浅蓝色	有较少泄漏
	变成蓝色	有较多泄漏
	变成紫色	有大量泄漏

（4）歧管压力计　歧管压力计也称为压力表组，它与制冷系统相接，可进行抽真空、加注制冷剂及检查与判断制冷系统的工作状态和故障情况等。

1）组成。歧管压力计由高压表、低压表、低压手动阀、阀体以及高压接头、低压接头、制冷剂抽真空接头等组成，如图6-19所示。工作时，高、低压接头分别通过软管与压缩机高、低压阀相接，中间接头与真空泵或制冷剂钢瓶相接。只能用手拧紧软管与歧管压力计的接头，不可用扳手，否则会拧坏接头螺纹。所用压力表为弹簧管式压力表。低压表既用于显示压力，也用于显示真空度，所以也称为里程表。

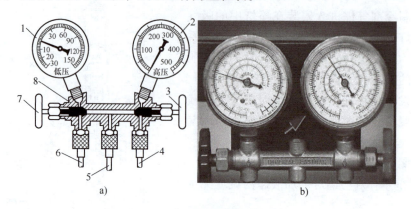

图 6-19 歧管压力计

a）结构 b）外形

1—低压表（蓝色） 2—高压表（红色） 3—高压手动阀 4—高压侧软管（红色）
5—维修用软管（绿色） 6—低压侧软管（蓝色） 7—低压手动阀 8—歧管压力表座

当具有一定压力的被测工质从接头进入弹簧管时，由于弹簧管内、外压力差的作用，使弹簧管膨胀变形，通过拉杆使扇形齿轮转过一定的角度，从而带动小齿轮和指针也转过一个角度，指针所指的读数即为所测的压力。如果被测工质压力低于大气压力，则弹簧管收缩变形，歧管压力计所示读数便是真空度。

2) 歧管压力计具有以下 4 种功能：

① 检测制冷系统的高压端压力，如图 6-20a 所示。当高压手动阀和低压手动阀同时关闭时，则可对高压侧和低压侧进行压力检查。

② 对制冷系统抽真空，如图 6-20b 所示。当高压手动阀和低压手动阀同时全开时，全部管路接通，在中间接头处接上真空泵便可以对系统进行抽真空。

③ 加注气态制冷剂和冷冻润滑油，如图 6-20c 所示。当高压手动阀关闭、低压手动阀打开时，中间接头接到制冷剂钢瓶上或冷冻润滑油瓶上时，可向系统低压侧充注气态制冷剂或冷冻润滑油。

④ 高压侧充注液态制冷剂也可排出制冷剂，使系统放空，如图 6-20d 所示。当低压手动阀关闭、高压手动阀打开时，可使系统向外排出制冷剂，也可使高压端充注液态制冷剂。

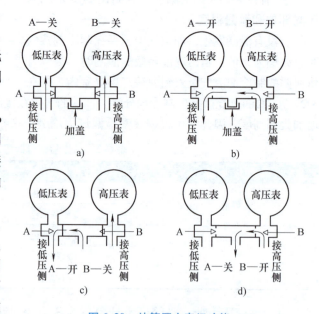

图 6-20 歧管压力表组功能

a）检测压力 b）抽真空 c）加注 d）回收

3）使用注意事项。

① 压力接头与软管连接时，只能用手拧紧，不可使用工具。

② 使用时，要排净管内空气。

③ 不使用时，应用堵头将各接口密封，防止管内进入水分或杂物。

④ 该表属于精密仪表，平时应注意保持清洁，使用时应注意轻拿轻放。

（5）真空泵　安装、检修空调制冷系统时，会有一定量的空气进入制冷系统，空气中含有一定量的水蒸气，这会使制冷系统的膨胀阀冰堵、冷凝压力升高、系统零部件发生腐蚀。因此，对制冷系统进行检查后，在未加入制冷剂之前，应对制冷系统抽真空。抽真空是否彻底，将影响系统的正常运转效果。

真空泵用于制冷系统抽真空，以排除系统内的空气和水分，其外形如图 6-21 所示。抽真空并不能将水抽出系统，而是产生真空后降低了水的沸点，使水在较低温度下沸腾，并被以蒸汽的形式从系统中抽出。

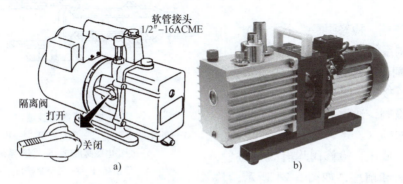

图 6-21　真空泵
a）结构　b）外形

（6）制冷剂罐注入阀　当向制冷系统加注制冷剂时，可将注入阀装在制冷剂罐上，旋转制冷剂罐注入阀手柄，阀针刺穿制冷剂罐，即可加注制冷剂。为便于维修汽车空调和随车携带方便，制冷剂生产厂制造了一种小罐制冷剂（一般为 400g 左右），但要将其注入汽车空调制冷系统中需要有注入阀才能配套开罐。图 6-22 所示为制冷剂罐注入阀。罐内装有制冷剂，接头用软管与歧管压力计的中间接头相连，其具体使用方法如下：

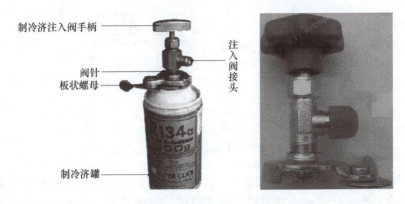

图 6-22　制冷剂罐注入阀

1)按照逆时针方向旋转制冷剂罐注入阀手柄,直到阀针退回为止。

2)将制冷剂罐注入阀装到制冷剂罐上,逆时针方向旋转板状螺母直到最高位置,然后将制冷剂罐注入阀顺时针拧动,直到制冷剂罐注入阀嵌入制冷剂密封塞。

3)将板状螺母按照顺时针方向旋转到底,再将歧管压力计上的中间软管固定到制冷剂罐注入阀的接头上。

4)拧紧板状螺母。

5)按照顺时针方向旋转手柄,使阀针刺穿密封塞。

6)若要加注制冷剂,则逆时针方向旋转手柄,使阀针抬起,同时打开歧管压力计上的手动阀。

7)若要停止加注制冷剂,则顺时针方向旋转手柄,使阀针再次进入密封塞,起到密封作用,同时关闭歧管压力计上的手动阀。

(7)检修阀 检修阀是一个三通阀,用于对汽车空调系统抽真空、检测系统压力以及加注制冷剂。其结构如图6-23所示,阀上有4个通道接口,通道4接压力表,通道5接旁路电磁阀,通道6接制冷系统管道,通道7接压缩机。

无论高、低压,检修阀均有3个位置,即后座、中座和前座,如图6-24所示,其阀杆可利用棘轮扳手转动,使该阀可处于这3个位置中的任意一个。

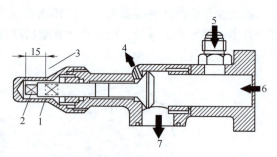

图6-23 检修阀的结构
1—阀帽 2—阀杆 3—阀杆行程 4—压力表接口
5—旁路电磁阀接口 6—制冷系统
管道接口 7—压缩机接口

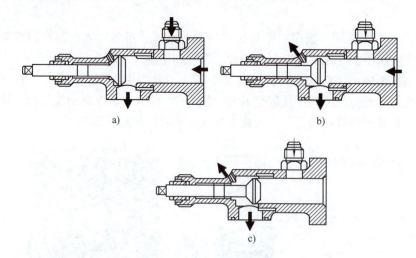

图6-24 检修阀的工作位置
a)后座位置 b)中间位置 c)前座位置

1)后座位置又称为正常位置,如图6-24a所示,逆时针方向旋转阀杆至检修阀的极限位置,检修阀为后座,此时制冷剂可进、出压缩机,但到不了压力表。制冷系统正常工作时，压缩机上的两个检修阀处于此位置。

2) 中间位置，如图6-24b所示，此时歧管压力表、压缩机、制冷剂管道全部连通。检修阀在这个位置时，可以加注制冷剂、抽真空或用歧管压力表检查制冷系统的压力。制冷剂可在整个系统内流通，压缩机内制冷剂既可进入管路系统，又可进入压力表口，以便检测系统压力。

3) 前座位置，如图6-24c所示，顺时针方向转动阀杆至检修阀的极限位置，检修阀为前座，此时系统内制冷剂不能流到压缩机，检修阀处于关闭位置。压缩机与系统其他部分隔绝，若松开检修阀的固定螺钉，则可以更换压缩机，或将压缩机拆下来进行修理，而不必拆开整个制冷系统。从压缩机上拆下检修阀时要小心，因为压缩机还残存有制冷剂，因此拆卸检修阀时速度要慢并要遵守有关操作规程。

(8) 气门阀　气门阀一般用于非独立驱动的汽车空调制冷系统（如轿车空调等）维修。在轿车空调制冷系统中，为了简化制冷系统的结构，压缩机上不设检修阀，而用维修接口来代替，每个维修接口上都装有气门阀。气门阀的结构如图6-25所示。轿车空调压缩机进、排气管都采用这种气门阀，它和轮胎的气门芯相似，只有开和关两个位置。

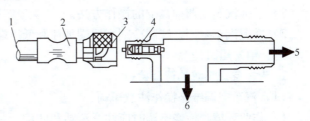

图6-25　气门阀的结构

1—通往压力表　2—检测用软管　3—顶阀杆
4—气门阀　5—通往制冷管路　6—通往压缩机

气门阀使用时，只要把检测用软管接头拧在工作阀口上，阀芯就会被压开，制冷剂就能进入检测用软管；拆卸检测用软管时，则自动关闭系统接口。

(9) 乙炔-氧气焊割设备　乙炔-氧气焊割设备是汽车空调维修使用最广的设备，其基本组成如图6-26所示。乙炔-氧气焊割设备主要由乙炔瓶、氧气瓶、焊枪、氧气减压阀、乙炔减压阀及氧气连接管等组成。

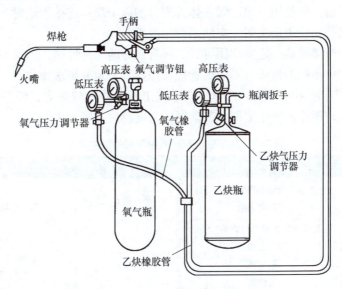

图6-26　乙炔-氧气焊割设备的基本组成

项目四　熟悉汽车空调维修操作技能

一、任务引入

当汽车空调制冷系统各部件安装完毕或当有故障的制冷系统维修完毕之后，应对制冷系统进行泄漏检查，以排除系统内的空气和水汽，充注制冷剂和冷冻润滑油。制冷系统工作过程中，应能正确储存制冷剂或从制冷系统中排出制冷剂。这些都是汽车空调维修的基本操作技能。

二、任务目标

1）了解汽车空调系统常用的泄漏检查方法。
2）掌握汽车空调抽真空的操作方法。
3）掌握汽车空调系统制冷剂高压端加注和低压端加注的方法。

三、相关知识

1. 汽车空调系统的泄漏检查

（1）汽车空调维修操作注意事项

1）作业环境。检修空调时应注意清洁和防潮，一定要防止污物、灰尘和水分进入系统内，要把机组周围和接头附近清洁干净，避免雨天维修作业。

2）制冷剂的使用。保存和搬运制冷剂钢瓶时，应按其要求存放，严禁直接对制冷剂钢瓶加热或将制冷剂钢瓶放在40℃以上的热水中。加注制冷剂时应戴护目镜，以免冻伤眼睛。发动机运转时，切不可打开歧管压力计上的手动高压阀使制冷剂倒流入制冷剂罐内，否则会引起爆炸事故。在发动机运转过程中，从低压侧加注气态制冷剂时切不可倒放制冷剂钢瓶，以防压缩机冲缸。

3）制冷系统管道操作。拆卸管道时，应立即将管道或接头封住，以免潮气和灰尘进入。弯管时，应事先退火且弯曲半径应尽可能大；切管时，应保持管口平整、光洁并清除管内积屑；清洗管道时，应使用三氯乙烯液体并充分加以干燥；连接管道时，应在接头处滴几滴润滑油；拧紧或拧松管道接头时，应使用两把扳手。

汽车空调制冷管道连接一定要牢固可靠，具有良好的密封性能，但又不能拧紧过度而损伤螺纹，因此应根据不同的材质、不同的管径按照拧紧力矩的要求操作。

（2）汽车空调制冷系统检漏　汽车空调系统工作条件比较恶劣，极易造成部件、管道损坏和接头松动，使制冷剂发生泄漏。其泄漏的常发部位见表6-3。

表6-3　汽车空调制冷系统泄漏的常发部位

部　件	泄漏常发生的部位	部　件	泄漏常发生的部位
冷凝器	冷凝器进气管和出液管连接处 冷凝器盘管	制冷剂管道	高、低压软管 高、低压软管各接头处
蒸发器	蒸发器进口管和出口管的连接处 蒸发器盘管 膨胀阀	压缩机	压缩机轴封 压缩机进、排气阀处 前、后盖密封处 与制冷剂管道接头处
储液干燥器	易熔塞 管道接头喇叭口处		

汽车空调系统常用的泄漏检查方法如下：

1）肥皂水泡沫法检漏。制冷剂泄漏部位会渗出冷冻润滑油，因而若发现在某处有油迹，应用手直接触摸进行检查或用清洁棉丝擦拭。如果擦去以后还有油渗出，就可以判定汽车空调系统存在泄漏。如果擦去以后没有油渗出，可用肥皂水进行检查，把肥皂水均匀、完整地刷在可能的泄漏部位，然后仔细地观察，如果有气泡，就可判定汽车空调系统存在泄漏。注意：肥皂水检查法不能检查压缩机、冷凝器及蒸发器等不宜涂肥皂水和不好观察部位的泄漏，主要用于检查管路部位泄漏。高压管路检漏在空调运行和不运行时均可进行，但低压管路检漏在空调不运行时才可进行。

2）加压法检漏。首先，按照图6-27所示的方法将高压软管接在高压检修阀上，低压软管接在低压检修阀上。由于压缩空气中的水分会在膨胀阀内造成冰堵现象，所以不可用来检漏。因此常用工业氮气进行检漏，其优点是无腐蚀性、无水分且价格便宜。检漏工艺是将瓶装高压氮气用减压表减压，向制冷系统中灌注1.5MPa左右的氮气后，将肥皂水均匀地涂在系统的各接头处和焊接处，仔细观察是否有气泡、渗漏的声音等。发现渗漏处应作标记并及时进行处理，然后检查其他接头处和焊接处。检查必须仔细，并反复检查3~5次，直至完全消除渗漏。检查完毕后，还要进行试漏，方法是空调制冷系统保压24~48h，若压力不降低，则说明制冷系统密封合格；若压力降低明显，则说明还有未查到的地方，必须进行检漏，直至完全消除渗漏。

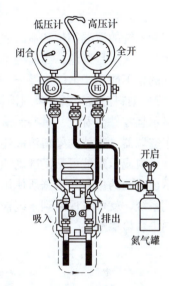

图6-27　压力检测时的管道连接

3）真空法检漏。真空法检漏指在对制冷系统抽真空以后，保持系统真空状态一段时间（至少60min），然后观察系统中的真空压力表指针是否移动（即指针是否发生变化）的一种检漏方法。如果真空指示没有变化，则说明系统无泄漏；如果真空指示有回升，则说明系统有泄漏。

要说明的是，采用这种方法检漏只能确定制冷系统是否泄漏，而不能确定泄漏的具体部位。

4）充氟检漏。在进行上述几种检漏以后就要进行充氟检漏。充氟检漏的方法是将歧管压力表分别连接在压缩机的高、低压检修阀上，中间连在制冷剂瓶上，然后打开手动高、低压阀和制冷剂瓶，向制冷系统加入氟利昂制冷剂，当压力达到0.1MPa时，分别关好手动高、低压阀和制冷剂瓶，对系统保压几小时。若系统压力不变，就说明系统没有泄漏；若系统压力下降，就说明系统存在泄漏。此时要用卤素检漏灯或电子检漏仪找出泄漏部位后进行补漏。

5）紫外线检漏仪荧光检漏。紫外线光能引起在紫外激光染料中的荧光分子发出黄色或黄绿色荧光。紫外线检漏仪荧光检漏的检测方法是将一种荧光泄漏探测染料压入制冷系统中并用紫外线灯照射（图6-28），如果系统有泄漏，则会发黄色或黄绿色光，荧光分子可保持2年有效。

6）卤素检测灯检漏。卤素检测灯检漏主要利用制冷剂使喷灯的火焰颜色改变这一特性

图 6-28 紫外线检漏仪荧光检漏

来判断系统的泄漏部位和泄漏程度。当制冷剂泄漏量大时，火焰呈浅蓝色；当制冷剂泄漏量很大时，火焰呈紫色；当泄漏量较小时，火焰呈浅绿色。卤素检测灯主要是针对制冷剂 R12 设计的，不能用于 R134a 系统。

7）染料溶液检漏。染料溶液是一种可以放入汽车空调器中的有色溶液。在渗漏处染料会显示且零件会着色，有些制造厂商供应含有红染料的制冷剂，这种制冷剂用正常方法装入汽车空调器。其他的染料溶液还有浅黑色的。

染料或示踪液可帮助准确地确定少的泄漏，因为围绕泄漏点着上一层有色薄膜染料就可显示出准确的位置。依据所使用的染料，薄膜可以是橘红色或黄色的。染料一旦被吸入汽车空调系统，就可以保持到系统被清洗为止，而丝毫不会影响系统的运行。图 6-29 所示为制冷剂染料检漏组件。

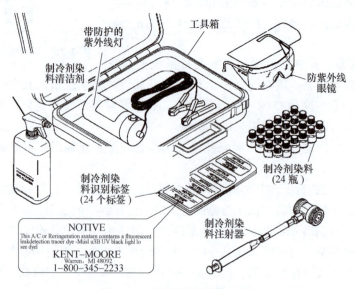

图 6-29 制冷剂染料检漏组件

2. 汽车空调系统制冷剂的排放

制冷系统中的某个部件修理、更换或是其他的原因需要排放制冷系统中的制冷剂时，应先将制冷系统卸压后才能进行修理、更换。汽车空调系统制冷剂有两种排放的方法：第一种是将制冷剂直接排放到大气中，此法会造成环境污染，排放时应在通风良好的场地，最好不在室内进行,而且不能接近明火;第二种是回收制冷剂,此法是利用回收装置进行回收。

传统的将制冷剂排放到大气中的具体操作工艺如下:

1) 关闭歧管压力表的高、低压手动阀,按如图 6-30 所示的方案进行连接。高、低压软管与压缩机高、低压检修阀的管道连接,中间软管的出口处包上一块洁净的工作棉布。

2) 缓慢打开手动高压阀排放制冷剂,注意阀不能开得太大。在操作时注意观察中间软管出口处的工作棉布,当看到有冷冻润滑油流出时,就要减小高压手动阀的开度。

3) 当高压表的读数降到 340kPa 时,缓慢打开手动低压阀,开度不要太大,注意观察中间排放软管的出口处的工作棉布,以棉布没有冷冻润滑油流出为准,使制冷剂从制冷系统的高、低压侧管道同时排出。

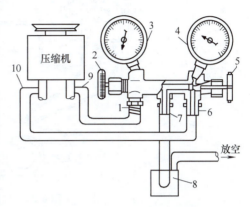

图 6-30 制冷剂排放管路连接

1—低压管 2—手动低压阀 3—低压表
4—高压表 5—手动高压阀 6—高压接头
7—接抽真空泵或制冷剂罐接头 8—量杯
9—低压检修阀 10—高压检修阀

4) 观察歧管压力表的指示值,随着系统内的压力下降缓慢增大手动高、低压阀的开度,直到高、低压侧压力表的指示值下降到零,说明制冷剂排放干净,马上关闭歧管压力表的手动高、低压阀。

5) 在制冷剂排放时,若不慎流出大量冷冻润滑油,当流出冷冻润滑油的量超过 14.2g 时,应在加注制冷剂之前加入等量的冷冻润滑油;当流出冷冻润滑油的量少于 14.2g 时,不需要加冷冻润滑油。

3. 汽车空调制冷系统的抽真空

抽真空是为了排除制冷系统内的空气和水汽,它是空调维修中一项极为重要的程序。因为对制冷系统进行维修或更换元器件时,空气会进入系统,而且空气中含有一定量的水蒸气(湿空气),抽真空并不能直接把水分抽出制冷系统,而是产生真空后降低了水的沸点,使水汽化成蒸汽后被抽出制冷系统。因此,系统抽真空的时间越长,系统内残余的水分越少。为最大限度地将系统内的空气及湿气抽出,必须采用重复抽真空法,即第一次抽真空完毕后,再连续抽 30min 以上。图 6-31 所示为抽真空管路连接方法。抽真空具体操作过程如下:

1) 歧管压力表、真空泵与制冷系统的连接。将歧管压力表上的高、低压软管分别与压缩机或空调管路(图 6-32)上的高、低接口相连,将歧管压力表上的中间软管与真空泵相连。也可以在中间接口的软管上接上一个三通阀,将真空泵、制冷剂瓶和中间接口接到三通阀上。后一种方法的优点是在抽真空加入制冷剂时,空气进入制冷系统的机会小。

2) 抽真空。启动真空泵,打开歧管压力表的手动高、低压阀(图 6-33)。当歧管压力表真空度大于 95kPa 时,再持续 10min 后停止抽真空。起动真空泵,观察歧管低压压力表,真空度不低于 300kPa,高压表不能低于零,若系统有堵塞,应修复后再抽真空。

3) 关闭手动高、低压阀,其表针应在 10min 内不得回升,如图 6-34 所示。低压表指示值应为 100~200kPa。这就是前面所说的真空试漏。若在抽真空时系统达不到低压表指示值为 100~200kPa,或达到了但在 10min 内表针有回升,则说明制冷系统有泄漏的地方。

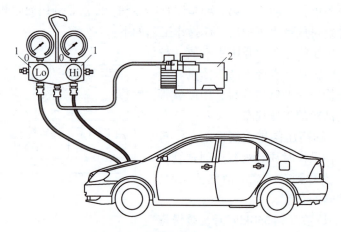

图 6-31 抽真空管路连接方法
1—歧管压力表 2—真空泵

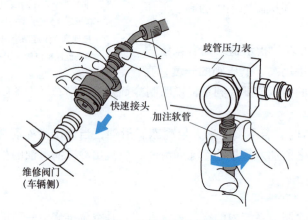

图 6-32 歧管压力表的连接

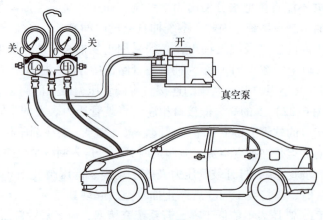

图 6-33 抽真空

4)检漏。系统内的真空度在 10min 内没有回升,低压表指示值为 100~200kPa,还要进行制冷剂检漏,方法是从低压端注入少量气态制冷剂,当压力达到 100kPa 时,迅速关闭

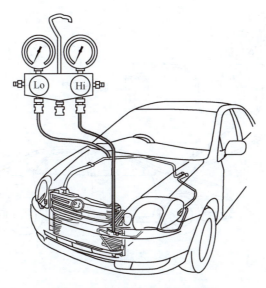

图 6-34 检查空调管路的密闭性

制冷剂瓶和手动低压阀。用电子检漏仪或肥皂水查漏,发现泄漏后要进行修理。

5)再次启动真空泵,打开歧管压力表的手动高、低压阀,继续抽真空不少于30min,可以更长时间保证抽真空的效果。结束时,先关闭手动高、低压阀,再关闭真空泵。这时就为系统加注制冷剂做好了准备。

4. 汽车空调系统制冷剂的加注

当制冷系统抽真空达到要求且经检漏确定制冷系统不存在泄漏部位后,即可向制冷系统加注制冷剂。加注前先确定注入制冷剂的数量,每种压缩机加注制冷剂的量都有严格规定,加注量过多或过少都将影响压缩机的使用寿命和空调系统的制冷效果。

加注制冷剂的方法有3种:一种是制冷系统高压端的气门阀加注,称为高压端加注,充入的是液态制冷剂,其特点是安全、快速,但用该方法时要注意加注时不可起动压缩机(发动机停转)且制冷剂罐要倒立,这种方法最好是用专用的设备加注;另一种是从制冷系统低压端的气门阀加注,充入的是气态制冷剂,其特点是加注速度慢,可在系统补充制冷剂的情况下使用;第三种是先从高压端气门阀加注一定量制冷剂后,起动发动机,空调制冷系统工作,再从低压端气门阀吸入制冷剂,这种方法加注制冷剂的速度较快,不需要其他的专用仪器,一般汽车修理厂都采用这种方法。

(1)加注罐的安装

1)连接加注罐和加注阀(图 6-35 和图 6-36)。

① 检查加注罐连接部件的盘根,逆时针转动手柄升起针阀,逆时针转动阀盘升起阀盘。

注意:要在针阀升起前安装加注罐,否则针阀会插进加注罐中,从而导致制冷剂泄漏。

② 把阀门旋进加注罐中直到与盘根紧密接触,然后紧固阀盘以卡住阀门。

注意:不要顺时针转动手柄,否则针阀将插进加注罐中,从而导致制冷剂泄漏。

2)把加注罐安装到歧管压力表上(图 6-37)。

① 完全关闭歧管压力表低压侧和高压侧的阀门。

② 把加注罐安装到歧管压力表中间的绿色加注软管上。

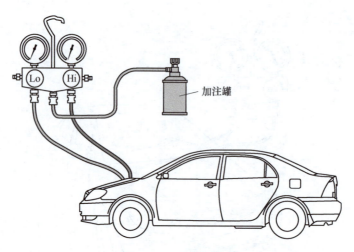

图 6-35 加注罐的连接

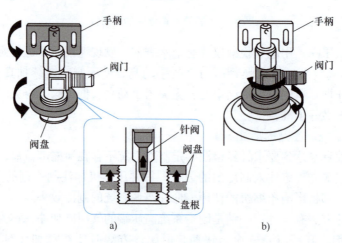

图 6-36 加注阀的安装

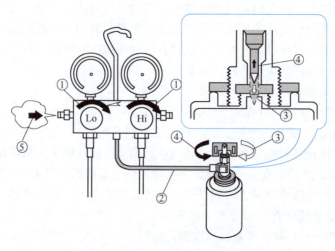

图 6-37 把加注罐安装到歧管压力表上

③ 顺时针方向旋转手柄直到针阀在加注罐上钻个孔。
④ 逆时针方向旋转手柄退出针阀。
⑤ 按下歧管压力表的气体驱除阀放出空气，直到制冷剂从阀门处释出。

注意：如果直接用手按下气体驱除阀，释放出的空调气体就会沾到手上等处，从而将手冻伤，因此要用螺钉旋具手柄等按住阀门。

(2) **高压端加注** 高压端加注指通过歧管压力表手动高压阀向系统加注液态制冷剂。操作步骤如下：

1）当系统抽真空后，关闭歧管压力表上的手动高、低压阀。

2）将中间软管的一端与制冷剂罐加注阀的接头连接，如图 6-38 所示打开制冷剂罐开启阀，再拧开歧管压力表中间软管一端的螺母，让气体溢出几分钟，然后拧紧螺母。

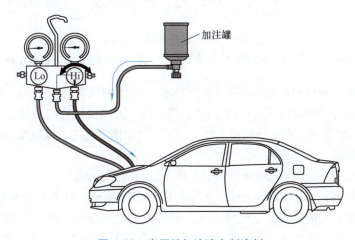

图 6-38 高压端加注液态制冷剂

3）拧开手动高压阀至全开位置，将制冷剂罐倒立。

4）从高压侧注入规定量的液态制冷剂。关闭制冷剂罐注入阀及歧管压力表上的手动高压阀，然后将仪表卸下。从高压侧向系统加注制冷剂时，发动机处于不起动状态（压缩机停转），不要拧开歧管压力表上的手动低压阀，以防产生液击现象。

(3) **低压端加注** 低压端加注指通过歧管压力表手动低压阀向系统加注气态制冷剂。操作步骤如下：

1）按照图 6-39 所示将歧管压力表与压缩机和加注罐连接好。

2）打开加注罐，拧松中间注入软管在歧管压力表上的螺母，直到听见有制冷剂蒸气流动声，然后拧紧螺母，从而排出注入软管中的空气。

3）打开手动低压阀，让制冷剂进入制冷系统。当系统的压力值达到 0.4MPa 时，关闭手动低压阀。

4）起动发动机，将空调开关打开，并将鼓风机开关和温控开关都调至最大。

5）打开歧管压力表上的手动阀，让制冷剂继续进入制冷系统，直至加注量达到规定值。

6）在向系统中加注规定量制冷剂之后，从视液窗处进行观察，确认系统内无气泡、无过量制冷剂。将发动机转速调至 2000r/min，鼓风机冷风量开到最高档，若气温为 30 ~

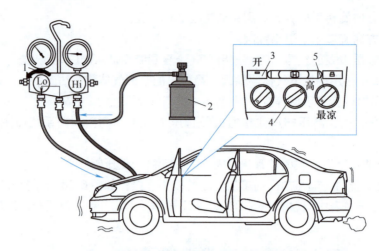

图 6-39 低压端加注气态制冷剂

1—歧管压力表 2—加注罐 3—空调开关 4—鼓风机速度控制 5—温度选择器

35℃，则系统内低压侧压力应为 0.147~0.192MPa，高压侧压力应为 1.37~1.67MPa。

7）加注完毕后，关闭歧管压力表上的手动低压阀，关闭安装在加注罐上的注入阀，使发动机停止运转，将歧管压力表从压缩机上卸下，卸下时动作要迅速，以免过多制冷剂泄出。

(4) 从高压端注入液态制冷剂，再从低压端补足制冷剂

1）当系统抽真空后，关闭歧管压力表上的手动高、低压阀。

2）将中间软管的一端与制冷剂罐注入阀的接头连接起来，打开制冷剂罐开启阀，再拧开歧管压力表软管一端的螺母，让气体溢出几分钟，把空气排出，然后拧紧螺母。

3）从高压侧注入液态制冷剂一段时间后，制冷剂罐重量不再减少，则关闭手动高压阀，将制冷剂罐倒立。

4）起动发动机并使其转速保持在 1250~1500r/min，打开空调（A/C）开关，风扇开到最高档并打开手动低压阀，让气态制冷剂进入系统的低压端。

5）如果进气速度慢，则可以把制冷剂罐放在热水中加热，加快进气速度。

6）通过视液镜玻璃和歧管压力表检查制冷剂量，其方法同上述检查方法一致。加足量后，关闭加注罐，然后关闭低压手动阀，停止空调器的工作，停止发动机的运转。

(5) 注入制冷剂时的注意事项

1）加注人员应遵守操作规范、戴好防护眼镜，避免制冷剂与皮肤直接接触。

2）加注罐应放在 40℃以下的无阳光直射的通风处。

3）在系统抽完真空后，应立即关闭歧管压力表上的手动高、低压阀，然后关闭真空泵。两者顺序不能颠倒，否则会导致管道与外界相通，无法保持系统的真空状态。

4）加注制冷剂后，应及时检查制冷剂的加注量。如果加注量适当，则制冷剂在流动中仅有极少量的气泡，当发动机转速提高到 1500r/min 时，气泡应完全消失且制冷剂呈透明状；如果加注过量，则制冷剂在流动中完全看不到气泡；当加注量不足时，制冷剂在流动中会出现明显的气泡。

5. 制冷系统润滑油的加注

通常汽车空调制冷系统的冷冻润滑油消耗很少，可每 2 年更换 1 次，每次应按规定数量加注（一般压缩机的铭牌上都标注润滑油的型号和数量）。加注时一定要使用同一牌号的冷冻润滑油，不同牌号的冷冻润滑油混用会生成沉淀物。

制冷系统内制冷剂如果泄漏很慢，对冷冻润滑油泄漏影响不大。若系统内制冷剂泄漏很快，则冷冻润滑油会很快地泄漏。汽车空调压缩机是高速运转装置，其工作是否正常取决于润滑是否充分，但过多的润滑油会影响制冷效果。当更换压缩机和制冷系统某一部件时，必须检查压缩机内的油量。维修汽车空调制冷系统时，通常不需加注冷冻润滑油，但在更换制冷系统部件以及发现系统严重泄漏时，必须加注冷冻润滑油。

(1) 压缩机冷冻润滑油油量的检查　压缩机冷冻润滑油油量的检查方法有以下两种：

1) 观察油尺。如图 6-40 所示，卸下加油塞，通过加油塞孔察看并旋转离合器前板；将油尺用棉纱擦干净，然后插到压缩机内，直到油尺端部碰到压缩机内壳体为止；取出油尺，观察油尺浸入深度。当油量合适时，压缩机内油面高度应在油尺的前 4~6 格之间（若油量少，则加入；若油量多，则放出），然后拧紧加油塞。

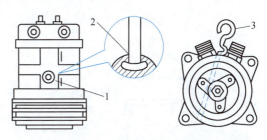

图 6-40　空调压缩机冷冻润滑油油量的检查
1—加油塞　2—加油孔　3—油尺

2) 观察视液镜。通过压缩机上安装的视液镜玻璃可观察冷冻润滑油油量。如果压缩机冷冻润滑油油面达到观察高度的 80% 位置，一般认为是合适的；如果油面在这个界限以下，则应该添加；如果油面在这个界限以上，则应该放出多余的冷冻润滑油。

(2) 冷冻润滑油的加注量　新的空调系统只有压缩机内装有冷冻润滑油，其他各零部件中没有冷冻润滑油。压缩机内冷冻润滑油量为 120~150mL，不同型号的汽车略有不同。空调系统工作后，冷冻润滑油流动到达蒸发器、储液器和冷凝器内的各个零部件。如果更换系统部件，则应补充相应量的冷冻润滑油，其加注量见表 6-4。

表 6-4　更换制冷系统部件时冷冻润滑油的加注量

更换的系统部件	冷凝器/mL	蒸发器/mL	储液干燥器/mL	系统管道/mL
冷冻润滑油补充量	40~50	40~50	10~20	10~20

(3) 冷冻润滑油的加注　发现压缩机的冷冻润滑油量少于标准值时，就要进行冷冻润滑油的加注。润滑油的加注方法有两类。一类加注方法是在系统抽真空之前，主要有以下 3 种方法：

1) 直接加入法，不需用专用设备。用量筒量好需要加注的油量，卸下加油塞，旋转离合器前板，使活塞连杆正好在加油塞孔的中央位置，直接从压缩机的加油塞口处加注。此方法较简单。

2) 利用压缩机本身抽吸作用将冷冻润滑油从手动低压阀处吸入，此时发动机一定要保持低速运转。

3) 利用抽真空加注冷冻润滑油。

① 对制冷系统抽真空。

② 选用一个有刻度的量筒，盛入比要加注的冷冻润滑油多的冷冻润滑油。

③ 将连接在压缩机上的低压软管从歧管压力表上拧下来,并将其插入盛有冷冻润滑油的量筒内,如图6-41所示。

④ 启动真空泵,打开歧管压力表上的手动高压阀,加注的润滑油就从压缩机的低压侧进入压缩机中。当冷冻润滑油量达到规定量时,停止真空泵的抽吸,并关闭手动高压阀。

⑤ 按照抽真空法加注冷冻润滑油后,应继续对制冷系统抽真空、加注制冷剂。

另一类加注方法是在系统抽真空之后,其加入工艺如下:

① 将歧管压力表、真空泵、注油器上的加油塞和放油阀连接起来,连接方法如图6-42所示。

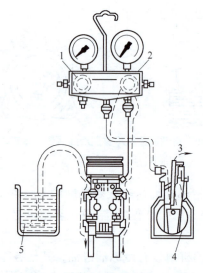

图6-41 抽真空法加注冷冻润滑油
1—手动低压阀关闭 2—手动高压阀开启
3—排出空气 4—真空泵 5—冷冻润滑油

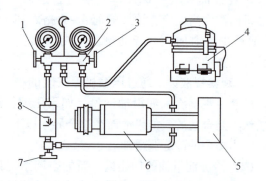

图6-42 润滑油加注专用装置的连接方法
1—手动低压阀 2—表阀 3—手动高压阀 4—真空泵
5—空调制冷系统 6—压缩机 7—放油阀 8—注油器

② 启动真空泵,打开手动高压阀和手动低压阀,关闭放油阀。

③ 打开注油器的加油塞,从加油塞孔处加入足量的冷冻润滑油,然后将加油塞拧紧。

④ 观察歧管压力表,真空压力应大于98kPa,目的是使冷冻润滑油内的水分蒸发、汽化后和空气一起被抽走。

⑤ 真空泵继续运行5min,目的是将冷冻润滑油内的水分完全蒸发、汽化后抽走。关闭手动高压阀和真空泵,并拆下中间软管,稍微打开手动低压阀,开启放油阀。这时,冷冻润滑油被注入制冷系统的低压侧。

⑥ 当注油器油量减到要加的刻度时,马上关闭放油阀。

⑦ 当冷冻润滑油加入完毕后,关闭手动低压阀,此时就可以加注制冷剂了。

 **案例分析**

上海大众朗逸轿车空调制冷量不足

故障现象 一辆上海大众朗逸轿车,装配1.6L CDE发动机、手动空调,行驶里程为

8000km。驾驶人反映，起动空调制冷系统制冷后，感觉制冷量不足。

故障诊断 首先确认空调系统制冷量不足的现象是否存在。起动发动机，开启空调制冷功能，风速开至2档，风向选择为中部出风，用温度计测量出风口温度，5min后温度计显示为16.7℃，大大高于"出风口温度＜11℃"的标准值，明显存在故障。

该款汽车的空调系统由制冷系统、供暖系统、送风系统、电子控制系统组成。因为报修的是制冷问题，所以这里可以不考虑供暖系统。首先使用冷媒分析仪对管路中的冷媒进行纯度分析，分析结果为合格；然后连接压力表，高、低压的指数都在正常的范围内；检查冷凝器，干净无脏污；目测低压管上有露水，用手触摸管路，感觉很凉。通过这些初步检查判断制冷量方面没有问题，基本可以排除是制冷系统的问题。既然制冷系统压缩机能正常工作，证明空调的控制系统没有问题，剩下的只有送风系统了。拆下仪表台，对鼓风箱壳体进行检查。检查发现，箱体内冷、热风门上的塑胶蒙皮已经严重脱落和褶皱（图6-43），致使冷、热风门无法完全关闭，使一部分热空气同制冷后的空气混合，送出出风口，导致出风口温度不能达到正常范围。

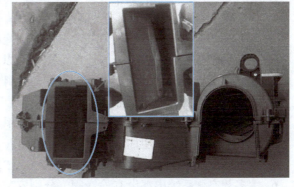

图6-43 褶皱的冷热调节风门

虽然发现冷、热风门存在明显的问题，但因无单独的风门配件，故更换了整个的鼓风箱总成。更换完毕后，运转发动机，起动空调，风速开至2挡，风向选择为中间出风口，测量出风口温度，5min后温度计显示为12.2℃，温度对比之前有所下降，但仍高于正常范围。用手触摸空调低压管，温度很低，说明制冷是没问题的。所以除了冷热风门关闭不严外，还有其他因素在影响出风口的温度。

故障排除 如果蒸发器散冷不足，也会造成通过蒸发器的空气不能被充分制冷（图6-44），这样从出风口送出的空气温度会变高。拆下鼓风机，用手触摸鼓风箱内的蒸发器外壳，发现其外壳温度明显高于空调低压管的温度，判断蒸发箱内部堵塞，造成热交换不良。再次拆下鼓风箱，更换蒸发箱后装复试车。经过

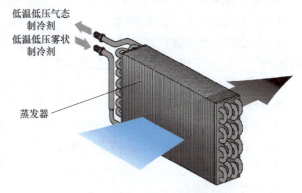

图6-44 蒸发器工作示意图

测试，出风口温度降低到4℃，符合出风口温度的标准，空调制冷量不足故障排除。

维修总结 该故障为综合性故障，根本原因是蒸发箱内部堵塞，造成通过蒸发箱的空气不能被充分冷却；同时，送风系统的冷热风门关闭不严，造成本来就温度偏高的空气与热空气混合后送出，使得出风口送风温度过高。对于空调系统的故障，在诊断时最好根据空调系统的组成，按照制冷系统、供暖系统、送风系统、电子控制系统进行分系统诊断，这样可以大大地简化诊断流程和提高诊断效率。

复习思考题

一、单项选择题

1. 用歧管压力表诊断制冷系统,低压侧压力为负值的原因是（　　）。
   A. 储液干燥器堵塞　　　　　　　　B. 冷凝管散热不良
   C. 制冷剂过少　　　　　　　　　　D. 膨胀阀结冰

2. 歧管压力表的低压表有一个（　　）。
   A. 低压表　　　B. 真空表　　　C. 高压表　　　D. 低压手动阀

3. 用歧管压力表诊断制冷系统,高压侧压力偏高的原因是（　　）。
   A. 储液干燥器堵塞　　　　　　　　B. 冷凝器散热不良
   C. 膨胀阀工作不良　　　　　　　　D. 以上都有可能

4. 检修汽车空调时,甲说蒸发器、冷凝器拆卸后,接口不用封起来；乙说更换制冷系统部件,都无须补注冷冻润滑油。两人的说法中（　　）。
   A. 甲正确　　　B. 乙正确　　　C. 甲乙都正确　　　D. 甲乙都不正确

5. 检修空调时,可以用加压法检漏,最好注入（　　）。
   A. 氧气　　　B. 空气　　　C. 二氧化碳　　　D. 氮气

6. 大多数空调系统中都设有检修阀,分别安装在高压侧和低压侧,下列属于检修阀的是（　　）。
   A. 气门阀和手动阀　　　　　　　　B. 电磁阀
   C. 旁通阀　　　　　　　　　　　　D. 节流阀

7. 空调系统工作时,若蒸发器内制冷剂不足,离开蒸发器的制冷剂（　　）。
   A. 高于正常压力,温度较低　　　　B. 低于正常压力,温度较高
   C. 高于正常压力,温度较高　　　　D. 低于正常压力,温度较低

8. 甲说肥皂水检漏只能用于空调系统低压侧；乙说空调系统不工作时,肥皂水检漏既可用于低压侧也可用于高压侧。两人的说法中（　　）。
   A. 甲正确　　　B. 乙正确　　　C. 两人均正确　　　D. 两人均不正确

9. 下列不是空调系统检漏方法中使用的是（　　）。
   A. 肥皂液　　　B. 电子检漏仪　　　C. 着色剂　　　D. 电灯

10. 加注制冷剂的方法中,错误的是（　　）。
    A. 从高压端加注
    B. 从低压端加注
    C. 从高、低压端同时加注
    D. 从高压端注入液态制冷剂,再从低压端补足制冷剂量

11. 制冷剂离开蒸发器后在管路中的状态,甲说是低压状态,乙说是蒸气状态。两人的说法中（　　）。
    A. 甲正确　　　B. 乙正确　　　C. 两人均正确　　　D. 两人均不正确

12. 甲说加注制冷剂过多可能引起压缩机噪声,乙说加注压缩机油过多可能引起压缩机噪声。两人的说法中（　　）。

A. 甲正确　　　　B. 乙正确　　　　C. 两人均正确　　　D. 两人均不正确

13. 甲说 R-12 制冷剂与明火接触会产生有害气体，乙说制冷剂与明火接触会爆炸。两人的说法中（　　）。

A. 甲正确　　　　B. 乙正确　　　　C. 两人均正确　　　D. 两人均不正确

14. 甲说真空泵用来清除系统中的湿气，乙说真空泵用来抽出系统中的空气。两人的说法中（　　）。

A. 甲正确　　　　B. 乙正确　　　　C. 两人均正确　　　D. 两人均不正确

15. 甲说空调系统的问题能引起冷却系统问题，乙说冷却系统的问题能引起空调系统的问题。两人的说法中（　　）。

A. 甲正确　　　　B. 乙正确　　　　C. 两人均正确　　　D. 两人均不正确

16. 若有液态制冷剂溅入眼睛，应立即采取的安全措施是（　　）。

A. 立即召集有关人员开现场会说明意外事故确实会发生

B. 保持受伤者情绪稳定并使其确信事故不严重

C. 批评受伤者太不小心

D. 立即用大量的冷水清洗受伤者的眼睛

17. 用无压力的制冷剂润滑油容器给空调系统加油时，应该在（　　）。

A. 充入制冷剂的过程中加入

B. 测试系统是否泄漏之前加入

C. 排空和抽真空操作之间加入

D. 抽真空和加注制冷剂的操作之间加入

18. 当诊断散热器电动风扇不工作时，甲说从电源引一根导线到风扇电动机，如果风扇能运转则必须更换温度开关；乙说将温度开关短路，如果风扇能运转则必须更换此开关。两人的说法中（　　）。

A. 甲正确　　　　B. 乙正确　　　　C. 两人均正确　　　D. 两人均不正确

二、判断题

（　）1. 在向压缩机加注冷冻润滑油时，可通过抽真空的方式加注，其加注量可随意。

（　）2. 空调系统加注制冷剂既可以从系统的高压端加注也可以从低压端加注。

（　）3. 为了保证压缩机得到良好的润滑，冷冻油加注的越多越好。

（　）4. 排放制冷剂要慢放，以免冷冻润滑油漏出。

（　）5. R134a 空调系统的冷冻润滑油可以和 R12 空调系统的混用。

（　）6. 冷凝器和蒸发器都可以用冷水清洗。

（　）7. 储液罐进、出口温差很大，甚至出口处出现结霜，说明干燥剂散开了，堵塞了引出管。

（　）8. 电磁离合器安装时如果间隙过大，在运行时会发出噪声。

（　）9. 如果经过蒸发器的风量不够，一般会使制冷效果差，不会引起蒸发器冻结。

（　）10. 温度控制器开关起调节车内温度、防止蒸发器因温度过低而结霜的作用。

（　）11. 在使用中，可以将两种不同的制冷剂交换使用。

（　）12. 如果冷凝器通风不良，则散热效果差，空调制冷量将下降，严重时会引起管路爆裂。

（　　）13. 拆卸和更换制冷系统部件时，要适当补充冷冻润滑油。

（　　）14. 空调制冷系统中，制冷剂越多，制冷能力越强。

（　　）15. 空调电子检漏计的探头长时间置于制冷剂严重泄漏的地方会损坏仪器。

（　　）16. 蒸发器表面的温度越低越好。

（　　）17. 如果制冷系统内有水分，将造成系统间歇制冷。

三、问答题

1. 制冷系统中的不同异物会造成哪些影响？
2. 汽车空调的日常保养要做好哪些工作？
3. 怎样通过"看"现象来分析汽车空调故障？
4. 怎样通过摸温度来分析汽车空调故障？
5. 短路法和万用表结合怎样诊断空调系统故障？
6. 歧管压力计的常用功能有哪些？
7. 加压法检漏是怎样进行的？
8. 充氟检漏是怎样进行的？
9. 为什么要对空调制冷系统抽真空？
10. 制冷系统抽真空的具体操作过程是怎样的？
11. 高压端加注制冷剂的操作步骤是怎样的？
12. 低压端加注制冷剂的操作步骤是怎样的？

模块七　汽车自动空调系统检修实例

项目一　认识奥迪车系自动空调控制系统

一、任务引入

有的奥迪 A6L 轿车配备的是在车内拥有双温区控制的自动空调系统。这款汽车的双温区划分和其他车型有些不一样，以前所熟悉拥有双温区的车型都是前排是一个温区，后排是一个温区。这款车的温区是以左右划分的，驾驶人位置和驾驶人后面的座位是同一个温区，前排乘员位置及其后面的座位属于同一个温区。在自动空调系统的主控制面板上也可以看出来这款汽车的温区分布情况，两个温区的控制按键平行排列在主控制面板上，但两个温区控制按键并非全部都是独立的，例如开/关机按键、设置按键、空气内循环开/关按键都是只有一个控制按键。

二、任务目标

1）了解奥迪全自动空调系统的结构和部件组成。

2）掌握奥迪全自动空调系统主要传感器的结构及控制机理。

3）掌握奥迪全自动空调系统执行器和空气分配。

三、相关知识

1. 概述

奥迪轿车全自动空调系统由传感器、空调和执行元件 3 部分组成。奥迪系列车型自动空调系统的控制原理示意图如图 7-1 所示，奥迪轿车自动空调系统控制图如图 7-2 所示。

（1）带有操纵和显示单元的控制单元　奥迪轿车的控制单元与操纵和显示单元结合在一起，如图 7-3 所示。这个操纵和显示

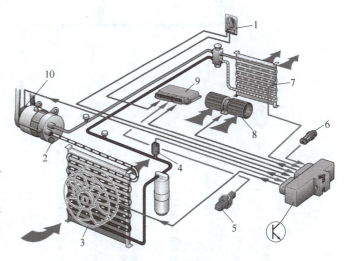

图 7-1　奥迪系列车型自动空调系统的控制原理示意图

1—空调开关　2—泄压阀　3—冷凝器风扇　4—空调三位压力开关
5—冷却液温度开关（5V）　6—散热器风扇双温开关　7—蒸发器
温控开关　8—鼓风机　9—发动机电控单元　10—电磁离合器

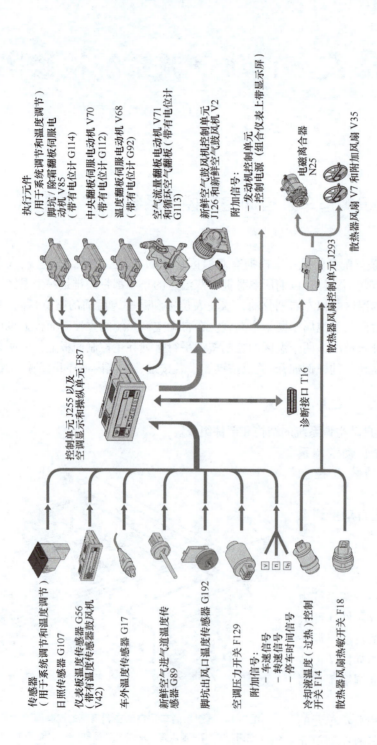

图 7-2 奥迪轿车自动空调系统控制图

单元是与相应的车辆相匹配的。在该控制单元上还装有一个温度传感器，该温度传感器用于测量车内的温度。奥迪轿车的控制单元接收来自电器和电子部件（传感器）的信息。控制单元按照内部已存储的规定值来处理这些信息。控制单元的输出信号用来操纵电器执行元件工作。控制单元配备了一个故障存储器。如果某个部件出现故障或者导线断路，很快就可以通过自诊断确定原因。无论出现什么故障，该控制单元都能在应急工况维持已设定的工作模式。

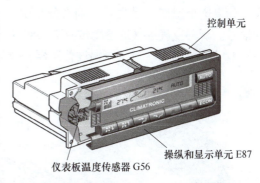

图 7-3　带有操纵和显示单元的控制单元

（2）暖风/空调上的执行元件和传感器　暖风/空调上的每个气流分配翻板都配备了一个伺服电动机。空气流量翻板和循环空气翻板共同使用一个伺服电动机来驱动。这两个翻板通过一个驱动带轮（有两个导轨）来实现分别调节。在别的系统中，也有通过真空力或电磁阀来调节循环空气翻板的。

在图 7-4 中，新鲜空气鼓风机和新鲜空气鼓风机控制单元是单独的两个部件，但这两个部件也可以合成一个部件。

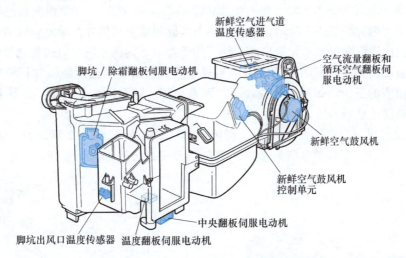

图 7-4　暖风/空调上的执行元件和传感器

2. 主要的温度传感器

（1）车外温度传感器 G17　车外温度传感器 G17 位于车身前部，如图 7-5 所示。它用于判断实际的外部温度。控制单元按照这个温度信号来操纵温度翻板和新鲜空气鼓风机工作。如果这个温度信号失效，则使用另一个温度传感器（新鲜空气进气道温度传感器）的测量值来取代。

如果新鲜空气进气道温度传感器也失效了，则系统用 +10℃ 这个替代值继续工作，但这时循环空气模式就不能使用了。车外温度传感器 G17 具有自诊断功能。

（2）新鲜空气进气道温度传感器 G89　新鲜空气进气道温度传感器 G89 位于新鲜空气进气道中，如图 7-6 所示。控制单元按照这个温度信号来操纵温度翻板和新鲜空气鼓风机工作。如果这个温度信号失效,则会使用另一个温度传感器(车身前部的外部温度传感器)的信号。新鲜空气进气道温度传感器 G89 具有自诊断功能。控制单元总是使用车外温度传感器 G17 和新鲜空气进气道温度传感器 G89 这两个传感器获取的较低的那个值。

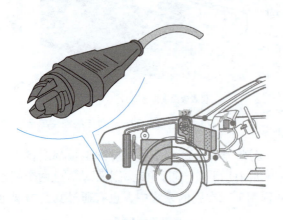

图 7-5　车外温度传感器 G17 的外形及其在车上的位置

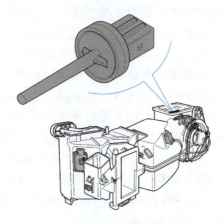

图 7-6　新鲜空气进气道温度传感器 G89 的外形及其安装位置

(3) 仪表板温度传感器 G56 (带有温度传感器鼓风机 V42)　这个温度传感器一般直接安装在控制单元内,如图 7-7 所示,它将车内的实际温度值传给控制单元。气流中有一个鼓风机,鼓风机由操纵和显示单元来启动工作,用于抽取车内的空气,以避免测量错误。

仪表板温度传感器 G56 的测量值用于与规定值进行对比。温度翻板和新鲜空气鼓风机按此来进行相应的工作。如果信号失效了,则系统用 +24℃ 这个替代值,系统仍可继续工作。仪表板温度传感器 G56 具有自诊断功能。

(4) 脚坑出风口温度传感器 G192　脚坑出风口温度传感器 G192 测量的是从暖风/空调中出来的空气(进入车内的空气)温度,其外形及安装位置如图 7-8 所示。这个温度值是

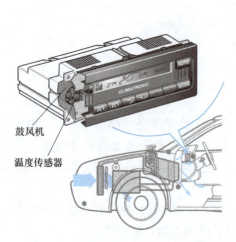

图 7-7　仪表板温度传感器 G56 的安装位置

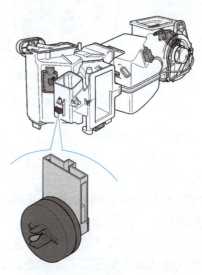

图 7-8　脚坑出风口温度传感器 G192 的外形及安装位置

通过一个根据温度变化而变化的电阻（其热敏电阻为正温度系数）获取的。如果温度下降，这个电阻值就升高。控制单元对这个信号进行处理后，将其用于控制除霜/脚坑的空气分配以及控制新鲜空气鼓风机的工作能力。如果信号失效了，则控制单元用+80℃这个替代值，系统仍可继续工作。脚坑出风口温度传感器G192具有自诊断功能。

(5) 日照传感器G107　空调的温度调节过程还受日照传感器的影响。日照传感器用于获取直接照在车内乘员身上的阳光强度信息，其外形及结构如图7-9所示。

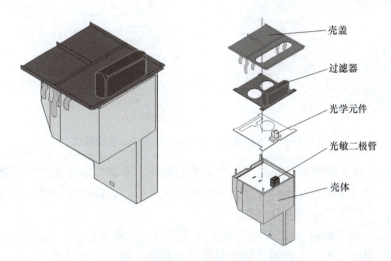

图7-9　日照传感器G107的外形及结构

根据空调型号的不同，可能使用一个或两个日照传感器，分别监控车内左、右侧的情况。阳光穿过过滤器和光学元件到达光敏二极管。过滤器的功能就像一个太阳镜，它用于防止紫外线损坏光学元件。光敏二极管是采用对光敏感的半导体制成的。没有光作用时，光敏二极管只能流过很小的电流；有光作用时，光敏二极管流过的电流就会增大。光越强，流过的电流就越大。空调控制单元根据升高的电流推断出阳光较强，于是调节车内的温度。如果传感器信号失效，那么控制单元就使用一个固定值来代替阳光强度。日照传感器的电路原理如图7-10所示。

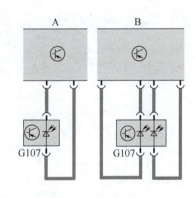

图7-10　日照传感器G107的电路原理

Ⓚ—空调控制单元　G107—光敏传感器
A—传感器1　B—传感器2

(6) 空气质量传感器G238　空气质量传感器G238的工作原理与氧传感器的相同，其外形及电路原理如图7-11所示。空气流量传感器的测量元件是一个采用半导体技术的混合氧化物传感器（氧化锡SnO_2），使用铂、钯作为催化添加剂来提高该传感器的灵敏度。该传感器的工作温度约为350℃，功率消耗为0.5W。

传感器模块内集成的电子测量装置会对导电率变化做出反应，因此传感器的灵敏度很高，是自学习式的。电子系统确定出车外空气中有害物质的平均含量，然后通过数字式矩形

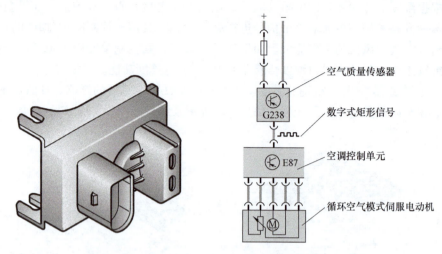

图 7-11 空气质量传感器 G238 的外形及电路原理

信号将有害物质的种类和含量信息发送给空调控制单元。空调控制单元在有害物质浓度达到限值时,根据车外温度和空气污染程度关闭循环空气翻板,这样就可以保证在污染严重的地区通风系统不会一直处于循环空气状态。

(7) 用于温度调节的附加信号　在温度调节过程中,附加信息可提高舒适性并用于系统控制。这些附加信号来自车上的其他控制单元,并由空调控制单元进行处理。这些重要的附加信号包括停车时间、车速、发动机转速,如图 7-12 所示。

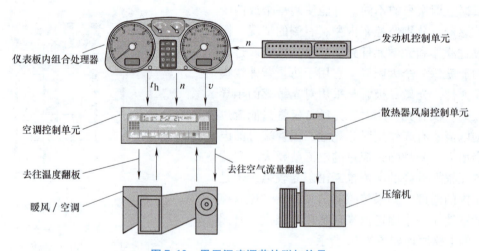

图 7-12　用于温度调节的附加信号

1) 停车时间。停车时间指点火开关关闭到下一次起动发动机所经过的时间,这个信号用于调节温度翻板。发动机起动后,控制单元处理发动机关闭前所存储的车外温度值。测量值的变化(例如因辐射热)不影响调节。可以很快调节到舒适温度,从而避免了温度过低的情况。

2) 车速。车速信号用于操纵空气流量翻板,它是由车速传感器产生的,并在控制单元内进行转换。当车速较高时,新鲜空气出口的横截面就会变小,这样就可以使进入车内的空气量基本保持不变。

3）发动机转速。发动机转速信号将发动机的运转信息传送给空调控制单元，用于系统控制（切断电磁离合器），例如在没有发动机转速信号时就关闭压缩机。

3. 自动空调系统的执行器

（1）伺服电动机　对于手动空调，一些空气翻板（如温度翻板、中央翻板、脚坑/除霜翻板等）是由驾驶人通过拉索来单独调节的。

对于自动空调，这些调节过程是由电动伺服电动机来完成的。循环空气翻板也是由伺服电动机来调节的。这些伺服电动机布置在与相应的翻板轴等高处，如图7-13所示。所有这些伺服电动机都接收来自空调控制单元相应的控制信号。每个伺服电动机都配有一个电位计，这个电位计通过一个反馈值来将空气翻板的位置告知空调控制单元。伺服电动机（执行元件）就将电气输出信号转换成一个机械量。

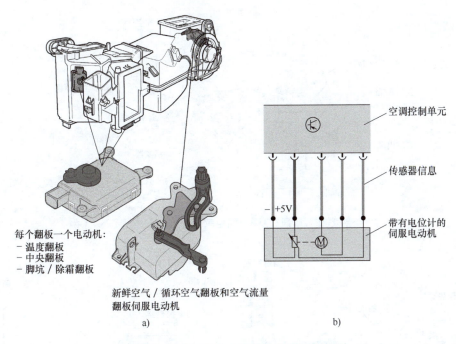

图 7-13　电动伺服电动机的安装位置及电路

（2）奥迪轿车空调系统的工作模式

1）空调模式。在空调模式下，很暖的新鲜空气经蒸发器被送往各出风口。通往换热器的通道被关闭了，如图7-14和图7-15所示。即使新鲜空气潮湿且很凉，也可以选择空调模式。空气流经蒸发器就会被除湿，玻璃上的雾气就被除掉了。

2）空调关闭且暖风接通模式。很凉的新鲜空气流经蒸发器，蒸发器不工作。新鲜空气完全流经换热器并被加热，如图7-16所示。

3）空调接通且暖风接通模式。在空调接通且暖风接通模式下，如图7-17所示，暖的新鲜空气流经蒸发器以便冷却下来。这个新鲜空气太凉了，因此一部分新鲜空气被送入换热器，以便达到出风口各自所需要的温度。

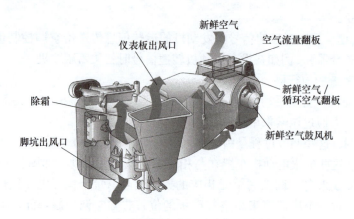

图 7-14 奥迪轿车空调系统气流的走向

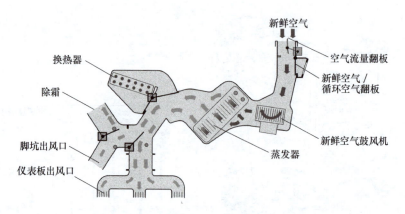

图 7-15 暖风/空调上的空气分配（空调模式）

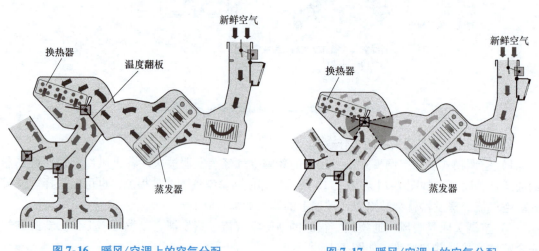

图 7-16 暖风/空调上的空气分配
（空调关闭且暖风接通模式）

图 7-17 暖风/空调上的空气分配
（空调接通且暖风接通模式）

随着汽车电子技术的发展，出现了微型计算机控制的全自动空调。这种空调系统利用各种传感器随时检测车内外温度、阳光强度等信号，并把传感器的信号送到空调控制单元，空调控制单元按照预先编制的程序对传感器信号进行处理,并通过执行元件不断地对鼓风机转速、出风温度、送风方式及压缩机工作状况等进行调节,从而使车内温度、空气流动状况等始终保持在驾驶人设定的水平上,如图 7-18 ~ 图 7-20 所示。

 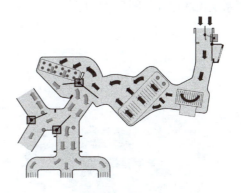

图 7-18　外部温度较低时温度风门的位置（空气全部流经加热器）

 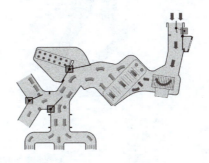

图 7-19　外部温度较高时温度风门的位置（空气不流经加热器）

 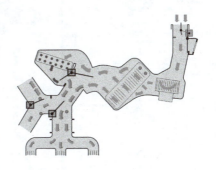

图 7-20　外部温度适中时温度风门的位置（部分空气流经加热器）

4. 奥迪轿车自动空调系统的空气分配

自动空调中空气分成两路,如图 7-21 所示。空气分配是通过空调器空气翻板来进行调节的。根据翻板的控制情况,气流被引向各个出风口。所有的翻板均由伺服电动机来操纵运动。翻板调节或者是按程序自动进行,或者是在操纵和显示单元上通过手动来进行。

在有的车型中,车内左、右侧的温度是可以单独调整的（彼此是独立的）。在空气分配器壳体中，气流分成冷、暖气流和左、右气流。根据所需要的温度情况，温度翻板会为车内分配好冷、暖气流所占的的比例，如图 7-22 所示。温度翻板由车内左侧伺服电动机和车内右侧伺服电动机来操纵运动。奥迪 A6 轿车即采用车内左右分离式空气侧温度调节，其自动空调系统控制原理如图 7-23 所示。

图 7-21　奥迪轿车空调系统空气道的分配

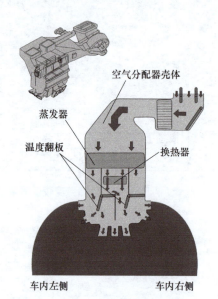

图 7-22　车内左、右侧温度单独调整示意图

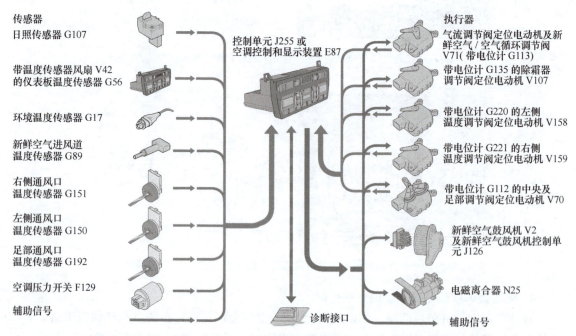

图 7-23　奥迪 A6 轿车的自动空调系统控制原理

5. 循环空气模式

空调系统在进行空气准备时有两种空气状态可用：外部空气（新鲜空气）和内部空气

（循环空气）。在循环空气模式下，用于给车内制冷的空气不是从车外抽取的，而是取自车内，也就是只将车内的空气进行循环并调节温度。

利用循环空气模式可以尽快将车内制冷，其过程就是反复使用车内的空气，于是车内空气就变得越来越凉。在车内加热工况时会出现相反的结果，即能够很快地加热。以循环空气模式和外部空气模式工作时，车内制冷/制热的平均温度值如图 7-24 所示。

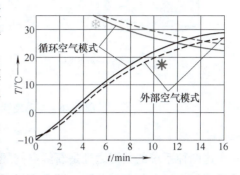

图 7-24　以循环空气模式和外部空气模式工作时，车内制冷/制热的平均温度值

在制冷模式工作时，如果采用循环空气模式，则所需要的蒸发器功率或者驱动压缩机功率可降低一半以上。除了能快速制冷/制热外，还可利用循环空气模式来避免吸入车外空气中的有害物质（异味花粉）。

在循环空气模式下没有空气交换过程，所以空气可能会被"耗尽"。因此，循环空气模式不可使用时间过长（应不超过15min）。在循环空气模式下，因车内乘员会呼出气体，车内湿度会增大。如果车内空气的露点高于玻璃的温度，那么玻璃上就不可避免地结成雾气。因此，在除霜位置时循环空气模式自动关闭。循环空气模式下的空气调节如图 7-25 所示。

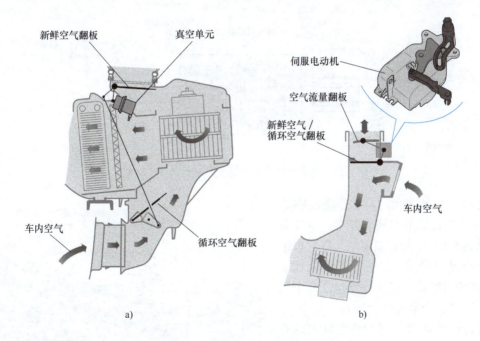

图 7-25　循环空气模式下的空气调节
a）气动的　b）电动的

对于手动空调，驾驶人负责控制和操纵循环空气模式。驾驶人自己决定何时使用循环空气模式以及使用多长时间。按压了循环空气模式按钮后，真空气动力就改变了翻板的位置。自动空调装置也是通过驾驶人手动来选择循环空气模式。新鲜空气/循环空气翻板位置是由伺服电动机来改变的，如图 7-26 所示。

图 7-26　手动空调和自动空调循环空气模式按钮
a) 手动空调　b) 自动空调

这两种系统的共同之处是新鲜空气翻板关闭等同于循环空气翻板打开,新鲜空气翻板打开等同于循环空气翻板关闭。循环空气翻板伺服电动机有时还同时控制空气翻板的位置。

6. 自动控制式的循环空气模式

对于手动操纵循环空气模式的空调装置,实际上只有当异味进入车内(即车内的空气已经污染了)时,驾驶人才启用循环空气模式。

对于自动操纵循环空气模式的空调,在识别出空气中存在有害物质(通过传感器)时,车上的通风系统关闭,这时异味尚未进入车内。自动空气循环功能可以通过手动来接通或者关闭,如图 7-27 所示。

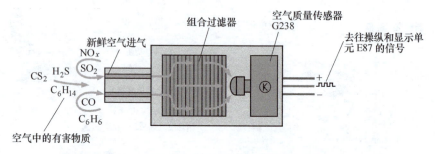

图 7-27　自动控制式的循环空气模式的工作过程

自动循环系统由空气质量传感器 G238 和组合过滤器组成。其中,空气质量传感器 G238 安装在新鲜空气进气口附近的组合过滤器前。组合过滤器取代了灰尘/花粉过滤器,该过滤器包含一个微粒过滤器(其中装有活性炭)。

气体传感器监测到车外空气中的有害物质,如果有害物质浓度较高,空调控制单元就会根据这个信号将外部空气模式转换成循环空气模式。如果有害物质浓度降低了,则车内恢复成外部空气模式。自动控制循环空气模式所使用的操纵和显示单元如图 7-28 所示。

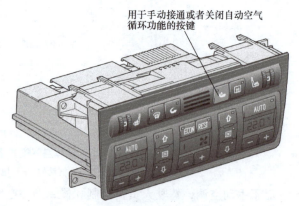

图 7-28　自动控制循环空气模式所使用的操纵和显示单元

项目二 认识别克林荫大道轿车自动空调系统

一、任务引入

2007款上海通用别克林荫大道轿车空调系统具有通风、暖风、冷风、车内除湿、前风窗玻璃除雾等功能，其前、后空调控制面板如图7-29所示，控制按钮有自动和手动两种选择；具有独立的三区（TZ）温度控制（前排左侧、前排右侧以及后排）、前排左侧和右侧的双区（DZ）温度控制以及简单的整体单区（SZ）温度控制3种模式，显示屏上显示 SZ、DZ 或 TZ；有风窗玻玻璃/地板、中部/地板、中部、地板4种通风模式可供选择。

制冷系统使用 R134a 制冷剂，质量为700g，DENSO 空调压缩机预先加注 100～141mL 冷冻润滑油（总容量）。在维修过程中更换不同的部件需要补充的冷冻滑润油量不同，更换冷凝器要补充加注 30～40mL 冷冻润滑油，更换储液干燥器要补充加注 15～20mL 冷冻滑润油，更换蒸发器要补充加注 30～40mL 冷冻润滑油。

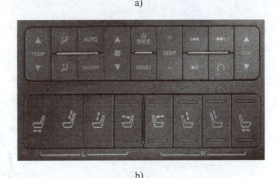

图7-29 前、后空调控制面板
a）前空调控制面板 b）后空调控制面板

二、任务目标

1）了解别克林荫大道轿车空调控制系统的组成。
2）掌握别克林荫大道轿车空调控制系统传感器的结构及控制机理。
3）掌握别克林荫大道轿车空调控制系统执行器的结构及控制机理。

三、相关知识

1. 空调控制系统的组成及原理

别克林荫大道轿车空调控制系统的组成如图7-30所示，各主要元器件的位置如图7-31所示。

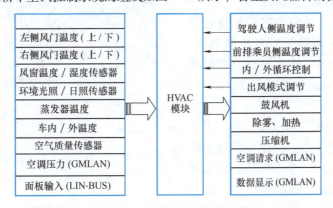

图7-30 别克林荫大道轿车空调控制系统的组成

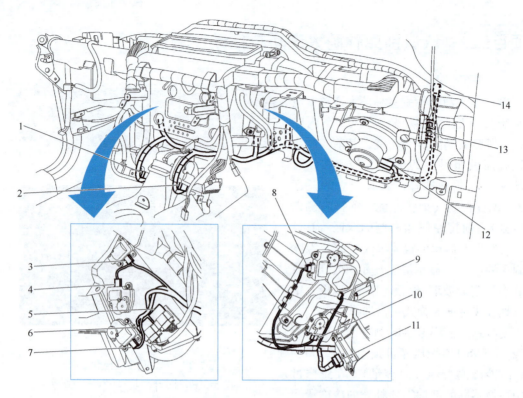

图 7-31 空调控制系统各主要元器件的位置

1—后地板风模式执行器 2—后排乘员区风模式执行器 3—模式执行器 4—左温度风门执行器
5、6—IP 线束至空调线束过渡接口 7—中温度风门执行器 8—除雾模式执行器
9—蒸发器温度传感器 10—右温度风门执行器 11—鼓风机电动机调速模块
12—鼓风机电动机 13—空调控制模块 X1－X3 14—再循环风门执行器

（1）暖风、通风与空调系统控制模块

暖风、通风与空调系统控制模块的安装位置如图 7-32 所示，它是一个 GM LAN 装置，作为操作者与暖风、通风与空调系统之间的接口，以保持空气温度和空气分配设置。蓄电池正极电压电路向控制模块提供用于保持活性存储器（KAM）的电源。车身控制模块（BCM）作为车辆电源模式的总控设备，为装置提供接通信号。

（2）传感器

1）制冷剂压力传感器。制冷剂压力传感器（图 7-33）是一个三线压电式压力传感器，3 根线分别为 5V 参考电压、低电平参考电压和信号线路。制冷剂压力传感器的信号电压可在 0～5V 变化：当制冷剂压力较低时，信号电压接近 0V；当制冷剂压力较高

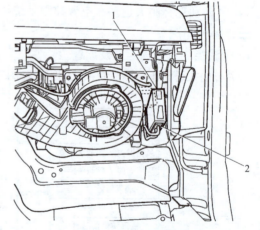

图 7-32 暖风、通风与空调系统控制模块的安装位置

1—暖风、通风与空调系统控制模块 2—电气连接器

时，信号电压接近 5V。制冷剂压力传感器通过 GM LAN（通用车载网络）进行信号传输。

2）车内温度传感器。车内温度传感器是一个负温度系数热敏电阻型传感器，它用来监测车内温度。文丘里管和吸气管总成必须正确连接至车内温度传感器，传感器才能向乘员温度控制模块提供正确的信息。车内温度传感器位于转向柱右侧、仪表板装饰件总成上的进气孔后面（图 7-34），工作温度范围为 -6.5~57.5℃。

图 7-33 制冷剂压力传感器的安装位置

图 7-34 车内温度传感器的安装位置

3）蒸发器温度传感器。蒸发器温度传感器是一个负温度系数（NTC）热敏电阻型传感器，该传感器监视通过蒸发器的空气温度，用来循环接通（ON）和断开（OFF）空调压缩机，以防止蒸发器芯结冰。蒸发器温度传感器安装在蒸发器芯上，如图 7-35 所示，工作温度范围为 -40~215℃。

4）车外温度传感器。车外温度传感器是一个负温度系数热敏电阻型传感器，位于前保险杠内侧（图 7-36），工作温度范围为 -30~51℃。当车速超过 35km/h 时，车外温度传感器显示值可能会增大，但只能以有限的缓慢速度增大。驾驶人信息中心通过 GM LAN 从空调系统控制（HVAC）模块接收并显示环境空气温度值。

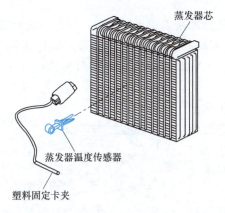

图 7-35 蒸发器温度传感器的安装位置

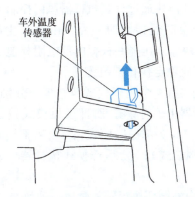

图 7-36 车外温度传感器的安装位置

5）空气温度传感器。空气温度传感器为双线负温度系数热敏电阻。车辆使用以下空气温度传感器：①驾驶人侧仪表板风门温度传感器；②驾驶人侧地板风门温度传感器；③前排乘员侧仪表板风门温度传感器；④前排乘员侧地板风门温度传感器；⑤后部仪表板风门温度传感器；⑥后部地板风门温度传感器。

空气温度传感器依靠一个信号和低电平参考电压电路进行工作。当空气温度传感器周围的空气温度升高时，空气温度传感器的电阻降低。传感器信号电压随电阻值的下降而下降。空气温度传感器信号在 0～5V 之间变化。车内温度传感器在 -6.5～57.5℃ 的温度范围内工作。如果车内温度传感器搭铁、对电压短路或断路，则系统将使用一个估计的默认值来进行工作。车外温度传感器在 -30～51℃ 的温度范围内工作。如果暖风、通风与空调系统控制模块已确定车外温度传感器发生故障，则驾驶人信息中心（DIC）将显示"----"来代替车外空气温度。如果车外温度传感器搭铁、对电压短路或断路，则系统将使用一个估计的默认值来进行工作。如果发动机冷却液温度不超过传感器读数 3℃，或者在 3min 内未起动发动机，则会显示车外温度传感器的实际读数。当车速超过 35km/h 时，车外温度传感器显示值可能会增大，但只能以有限的缓慢速度增大，驾驶人信息中心通过 GM LAN 信息从暖风、通风与空调系统控制模块接收并显示环境温度值。

6）日照传感器。日照传感器是一个双线光敏二极管，位于仪表板顶部靠近风窗玻璃处，信号电压在 0～5V 变化，共有 2 个（左右各一个）。随着日照的增加，日照传感器信号减弱。日照传感器在一个介于全暗和全亮之间的亮度范围内工作，传感器信号在 0～5V 之间变化。日照传感器为暖风、通风与空调系统控制模块提供车辆上的日照强度的测量值。明亮或高强度的光照导致车内空气温度升高，暖风、通风与空调系统通过将额外的冷气送入车内来补偿所升高的温度。

（3）执行器

1）模式执行器。暖风、通风与空调系统控制（HVAC）模块为模式执行器提供电源和搭铁信号。HVAC 模块通过点火继电器获得工作电源。搭铁信号由搭铁电路提供。模式执行器是双线双极性电动机，每个回路都可为执行器提供电源和搭铁信号。当执行器位于某一位置时，HVAC 模块为两个模式风门控制回路提供 12V 电源，此时执行器停止运行。当选择某一风门模式时，HVAC 模块为模式风门控制回路提供一个搭铁信号，此时执行器运转至期望风门模式。

HVAC 模块通过计算执行器风门控制回路的脉冲来确定风门位置。执行器转动时，电刷会在两个换向器接触时短路，由此产生的电压波动会引起脉冲信号。执行器轴转动时，HVAC 模块监测压降并根据内部电阻检测脉冲，HVAC 模块将脉冲信号转换成 0～255 记数单位，以此确定执行器位置。

车辆共有 4 个风门模式执行器，分别为① 前部模式执行器 1（前除雾/脚部送风模式）；② 前部模式执行器 2（头部送风模式）；③ 后部模式执行器 1（头部送风模式）；④ 后部模式执行器 2（脚部送风模式）。

2）内外循环执行器。暖风、通风与空调系统控制（HVAC）模块为内外循环执行器提供电源和搭铁信号。内外循环执行器的安装位置如图 7-37 所示。HVAC 模块通过点火继电器获得工作电源。搭铁信号由搭铁电路提供。内外循环执行器是双线双极性

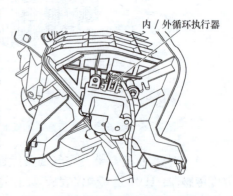

图 7-37　内外循环执行器的安装位置

电动机，每个回路都可为执行器提供电源和搭铁信号。

内外循环执行器静止时，HVAC 模块为两个控制回路提供 12V 电源。当选择内循环模式时，HVAC 模块为一个控制回路提供搭铁信号，此时执行器运转至期望位置。当选择外循环模式时，HVAC 模块为另一个控制回路提供搭铁信号，此时车内不再仅仅是内部空气循环，外部空气也允许进入车内。

3）鼓风机电动机控制处理器。鼓风机电动机控制处理器是 HVAC 模块和鼓风机电动机之间的接口。模式执行器和温度执行器的安装位置如图 7-38 所示。控制处理器通过鼓风机电动机转速控制电路、鼓风机电动机电源电路和搭铁电路进行工作。HVAC 模块向控制处理器提供一个脉宽调制（PWM）信号，以控制鼓风机电动机的转速。控制处理器使用鼓风机电动机搭铁作为低压侧控制来调节鼓风机电动机的转速。

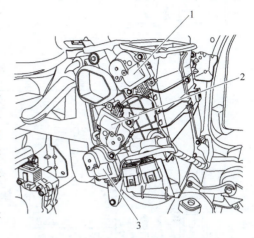

图 7-38　模式执行器和温度执行器的安装位置
1—模式执行器　2—左侧温度执行器
3—辅助模式风门执行器

执行器由直流电动机、减速齿轮、印制电路板（PCB）和光电单元组成。HVAC 模块为直流电动机提供 12V 电源。光电式断续器记录直流电动机传动轴的转速，HVAC 模块以此计算执行器的位置。当点火开关从 OFF 位置切换到 ON 位置时，模式和温度执行器（风门）移至 0% 位置，此时风门温度为最冷且模式风门处于关闭位置。

2. 空调系统控制电路

2007 款上海通用别克林荫大道轿车空调系统控制电路如图 7-39～图 7-41 所示。

3. 空调压缩机接通和断开的条件

发动机控制模块（ECM）通过空调制冷剂压力传感器来监视高压侧制冷剂压力。ECM 向传感器施加 5V 参考电压和低参考电压。空调制冷剂压力的变化导致传送至 ECM 的空调制冷剂压力传感器信号的变化。当压力变大时，信号电压变大；当压力变小时，信号电压变小。空调控制（ECC）模块通过车身控制模块（BCM）向 ECM 发出请求，ECM 通过 BCM 反馈制冷剂压力以及指令空调压缩机的信号。当压力高时，ECC 模块命令压缩机开启。当压力太高或太低时，ECC 模块不允许压缩机运转。此外，蒸发器温度、燃油经济性、发动机冷却液温度、发动机转速等参数也会影响压缩机控制。

接通空调压缩机必须满足以下条件：蒸发器温度高于 3℃；HVAC 模块的电源电压为 9～16V；发动机冷却液温度（ECT）低于 125℃；发动机转速在 450～6000r/min；空调系统制冷剂压力为 196～3200kPa。

空调压缩机接通后，在以下条件下断开：节气门开度为 100%；空调系统制冷剂压力高于 3137kPa；空调系统制冷剂压力低于 193kPa；发动机冷却液温度（ECT）高于 125℃；发动机转速高于 5500r/min；变速器换档；ECM 检测到转矩负荷过大；ECM 检测到怠速工作不良；ECM 检测到起动困难。

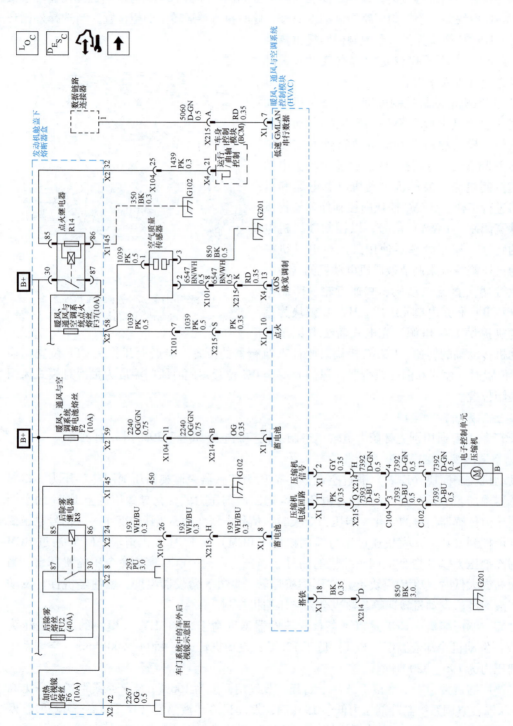

图 7-39 暖风、通风与空调系统示意图（电源、搭铁、空气质量传感器和压缩机）

模块七 汽车自动空调系统检修实例

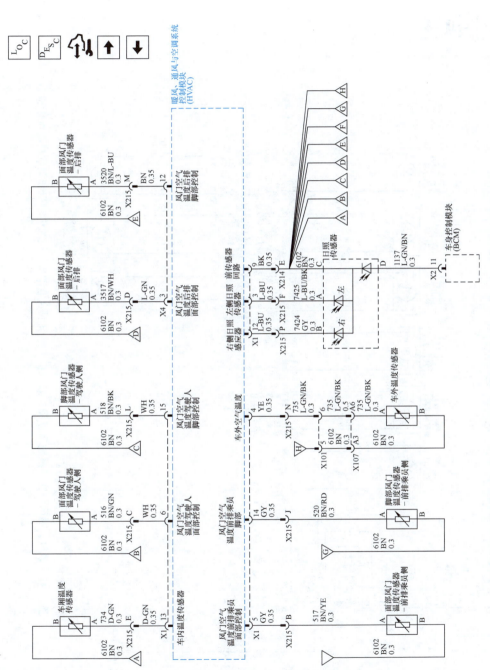

图 7-40 暖风、通风与空调系统示意图（风门温度传感器和日照传感器）

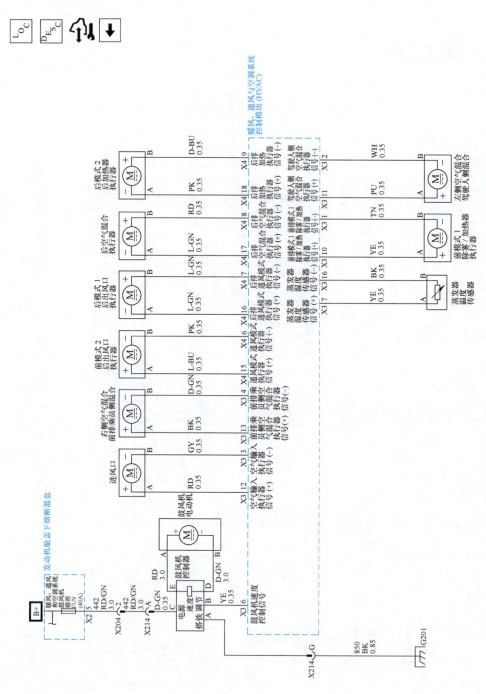

图 7-41 暖风、通风与空调系统示意图（鼓风机、空气混合电动机、模式电动机和蒸发器温度传感器）

4. 空调（A/C）系统性能测试

1）将校准过的高/低压仪表连接至空调系统，并确保静压（车辆没有起动或空调运行）正确。在空调系统没有堵塞的情况下，高压侧与低压侧之间的压力差应在 50kPa 以内。

特别提醒：在性能测试过程中要随时记录测试时的环境温度和相对湿度。

2）将温度设定为最冷，将鼓风机电动机设置为最高转速，将空气循环模式设置为空气外循环模式。

3）仪表板出风口设置为面向正前方打开时的面部出风位置。

4）将温度计插入面部出风口的中央约 50mm 深处（图 7-42）。

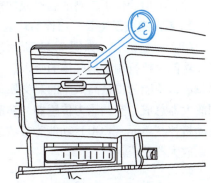

图 7-42　温度计的放置方法

5）在发动机怠速运转时执行测试。

特别提醒：在测试的过程中，驾驶人侧及前排乘员侧车窗和发动机舱盖都必须关闭。

6）记录相对湿度、环境空气温度、低压侧压力和高压侧压力，然后与标准数据进行对比，正常运行的空调系统不应出现太大的差距。

项目三　认识第三代丰田普锐斯轿车空调系统

一、任务引入

混合动力汽车的通风、采暖及制冷（统称空调系统）的功能要求与传统汽车基本相同，但因两者的动力源存在差异，所以其结构和实现方式不同。通过提高空调系统的转化效率来减轻汽车动力负担，是混合动力汽车空调系统设计的重要突破。本项目以第三代丰田普瑞斯轿车电动空调系统为例，全面解析混合动力汽车空调系统的构造与特征，以及提高能效利用的技术。

二、任务目标

1）了解第三代丰田普瑞斯轿车电动空调系统的组成。
2）掌握第三代丰田普瑞斯轿车电动空调系统零部件的功能。
3）掌握第三代丰田普瑞斯轿车电动空调系统的控制机理。

三、相关知识

1. 系统特征

（1）高性能　微尘花粉过滤模式控制可去除驾驶人和前排乘员身体上部周围区域的花粉，保证驾驶室内空气的质量。鼓风机手动模式有 7 个等级，自动模式有 31 个等级，便于对出风量进行精确控制。组合仪表集成了显示转向盘装饰盖开关操作的触摸追踪显示器，有助于缩短驾驶人的视线移动距离，使驾驶人专注于路面。太阳能通风系统通过使用后玻璃嵌板产生的动力，操作鼓风机分总成，将停车时车厢中的高温气体排放到车外。制冷循环中采用压缩/喷射器循环系统，从而提高制冷效果、降低能量消耗。正温度系数（PTC）加热器系统利用电加热，可快速加热通过暖风散热器分总成的空气，从而提高加热器性能。

（2）轻量化　系统采用带内置集成电路的总线连接器，减少了线束使用量，减小了整车质量。

（3）**结构紧凑**　系统采用电动变频器压缩机、喷射循环（ECS）型蒸发器分总成、直流铝制（SFA）-Ⅱ型暖风散热装置分总成、带储液器的多流式（MF）-Ⅳ冷凝器总成等模块化设计，不但确保了较高的制冷或加热性能，还使结构更加紧凑。

2. 系统组成及主要零部件的功能

（1）**机舱部分**　如图7-43所示，机舱部分主要部件及部件功能为：电动变频器压缩机，功能为执行制冷剂气体的吸入、压缩和排放，为制冷剂循环提供动力；带储液器的冷凝器总成，功能为提供高效率的热交换；环境温度传感器，功能为检测环境温度，并输出至空调放大器总成；空调压力传感器，功能为检测制冷剂压力，并发送数据至空调放大器总成；发动机控制单元（ECU）功能为接收来自发动机冷却液温度传感器的信号，并将其传输至空调放大器总成。

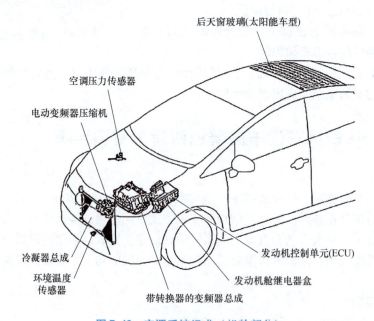

图7-43　空调系统组成（机舱部分）

（2）**控制部分**　如图7-44所示，控制部分主要部件及部件功能为：空调控制总成，功能为将操作指令输入系统；空调放大器总成，功能为将数据传输至开关和传感器，并接收来自开关和传感器的数据；日照传感器，功能为检测太阳光的变化量，并将其输出至空调放大器总成；转向盘装饰盖开关总成，功能为发送转向盘装饰盖开关操作信号至空调控制总成；ECO模式开关，功能为发送ECO模式开关操作信号至空调控制总成。

（3）**制冷、制热及送风部分**　如图7-45所示，制冷、制热及送风部分主要部件及部件功能为：鼓风机分总成，功能为以适当的风速循环室内空气；暖风散热器分总成，功能为加热通过暖风散热器分总成的空气；膨胀阀，功能为以雾化形式喷射制冷剂；蒸发器分总成，功能为与通过蒸发器分总成的空气进行快速的热交换；蒸发器温度传感器，功能为检测经过蒸发器分总成的冷空气的温度，并传输数据至空调放大器总成；车内温度传感器，功能为检测车内温度，并输出至空调放大器总成（图中未画出）；PTC加热器（快速加热器总成），

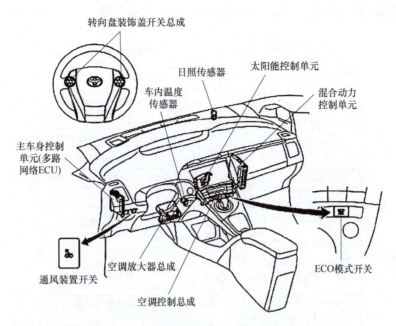

图 7-44 空调系统组成（控制部分）

功能为快速加热通过暖风散热器分总成的空气；空气混合风门伺服机构分总成，功能为根据接收来自温度设定的信号，操作伺服电动机打开和关闭空气混合风门；再循环风门伺服机构分总成，功能为通过空调放大器总成接收来自新鲜空气/再循环选择器开关的操作信号，操作伺服电动机，以打开和关闭新鲜空气/再循环风门；模式风门伺服机构分总成，功能为通过空调放大器总成接收来自模式选择器开关的操作信号，操作伺服电动机，以打开和关闭模式风门；空气净化滤清器，功能为去除花粉和其他微粒，提供清洁的循环空气。

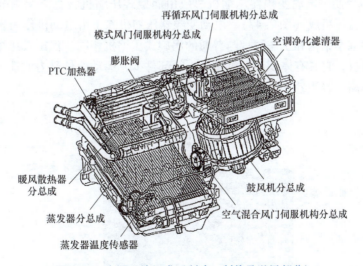

图 7-45 空调系统组成（制冷、制热及送风部分）

3. 系统控制

第三代丰田普瑞斯轿车空调系统采用神经网络控制，使乘员可以精确地控制空调

(图7-46)。下面列举该系统几项典型的控制模式进行详细介绍。

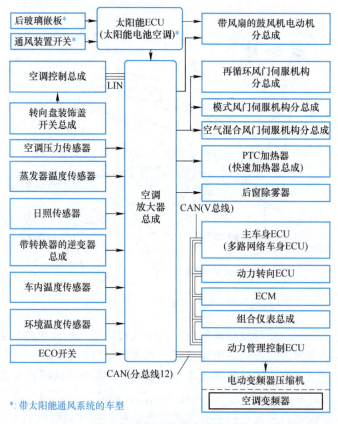

图7-46 空调控制系统框架图

（1）压缩机控制 电动变频器压缩机总成由涡旋式压缩机、直流无刷电动机、机油分离器、空调变频器等组成（图7-47）。电动变频器压缩机除了由电动机作为压缩机的动力驱动外，压缩机的基本结构和工作原理与普通的涡旋式压缩机相同。涡旋式压缩机是目前最先进的第三代压缩机，它具有体积小、重量轻、零部件少、运动部件受力波动小、振动小、噪声低、绝热效率高、容积效率高、机械效率高等优点。

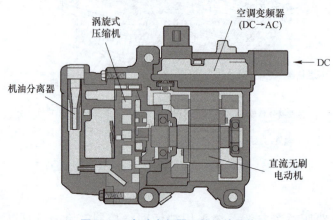

图7-47 电动变频器压缩机的结构

涡旋式压缩机主要由动涡旋盘、静涡旋盘、防自转机构、主轴和支架体等组成。其中，动、静涡旋盘相对旋转一定角度（通常为180°），并错开一定距离后（该距离为主轴偏心距）对插在一起，实现动、静涡旋盘的啮合，形成多个啮合点的月牙形工作容积腔。随着主轴带动动涡旋盘旋转，多组月牙形工作腔容积逐渐由大变小，从而实现封闭工作腔容积的周期性变化，完成制冷剂蒸气的吸入、压缩和排出的工作循环过程（图7-48）。压缩机内置机油分离器，能够分离与制冷剂混合在一起进入到制冷循环的压缩机机油，降低了机油循环率。

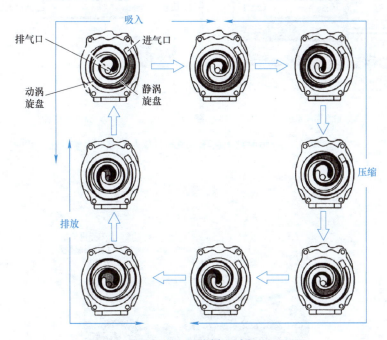

图7-48　工作循环过程

（2）制冷量控制　第三代丰田普瑞斯轿车空调制冷系统采用了压缩/喷射空调器。它通过蒸发器上的喷射器将常规制冷循环系统中产生涡流而导致的能量损失进行回收并转换成压缩机的有用功，从而提高制冷循环系统的COP值（COP=制冷能力/压缩机消耗动力），起到节能的效果。压缩/喷射制冷循环系统与常规制冷循环系统对比如图7-49所示。

（3）太阳能通风控制　当车辆在炎热的天气长时间停车时，车内的温度会升高，影响乘员的舒适性。第三代丰田普瑞斯轿车空调系统中增加了太阳能通风系统（图7-50）。停车后，太阳能通风系统被激活，排出车内高温气体来降低或抑制车内温度的升高（图7-51）。太阳能通风系统组成如图7-52所示。太阳能通风系统部件功能见表7-1。太阳能通风系统控制电路如图7-53所示。

太阳能通风系统起动条件：车辆电源模式为关闭；通风开关打开；电源关闭，通风开关打开的情况下大约10min后；阳光照射量大约为500W/m² 或更多。太阳能通风系统关闭条件：车辆电源模式打开；通风开关关闭；阳光照射量低于500W/m² 超过5min；太阳能电池组件电压≤10V 或≥18V。

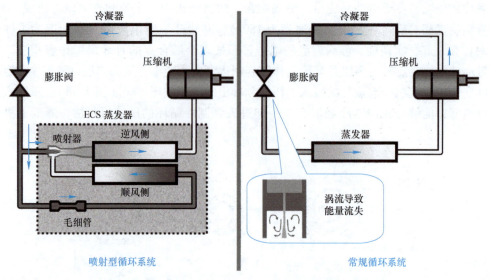

图 7-49　压缩/喷射制冷循环系统与常规制冷循环系统对比

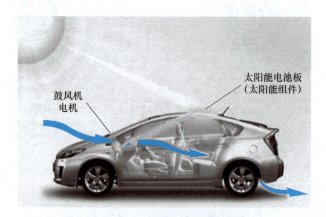

图 7-50　太阳能通风系统

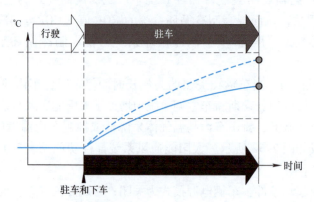

图 7-51　车内温度升高示意图

模块七　汽车自动空调系统检修实例

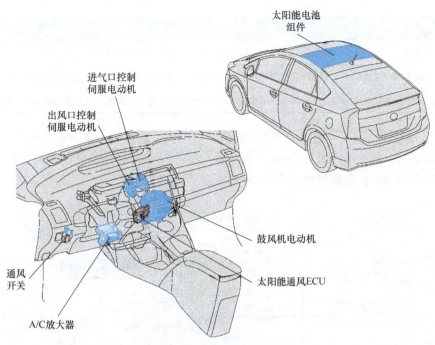

图 7-52　太阳能通风系统组成

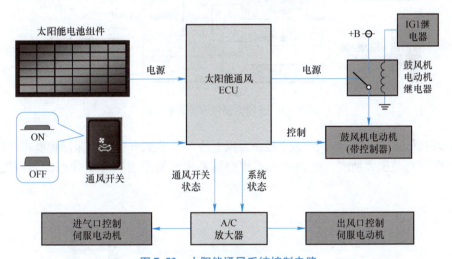

图 7-53　太阳能通风系统控制电路

表 7-1　太阳能通风系统部件功能

零部件	功　　能
后玻璃嵌板	由阳光产生电力，给太阳能 ECU 和鼓风机分总成供电
太阳能 ECU	通过后玻璃嵌板产生的电力激活并控制太阳能通风
通风开关	起动或关闭太阳能通风系统
太阳能继电器	将鼓风机分总成的电源从辅助蓄电池切换至后玻璃嵌板
鼓风机分总成	通过后玻璃嵌板产生的电力驱动并执行通风

(续)

零 部 件	功 能
空调放大器总成	发送驱动信号至模式风门伺服机构分总成和再循环风门伺服机构分总成
模式风门伺服机构分总成	根据来自空调放大器总成的信号驱动电动机并将出气模式切换至面部
再循环风门伺服机构分总成	根据来自空调放大器总成的信号驱动电动机并将出气模式切换至外循环

(4) 遥控起动 按下钥匙上的遥控空调开关,空调系统使用来自 HV 蓄电池的电源,自动控制空调运行,最长运行时间 3min。在驾乘人员进入车辆前,即可让空调系统发挥制冷功能。遥控空调系统控制框架图如图 7-54 所示。

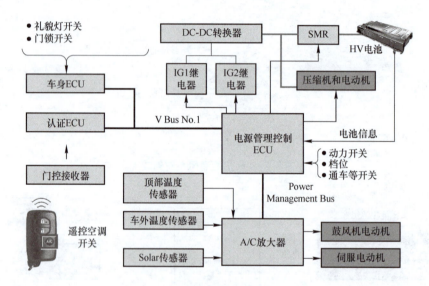

图 7-54 遥控空调系统控制框架图

(5) 环保行驶(ECO)模式 按下控制面板上的 ECO 模式开关,环保行驶模式(图 7-55)被激活。ECO 行驶模式期间,空调放大器将空调系统性能限制在规定状态,从而提高燃油经济性。

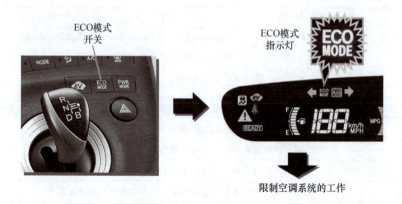

图 7-55 环保行驶模式

别克新世纪轿车冷却液温度过高

故障现象 一辆别克新世纪轿车，行驶里程为 8 万 km，其故障现象为冷却液温度过高，冷却液温度表指针指示到红色区域。

故障诊断 从发动机机舱整体来看，此车应该是一辆刚竣工的事故车。因为在接修此车时冷却液温度已经接近红区，发动机已经过热，所以先关闭发动机。

首先用专用检测仪 Tech 2 驱动冷却风扇，以便观察左、右侧风扇的高、低速运转是否正常。结果发现右侧风扇旋转正常，但左侧风扇不论高速、低速均有时转有时不转。为了检验左侧风扇电动机是否有故障，给左侧风扇直接供 12V 电压，结果风扇运转正常，因此排除了风扇电动机故障的可能性。故障锁定在左侧风扇电路。

该车冷却风扇控制电路如图 7-56 所示。由电路图可以明显看出，当 PCM 控制"低速风扇控制"线搭铁时，两个风扇电动机串联连接，实现风扇的低速运转；PCM 同时控制"低速风扇控制"线和"高速风扇控制"线搭铁时，两个风扇电动机并联连接，实现风扇的高速运转。

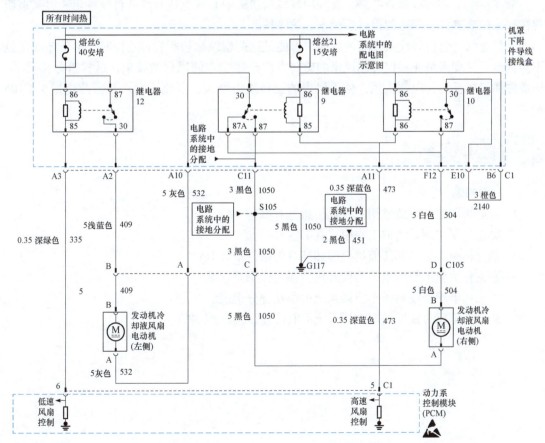

图 7-56 别克新世纪轿车冷却风扇控制电路

用 Tech 2 驱动冷却风扇高速运转，测量左侧风扇插头两端的电压，在 2~5V 之间变化不定，测量右侧风扇的电压为 12V。检查风扇线束与车身线束的连接插头，发现 C105 处的灰色线与浅蓝色线端子已严重烧蚀，插座塑料件已熔化变形。用两根粗导线不经过 C105 插头直接短接浅蓝色线和灰色线，风扇转速略有升高，但故障仍不能排除。此时测量左侧风扇两端的电压略有升高，变为 7~9V。由此看来，电路的其他部分还存在故障。

用 Tech 2 驱动冷却风扇高速运转，同时用万用表测量插头 C105 发动机线束侧的浅蓝色线与接地之间的电压为 12V，灰色线与接地之间的电压为 9V，说明灰色线 532 电路搭铁不良。更换继电器 9 无效后，拆下继电器盒，从背面拆下插头，发现 C11 端子严重烧蚀，继电器盒及相应插脚已变形，灰色线的线皮被烧熔。打磨、清理并固定继电器盒背面的插座和端子后装复，用 Tech 2 驱动冷却风扇运转，左侧风扇高速时的运转情况正常，但冷却液温度仍然很高。

再次对冷却风扇进行仔细检查，发现左侧风扇转速虽然正常，但风量不大，并且此风扇不是朝着发动机的方向吹风，而是朝着散热器的方向吹风。仔细观察风扇的旋转方向，发现两个风扇朝一个方向旋转。至此，故障的根本原因真正找到，是风扇电动机的两根线在某处被接反了。为了保证风扇起动、运转平稳，两个冷却风扇的旋转方向是设计为相反（风向相同）的。

故障排除 进一步检查电路，发现冷却风扇线束中有灰色线与浅蓝色线被切断后又重新焊接起来的痕迹，对调这两根线后试车，故障排除。

维修总结 分析导线被接反的原因，可能是这两根线被切断后再连接时，由于导线褪色不易区分，修理人员便根据右侧风扇的旋转方向连接了左侧风扇的线束，这样恰好接反了，造成左侧风扇反转，向前吹风，使得风扇的运转阻力增大，电流增大，并因此烧损了 C105 和 C11 插接件。

复习思考题

一、问答题

1. 奥迪轿车空调系统常用的温度传感器有哪些？
2. 奥迪轿车空调系统的工作模式有哪些？
3. 别克林荫大道空调压缩机接通和断开的条件是什么？
4. 别克林荫大道空调系统的模式执行器的作用是什么？
5. 第三代丰田普锐斯轿车空调系统由哪几部分组成？
6. 第三代丰田普锐斯轿车空调系统的制冷量是怎样控制的？

复习思考题部分参考答案

模块 一

一、单项选择题

1-5 ABBAA　　6-9 BABB

二、判断题

1-5 √×××　　6-11 √√√××√

模块 二

一、单项选择题

1-5 ADBBC　　6-10 DACCB　　11-15 BBBDA　　16-20 CAADB　　21-23 BBC

二、判断题

1-5 ××√√×　　6-10 ××××　　11-15 √√√××　　16-20 √√×√×

21-25 ××√×√　　26-30 √√×√√　　31-33 ×√√

模块 三

一、单项选择题

1-5 BAAAD　　6-8 BBA

二、判断题

1-7 √√√√√√√

模块 四

一、单项选择题

1-6 ABCBAB

二、判断题

1-2 ×√

模块 五

一、单项选择题

1-6 CCAACD

二、判断题

1-3　√√√

模 块 六

一、单项选择题

1-5　DBDDD　　6-10　ABBDC　　11-15　CCACC　　16-18　DCB

二、判断题

1-5　×√×√×　　6-10　×√√×√　　11-15　×√√×√　　16-17　×√

参 考 文 献

[1] 刘春晖. 汽车空调系统原理与检修［M］. 2 版. 北京：机械工业出版社. 2014.
[2] 贺剑，刘金华. 汽车空调结构与维修［M］. 北京：北京理工大学出版社. 2010.
[3] 曹永明. 汽车空调构造与维修［M］. 北京：机械工业出版社. 2013.
[4] 杨维俊，周明亮. 汽车空调结构原理及典型故障案例［M］. 北京：机械工业出版社. 2012.
[5] 王瑞奎，赵传胜. 汽车空调构造与维修［M］. 北京：中国铁道出版社. 2012.
[6] 肖鸿光，彭无尘. 汽车空调［M］. 北京：机械工业出版社. 2010.
[7] 周建平. 汽车电气设备构造与维修［M］. 3 版. 北京：人民交通出版社，2015.
[8] 夏云铧. 汽车空调应用与维修：从入门到精通［M］. 3 版. 北京：机械工业出版社，2013.
[9] 张松青，杜潜. 汽车空调结构原理与维修［M］. 北京：冶金工业出版社，2010.